本书为国家社科基金重大项目（19ZDA030）、
合作共建兰州大学跨文化研究所项目（071200048）研究成果

儒家内在超越性的功夫诠释

The Inward Transcendence in Confucianism:
An Interpretation from
the Perspective of Practice

彭战果 著

社会科学文献出版社
SOCIAL SCIENCES ACADEMIC PRESS (CHINA)

目录 Contents

导言　儒家内在超越性的功夫维度 / 001
　　一　内在超越性与儒家功夫模式 / 001
　　二　儒家"功夫"概念的含义及相关环节 / 007
　　三　比较视域与内在超越性的功夫诠释 / 024

第一章　德性本体与通往上天的密道 / 045
　　一　西周礼乐传统及其功夫意蕴 / 046
　　二　孔子仁礼合一的功夫模式 / 060
　　三　孟子心气并重的修养功夫论 / 078
　　四　宋明儒家功夫体系的三个维度 / 097

第二章　如在与心体的超越向度 / 120
　　一　从交通神明到如在的呈现 / 120
　　二　从如在到心体与合外内之道 / 141

第三章　观法与本原 / 159
　　一　整体之观 / 160
　　二　阴阳之观 / 176
　　三　物象之观 / 189

第四章　儒家功夫的当代价值 / 204

　　一　"功夫"概念及其实践中的哲学维度 / 204

　　二　西方"身体哲学"的旨趣和限度 / 210

　　三　道德情感、技艺训练与注意力的培养 / 221

结　语 / 233

参考文献 / 237

导言　儒家内在超越性的功夫维度

学者普遍认为，儒学不以获取客观知识为目的，而是注重成人、成己乃至成物的修养方式。"成"字的运用，预设了主体身心需要转化的现实，以及实现这种转化的原则、方法等。关于主体身心转化的理论和实践，可以用"功夫"进行概括。实际上，宋明儒家经常使用"工夫"来表达与身心修养相关的内容。在当代学者的研究中，工夫亦是一个高频使用的词，甚至出现了与本体论并列的"工夫论"。但是，与工夫相比，"功夫"更好地表达了身心转化的具体内容，且更能彰显"已转化者"的特殊性，故为本书所采用。（本书在引用相关资料和观点时，若原材料使用的是工夫一词，则保留该名称。）关于儒家的功夫学说，传统儒者并未对相关概念做出清晰的界定。同时他们固然提出过具有理论意义的功夫宗旨，但不太关注具体的身心转换模式和方法。因此，梳理儒家身心修养与转化的具体过程，辨别这一过程所包含的各个环节，厘清每一环节的规定性，展现出一套具有普遍性且可供操作的功夫模式，显然是非常有必要的。"内在超越"是现代新儒家所提出的一个重要概念，用以表达儒家内圣思想的基本含义。学者对儒家内在超越性的研究，往往重视超越性而忽视内在性。实际上在内在超越概念中，蕴含着以内在性通达超越本体的环节，而这一环节恰恰为儒家功夫模式的建构提供了坐标和参照系。

一　内在超越性与儒家功夫模式

（一）"内在超越"概念的提出及其含义

现代新儒家于 20 世纪 50 年代提出儒学的内在超越性问题，以申述儒家思想的总体特征，并和处于强势的西方文化相抗衡。80 年代后，此概念盛行于学术界,成为人们理解儒家思想的一个重要向度。

　　学术界普遍认为,"内在超越"的提法最早出现于 20 世纪 50 年代唐君毅和牟宗三的论著中。唐君毅在其 1953 年出版的《中国文化之精神价值》一书中,谈及天德中开出地德的问题。天是万物之本体,首先包举自然界。也因此包举"生于自然界之人,与人在自然所创造之一切人文"①。他特别强调,"此所谓包举,乃既包而覆之,亦举而升之"②。天和万物的这种关系具有两层意蕴:"夫然,故天一方不失其超越性,在人与万物之上;一方亦内在人与万物之中,而宛在人与万物之左右或之下。"③ 在这些表述中,唐君毅正式将"内在"与"超越"并提,并对二者的关系有所贞定。基于这一点,虽然后来关于"内在超越"的讨论多是围绕着牟宗三的相关论述展开的,但唐君毅的这一论述却被学界认作"内在超越"观念的滥觞。牟宗三于 1955 年发表了《人文主义与宗教》一文,在该文中他提出儒家的人伦包含有宗教性维度。因为儒家的人伦,"印证并肯定一真美善之'神性之实'或'价值之源',即一普遍的道德实体"④。他继而指出,经由人伦所印证的普遍的道德实体,"亦超越亦内在"⑤。"亦超越亦内在"的提法,意在彰显二者的一致性。次年,牟宗三在《陆王一系之心性之学(三)——刘蕺山的诚意之学》一文中,从心性之学的角度阐发"内在超越"概念。心性之学在于迎接神明于己身之内,引发生命之中本具的神明,以德润身而"直通于超越之神明"⑥。在牟宗三看来,这一超越之神明内在于生命之中,同时又是人们"不断超越的内在依据","此为彻上彻下,既超越而又内在,一理贯之而不隔也"⑦。

　　牟宗三 1963 年出版了《中国哲学的特质》一书,书中对于"内在超越"概念有着明确的说明:

---

① 唐君毅:《中国文化之精神价值》,广西师范大学出版社,2005,第 336 页。
② 唐君毅:《中国文化之精神价值》,广西师范大学出版社,2005,第 336 页。
③ 唐君毅:《中国文化之精神价值》,广西师范大学出版社,2005,第 336 页。
④ 牟宗三:《生命的学问》,三民书局,1970,第 74 页。
⑤ 牟宗三:《生命的学问》,三民书局,1970,第 74 页。
⑥ 牟宗三:《陆王一系之心性之学(三)——刘蕺山的诚意之学》,《自由学人》第 1 卷第 3 期,1956 年。
⑦ 牟宗三:《陆王一系之心性之学(三)——刘蕺山的诚意之学》,《自由学人》第 1 卷第 3 期,1956 年。

> 天道高高在上，有超越的意义。天道贯注于人身之时，又内在于人而为人的性，这时天道又是内在的（immanent）。因此，我们可以康德喜用的字眼，说天道一方面是超越的（transcendent），另一方面又是内在的（immanent 与 transcendent 是相反字）。天道既超越又内在，此时可谓兼具宗教与道德的意味，宗教重超越义，而道德重内在义。[①]

这段话一方面指出了天道的超越意义，另一方面又指出了天道内在于人性的内在意义，同时还强调了天道之超越与内在的同一性，并在此基础上指出儒家的内在超越性兼具宗教与道德的意味。历来被认为是关于"内在超越"最经典的表述。这段话固然紧凑而精深，但是依然未将内在超越性的意蕴罄尽无余，比如通过内在性以通达天道的实践义就有所遗漏。在随后的一系列著作中，牟宗三主要从两个方面探讨此概念：一是用它来衡定全幅儒学，甚至将儒学史视为内在超越形成史；二是以此为维度将基督教传统界定为外在超越，强调二者之间的区别。

（二）学术界关于内在超越性的争论

牟先生的提法首先在新儒家内获得呼应，刘述先、杜维明、李明辉、汤一介等先生均赞同此观点。余英时先生虽不以新儒家自居，但他在《从价值系统看中国文化的现代意义》一文中也强调：中国文化走的是内在超越的路，与西方文化的外在超越形成鲜明的对照。[②] 随着这一概念的明晰化，不同领域、不同学科的学者对其亦逐渐关注和接受。例如有自由主义学者提出内在超越在人生意义发掘上的重大价值，以及此概念所蕴含的激烈的批判意识。[③] 还有学者提出内在超越思想对于市场经济的价值，以及对于生态文明的意义。甚至一些汉学家也开始对新儒家所提出的这一观点表示支持。[④]

但与此同时，内在超越这一提法也引起了大量的反对之声。这主要集

[①]《中国哲学的特质》，载《牟宗三先生全集》28，联经出版事业有限公司，2003，第 22 页。
[②]〔美〕余英时：《从价值系统看中国文化的现代意义》，载《中国思想传统的现代诠释》，江苏人民出版社，1989。
[③] 张灏：《超越意识与幽暗意识》，载《幽暗意识与民主传统》，联经出版事业公司，1989。
[④] John H. Berthrong, *All under Heaven: Transforming Paradigms in Confucian-Christian Dialogue*, Albany: State University of New York Press, 1994.

中在三个方面：（1）以内在超越与外在超越分判儒家思想与基督教传统是不合适的；[①]（2）"内在性"与"超越性"从语词的角度看不能并称；[②]（3）儒家思想并不包含严格意义上的"超越性"。关于第三方面，一种观点是，"超越"一词与儒家以过程本体论为中心的世界观大异其趣；[③] 另一种观点是，儒学所关注的只是人生，不关注形而上的逻辑体系与思辨构造，"超越"概念背离了儒学的真实传统。[④] 这些反对观点的共同特点是深入探讨了"内在超越"概念本身，但在概念方面限定过于严苛，忽视了这一概念本身所具备的弹性。

对于这些批评，亦有不少学者予以辩解。焦点主要集中在对超越性的再诠释上。一种观点认为：内在超越中的超越性表达了现实性与理想性（或者有限性与无限性）之间的张力。[⑤] 另一种观点则以境界论的超越对应本体论的超越，即以功夫的提升代替人神界限的跨越。[⑥] 这些观点试图超出"内在超越"的本有义，将其延伸，用以表达中国哲学突出价值、重视身心修养的特征。事实上，此方面的研究已蕴含在新儒家对"内在超越"最初的界定中。因为"内在超越"除了强调天道内在于人性这一含义外，还含有人以自身的力量通达天道的一面。牟宗三先生经常将心体与性体连用，强调由心而见性，通过心的实现原理彰显性体。其落脚点亦在功夫践履上。他晚年主要是扣紧康德所言"智的直觉"来讲内在超越，智的直觉与主体的内证密切相关。

（三）内在超越性与儒家功夫模式的构建

中国古代儒佛道三家，皆重视身心的修养与转化。佛教和道教的修炼，有着较为具体、次第精严的实践程序。比如佛教常以止观也就是奢摩他、

---

① 陈启云：《中西文化传统与"超越"哲思》，《学术月刊》2009年第2期。
② 冯耀明：《"超越内在"的迷思——从分析哲学观点看当代新儒学》，香港中文大学出版社，2003。
③ 〔美〕郝大维、安乐哲：《孔子哲学思微》，蒋弋为、李志林译，江苏人民出版社，1996。
④ 任剑涛：《内在超越与外在超越：宗教信仰、道德信念与秩序问题》，《中国社会科学》2012年第7期。
⑤ 李明辉：《儒家思想中的内在性与超越性》，载杨祖汉主编《儒学与当今世界》，文津出版社，1994。
⑥ 郑家栋：《"超越"与"内在超越"——牟宗三与康德之间》，《中国社会科学》2001年第4期。

毗钵舍那言其修证过程。奢摩他包含欲界定、未到地定、色界四禅、无色界四禅等内容，这些禅定名目并非随意列举，它们之间实际上包含着非常严整的次第关系。道教亦是如此，以内丹学为例，先有玉液还丹、金液还丹之分，又有炼精化气、炼气化神、炼神还虚之论，其次第亦是非常精严。

相对于佛教与道教，儒家较少提出具体的身心修养方法，但是并不缺乏关于身心修养与转化的表述。《论语》载孔子之言："吾十有五而志于学，三十而立，四十而不惑，五十而知天命，六十而耳顺，七十而从心所欲不逾矩。"（《论语·为政》）这显然是一个按时间论列的功夫次第。孟子亦曾言："可欲之谓善，有诸己之谓信，充实之谓美，充实而有光辉之谓大，大而化之之谓圣，圣而不可知之之谓神。"（《孟子·尽心下》）善、信、美、大、圣、神亦是修养由浅到深的表述。但这种表述多与个人体验相关，并没有如佛教与道教那样总结出具有普遍意义的身心转换模式。因此，构建儒家的功夫模式，显然是非常有必要的。在儒家功夫模式的建构中，有几个非常关键的问题亟待解决。而这几个问题的确立和界定，或者需要以"内在超越"概念为坐标和参照系。

第一，儒家功夫行为的始点问题。功夫通常体现为主体的身心行为，但并不是任何行为都可称作功夫，功夫行为必然包含某些特殊的规定性。这就像一般人的写字行为和书法家的创作之间，必然存在见识和能力的差别一样。而儒家功夫行为的始点问题，是指追问儒者的行为在何种意义上开始算是功夫行为。儒家特别强调立志，孔子言"吾十有五而志于学"（《论语·为政》），孟子言"可欲之谓善"（《孟子·尽心下》），皆将志向的自觉生起作为为学、求道的起始阶段。如果从最广泛意义上言，发于儒者志向的任何行为都可算作功夫行为。但是标准稍微严格一点，只有那些发于儒者志向，且已具备某些特殊因素的行为才算作功夫行为。比如孟子说"有诸己之谓信"（《孟子·尽心下》），这是伴随发于"可欲"的行为所产生的内心觉受。具备这些觉受，主体的行为才称得上功夫行为。由于人的内心世界具有无限丰富性，那么由特定行为所引发的觉受也绝不是单一的。由此问题又来了：究竟什么样的觉受才更符合功夫的内涵呢？人世间的任何技艺，都有一个"入门"问题。所谓"入门"，是指技艺的学习者已经掌握了技艺的基本原则，这些基本原则与技艺的本质规定具有某种一致性，从而具备了脱离老师而独自修学的能力。按照这种理解，"入门"之前的行为由于尚未与技艺的本质规定相符合，只能算作技艺功夫的学习阶段；只有"入门"之后，技艺学习者的行为才算作功夫行为。从这个意义上看，儒者的行为如果是功夫行为，那就需要具备通达儒家大成境界的特定因素。"内在超越"这一概念强调天道内在于人心，这便意味着内在性中即含有通往终极境界的可能。从这个意义上讲，内在性的发现和养护，无疑可以算作儒家功夫行为的始点。

第二，儒家功夫体系的终点问题。所谓儒家功夫体系的终点，并不是指儒家功夫行为的终结之处。功夫行为是一种自觉而有意识的主动行为，这意味着在行为发动的过程中主体需有所"作意"。如果缺乏这种"作意"，便有可能导致行为的终结。孔子言其"七十而从心所欲不逾矩"（《论语·为政》），"从心所欲"说明已不再"作意"，"不逾矩"则说明虽不"作意"，但功夫的境界未曾堕落和丧失。《中庸》言"诚者""不勉而中，不思而得"，"诚之者"则是"择善而固执之"，前者无意而后者有心。孔子感叹颜回："惜乎！吾见其进也，未见其止也。"（《论语·子罕》）颜回好学，"得一善则拳拳服膺而弗失"，这是他精进不已的一面。但他的精进尚是有心为之，"拳拳服膺而弗失"即他用心于持善的表现。这表明他尚未做到无心而自然合于天道，故孔子感叹"未见其止也"，未能达到"不勉而中，不思而得"的中道境界。由此可知，儒家功夫修证的终点是指无"作意"而功夫行为持续不息。为什么能够达到这种境界呢？这与人和天道的相合有关。通过持续的功夫修证，主体将自己的行为嵌入天道的韵律和格式中，自然达到无人心而合天心的境界。这种与天道相合的境界，正与内在超越性的终极指向相合。

第三，内在性的种类问题。按照牟宗三的理路，内在性主要指心体，心体最终落实到道德本心上。按照这种理解，内在超越性实际上可称为道德主体的内在超越性。然而，如果从形式的角度考察这一概念，内在超越性实际上是说主体内在地具有通达超越性存在的可能。因此，凡是从主体本具的内在因素出发，以触及和关联外在超越性存在的理论和实践，都可以纳入这一概念中。由此，内在性可以是道德本心，也可以是与天道相关的其他存在形式。比如介于意识构造和实物之间的"如在"，又如主体本具的能够把握事物整体的直观能力，等等。甚至儒家体系之外，如果符合这一形式，未必不能以此相称。① 比如道教内丹学以自然生命精微形式为其内在因素，以先天一气为生命之外的超越性存在，整个内丹修持过程可以视为"自然生命的内在超越"。

第四，超越性的证成和效验问题。从理论上讲，内在性和超越性是同一的。那么这就意味着，主体内在性的发现和养护过程同时即超越性的证成过程，并不存在内在性之外的单独证成超越性的功夫修持。然而实际并非如此，内在性和超越性固然具有本体论上的一致性，但是这种一致性的彰显则有赖于内在性与超越性存在达到完全相合的一个关键点。而且更为重要的是，由内在性而彻证超越性存在不仅仅可获得一种形而上的保障，还会因此带来身心方面极大的转化和提升，这是主体实实在在所获得的效验。这包括天命加佑所带来的绝对信心，包括"勿意，勿必，勿固，勿我"（《论语·子罕》）的无执智慧，包括悦乐的人生境界，还包括超越生死的终极追求，以及修齐治平的诸般技术和能力。

二 儒家"功夫"概念的含义及相关环节

近代以来，学者往往将功夫与内圣之学联系起来，以凸显其"修己"的特征。② 在中国哲学史研究中，有"功夫论"主题，常与心性论对举，研究道德践履的下手问题。③ 现今学术界，不少学者对此概念有所界定，其含义逐渐明晰起来。杨儒宾教授提出，儒家功夫论研究"强调个人修行所引

---

① "内在超越"这一概念原本是紧扣"德性"而立论，然而我们如果从功夫的角度进行诠释，则意味着作为"内在性"的德性本体被虚化为工具，具体的超越历程和身心转化被凸显了出来。这样一来，通过"如在"以贯通天人，以及由"观"而把握万物的本原，都具有内在超越的功夫意义。当然了，这三个主题并不是截然分开的，心性修养的功夫无疑是"如在"显现以及"观"法成就的基础。

② 梁启超先生指出："儒家哲学，范围广博，概括说起来，其用功所在，可以《论语》'修己安人'一语括之。其学问最高目的，可以《庄子》'内圣外王'一语括之。做修己的功夫，做到极处，就是内圣；……以现在语解释之，即专注重如何养成健全人格。"（梁启超：《儒家哲学》，上海人民出版社，2009，第34—35页）

③ 牟宗三先生言："但自宋、明儒观之，就道德论道德，其中心问题首在讨论道德实践所以可能之先验根据（或超越的根据），此即心性问题是也。由此进而复讨论实践之下手问题，此即工夫入路问题是也。前者是道德实践所以可能之客观根据，后者是道德实践所以可能之主观根据。……以宋、明儒词语说，前者是本体问题，后者是工夫问题。"（牟宗三：《心体与性体》上，上海古籍出版社，1999，第7页）

发的生命境界之提升，包含其方法、其境界之叙述"①。将功夫概念析分为修行方法与修行境界。倪培民教授指出此概念包含三个因素：恰当的方法、长期的实践修炼，以及特定的才能。而所谓的功夫，乃是主体经历长时间实践修炼，有恰当的方法指导而获得或者开发、彰显的才艺、能力。② 这一定义承袭杨儒宾教授而有所完善，后来不少关于功夫的定义多与此类似。③ 倪培民教授关于功夫的定义，特别凸显了特定的才艺、能力在其中的地位。严格讲，这一定义适合于解释作为一门技艺的功夫，而不适合于哲学意义下儒家的"功夫"概念。技艺的功夫关注点在于才艺、能力的获得，而哲学意义下儒家功夫的关注点则在于才艺、能力获得的同时身心所发生的变化，以及由这种变化所获得的对于万物本原的认知和把握。④ 基于这种理解，我们认为功夫的本质在于运用一定的身心行为，将理论学说转化为内证体验，实现生命境界的提升，达到贯通天人的终极目的。这一定义包含了三个维度：承载功夫的行为模式、主体身心的内证体验，以及贯通天人的终极境界。

（一）承载功夫的行为模式

无论在技艺领域还是在儒学范围内，"功夫"都是一个具有多重意义的复杂概念。与此相关，功夫行为也不仅仅是发于主体意志的抽象概念，它必然包含不同于人的一般行为的特殊因素，这从倪培民教授及其他学者的论述中都可以看出来。⑤ 如果我们从功夫行为中抽离了不同于人

---

① 杨儒宾：《儒学的气论与工夫论·导论》，台湾大学出版中心，2005，第12页。
② 〔美〕倪培民：《将"功夫"引入哲学》，《南京大学学报》（哲学·人文科学·社会科学）2011年第6期。
③ 例如龚建平教授运用词语各有实、德、业之分的理论，指出表功夫的词，既有实在内容，如指向并规范某些行为，也相应反映行为者的品德，同时还可日积月累而引起后果（业）。参见龚建平《〈学〉、〈庸〉工夫论概观》，《西安交通大学学报》（社会科学版）2013年第1期。
④ 王正研究员敏锐地指出，工夫（功夫）论"更含有心性上通过内在超越达到天人合一的问题"。王正：《先秦儒家工夫论研究》，知识产权出版社，2015，第2页。
⑤ 倪培民教授指出："实践和行为之所以无法取代功夫，正是功夫概念比实践和行为要丰富得多。从功夫概念出发，可以防止我们将实践或行为简单地看作是由主体的自由意志决断的结果，看到有效行为的根源不是抽象意义上的行为者，而是具备特定能力或功夫的行为者……从功力的角度看，功夫是本体的性质，是通常需要长时间实践修炼、有恰当的方法指导而获得或者开发、彰显的才艺、能力。"〔〔美〕倪培民：《将"功夫"引入哲学》，《南京大学学报》（哲学·人文科学·社会科学）2011年第6期〕

的一般行为的特殊因素,那么单纯这些行为还能不能被称作功夫行为呢?或许不能,因为这些行为不再包含作为功夫重要组成部分的效验,主体也不再具有与这些效验有关的特殊身心存在形式。那么这些行为就一定被还原为一般行为了吗?当然也不能这样说,因为这些行为还包含有一般行为所不具备的身心约束机制,还具有产生功夫效验、塑造特殊身心存在形式的潜能与契机。因此,我们提出"承载功夫的行为模式"的说法,以与一般行为和功夫行为相区别。"承载功夫的行为模式"不仅是功夫的承载者,还是功夫的效验得以生成的条件和基础。这些行为多是已经获得某种才艺、能力的人对于学习者所提出的身心方面的要求,这种要求可能经过一代或数代人的总结、修正,形成了一套固定的模式。主体接受这些方法的规范和指导,即可能掌握特定的才艺、能力,从而获得身心转化的关键。

1. 礼乐以化育

通常认为,儒家的身心修养不离日用云为。但这不等于儒家对日用云为无所改变,恰恰相反,儒家的功夫实践正是源于对日常行为的化约与规范,其中最典型的便是礼乐。

后人将周代礼乐总结为五礼:吉礼、凶礼、军礼、宾礼、嘉礼。嘉礼又包括六个方面:一曰饮食,二曰婚冠,三曰宾射,四曰飨燕,五曰脤膰,六曰庆贺。可见政治、军事、文化、宗教方方面面的内容均被礼乐所规定。《礼记·曲礼上》曰:"夫礼者,所以定亲疏、决嫌疑、别同异、明是非也……道德仁义,非礼不成;教训正俗,非礼不备;分争辨讼,非礼不决;君臣、上下、父子、兄弟,非礼不定;宦学事师,非礼不亲;班朝治军,莅官行法,非礼威严不行;祷祠祭祀,供给鬼神,非礼不诚不庄。"个人的心性道德修养要在礼乐中成就,家国天下的教化要通过礼乐方能完成,人们之间冲突的解决要以礼乐为判据,君臣父子等伦理规定亦以礼乐为标准,朝廷之中、大军之内亦遵从礼乐的规定,甚至敬事鬼神也离不开礼乐仪式。陈赟教授言:"通过弥散于生活世界每一个角落的周礼,周人将宇宙变成了一个人伦教化的宇宙……周礼之大节三百,细目三千,这其中的数字当然是虚说,但它体现的却是礼之至细至密至精至微……本末度数,小大精粗,无不一贯。"[①]

---

① 陈赟:《论周礼的制度根基与精神基础》,《中州学刊》2018年第7期,第106页。

周代礼乐传统与政治制度密切相关。那么，礼乐是如何在政治活动中发挥作用的呢？葛兆光教授说："（周代）仪式通过一套一套的象征确认并强调这种秩序的天然合理与不可置疑，它给人们提供了价值的依据，而象征的反复使用，则在人们的心目中形成了一种意识，即象征的秩序就是世界秩序。"① 由于礼与宗法、封建制度同构，而周代贵族的生活被规范在礼乐秩序中，长久持续地为礼乐之教浸染，礼的外在规范逐渐内在化为天经地义的道德感情、价值观念乃至世界秩序本身，最终导致他们在观念上认同周初建构的制度和礼乐秩序。这是礼乐在政治活动中发挥作用的一个方面。《左传·昭公二十五年》载子产论礼，提出"夫礼，天之经也，地之义也，民之行也"的宏论。礼不仅是人的行为的根本规定，同时也是天地的大经大法，将人世间的规则等同于世界秩序。在后面的论述中，子产以天象比照人事，说明礼乐是对天地的效法，是规范上下的纲纪，再度强调了礼的绝对价值。然而至此话锋突然一转，指出礼的功用在"哀乐不失"，使人之性"协于天地之性"，最终的落实点则是"自曲直以赴礼者谓之成人"。或许在子产的心目中，礼具有培养人格、提升智慧，从而塑造合格政治人才的价值，可能是礼乐在政治活动中发挥作用的另一个方面。因此，礼乐之于政治的意义不仅体现在维护名分上，还体现在通过修治身心以塑造人格和提升智慧上。后者恰恰凸显了以礼矫正、修治、损益自身的功夫意义。②

孔子生活在礼乐传统将要崩溃的时代，他的贡献在于实现了礼乐传统的突破。不过，这种突破不是通过摧毁礼乐传统而在其之外实现的，而是从礼乐传统内部酝酿生发，以仁礼合一的形式展现出来的。学者多认为，礼是依人的相对地位来规定权利、义务和责任的外在规则和仪式，仁则是

---

① 葛兆光：《中国思想史》第1卷，复旦大学出版社，2013，第60—61页。
② 《左传·昭公五年》载鲁昭公访晋，"自郊劳至于赠贿，无失礼"。鲁国是周王朝诸侯国中有名的礼仪之邦，昭公自然从小接受礼仪训练，娴熟种种礼仪规则。女叔齐则认为："是仪也，不可谓礼。"在他看来，礼的本质主要体现在关键性政治事件的处理上，而不是"屑屑焉习仪以亟"。礼与政治关联起来，只有具备政治功用礼才成其为礼。但是观女叔齐之义，礼不成其为礼责任不在礼乐传统下的多数人，而在于国君不是一个合格的政治人才。是否为一个合格的政治人才与礼联系在一起，似乎也暗示着礼具有塑造合格政治人才的功夫意蕴。

内在的"遵守秩序、尊重规则的心理与感情基础"①。礼是仁的表现形式，仁是礼的精神性基础。② 二者是"内在原则与外在表现形式的合一"③。从本体的角度看，仁作为内在的精神性基础，相较于礼乐显然更具有本源意义；但是从功夫践履的角度看，礼乐显然是先在的。也就是说，作为精神性基础的仁恰恰要从礼乐行为中生发出来，甚至通达天道这样的终极性目的也藏在礼乐践履之中。践礼而体证仁心，由仁而通达天道，是孔子所揭示的儒家功夫体系。而无论是体证仁心还是通达天道，都是依托于礼乐行为来实现的。从这个意义上讲，礼乐当是孔子功夫修证的载体和基石。《史记·孔子世家》言："孔子去曹适宋，与弟子习礼大树下。"孔子及其弟子在旅途之中、患难之际，依然习礼不辍。此时孔子及其弟子皆是"无位"之人，习礼显然不是出于政治上的考虑，那么最大的可能便在于礼和乐是他们修养功夫的践履形式。他们真诚地相信，通过礼乐行为可以培养其道德，可以提升其智慧。这一观念应该是春秋士人的一贯传统。

《论语·颜渊》载："颜渊问仁。子曰：克己复礼为仁。一日克己复礼，天下归仁焉。为仁由己，而由人乎哉？颜渊曰：请问其目。子曰：非礼勿视，非礼勿听，非礼勿言，非礼勿动。"这段话首先提出"克己复礼为仁"，为仁下了一个较为明确的定义；其次，强调"一日克己复礼，天下归仁焉"，对于仁与天地万物的关系做出了断言；最后，拈出"四勿"，将践行礼视为求仁的入手方法。这段话充分展现了孔子践礼而体证仁心，由仁而通达天道的功夫修养路径。关于"四勿"，《四书章句集注》引程子之言曰："四者（视听言动）身之用也，由乎中而应乎外，制于外所以养其中也。"④ 如果把仁心称为"中"，那么引发视听言动的感官和身体则可称为"外"，"制于外"则是指修治、约束视听言动而使其合于礼。视听言动怎么样才算合于礼呢？《礼记·曲礼》中有"视瞻毋回""立视五巂""式视马尾"等规定，邢昺指出"是礼也，非此则勿视"。《曲礼》中有"毋侧听"之言，邢昺据此说"侧听则非礼也"。以此类推，言语无不符合礼仪规定，"则口

---

① 葛兆光：《中国思想史》第 1 卷，复旦大学出版社，2013，第 86 页。
② 〔美〕余英时：《论天人之际——中国古代思想起源试探》，联经出版事业股份有限公司，2014，第 100—102 页。
③ 颜炳罡：《论孔子的仁礼合一说》，《山东大学学报》（哲学社会科学版）2001 年第 2 期。
④ （宋）朱熹：《四书章句集注》，中华书局，1983，第 132 页。

无择言也";行动无不符合礼仪规定,"则身无择行也"。视听言动都以礼仪规定的方式展开便是仁,"四者皆所以为仁"。①但这仅仅是一个方面,《左传》言鲁昭公揖让进退中礼,揖让进退亦不外视听言动等行为,鲁昭公虽显遵但并没有因此而体悟到仁,虽"制于外"但并未"养其中"。这说明,主体所遵从的礼乐行为只是功夫的承载者,是功夫效验得以生成的条件和基础,但未必就是功夫本身。

2. 静坐以涵养

虽然儒家自诞生时即将礼乐作为功夫行为的展开模式,然而这一套复杂的行为体系很难为后世儒家完整地继承。孟子虽言:"动容周旋中礼者,盛德之至也。"(《孟子·尽心下》)强调礼和德的关系。但实际上,孟子对礼乐不甚重视,这从他与齐宣王论"好乐"之事就可以看出。孟子强调道德本心的觉醒,外在的形式并不重要,宋明儒家的思想基本上沿着孟子这一路向展开。与孔孟相比,宋明儒家比较重视静坐。静坐在各大学派身心修养与转化体系中可以说是共法。佛教修行有止有观,然而无论是止还是观,多数要求通过静坐的方式完成。佛教静坐以跏趺坐为主,或全跏趺,或半跏趺。佛教认为,跏趺坐的静坐形式有很多好处。比如这种方法不易疲劳,能使静坐持续很长时间;这种坐姿非常有威仪,人们会因此起敬信之心;更重要的是这种坐姿能够妥善调摄身体,令修习者极快获得所修之果。道教也非常重视静坐,尤其是内丹修炼,完全以静坐为主。他们的静坐方法深受佛教影响,也多采用跏趺的方式。

宋明儒家非常重视静坐,将其作为心性功夫实践的重要形式。周敦颐在《太极图说》中有"主静"以"立人极"之说。《宋元学案》引《性学指要》之言:"元公初与东林总游,久之无所入,总教之静坐,月余忽有得。"② 元公即周敦颐,其学以静坐而得。二程兄弟皆重静坐,程颢终日静坐如泥塑人,程颐静坐如老僧入定。弟子辈旁边侍立,至"门外雪深尺余"。③ 张载非常重视读书穷理,但亦不废静坐。他认为读书需静思,"精思多在夜中,或静

---

① 《论语注疏》,载《十三经注疏》第8册,艺文印书馆,2007,第106页。
② (清)黄宗羲撰,(清)全祖望等补修《宋元学案》卷十二,陈金生等点校,中华书局,1986,第524页。
③ (清)黄宗羲撰,(清)全祖望等补修《宋元学案》卷十五,中华书局,1986,第591页。

坐得之"①。朱熹少从李侗游，罗从彦、李侗一系特别强调默坐澄心，故朱子亦重视静坐。他说："始学工夫，须是静坐。静坐则本原定，虽不免逐物，及收归来，也有个安顿处。"② 静坐可以安定精神，可以固守本原，是功夫修养的下手之处。陆九渊"常自洒扫林下，宴坐终日"③，并且"教人终日静坐以存本心，无用许多辩说劳攘"④。王阳明一连七日穷格竹子之理，以劳思致疾，后来在贵州龙场静坐，"日夜端居澄默，以求静一，久之胸中洒洒"⑤。静坐是宋明儒家通常采用的一种迥异于礼乐的功夫展现方式。

　　宋明儒家为什么特别重视静坐呢？这与时代风气有着密不可分的关系。唐末五代直到宋初，佛教异常兴盛；除此之外，道教内丹学也异军突起。这两家皆重视以静坐为形式的内修之学，流风所及，宋明儒家受其影响，也不足为怪。当然，最重要的还在于静坐在身心修养上的效验非常显著。静坐最基本的要求有两点：一是身体端正，且不动不摇；二是关闭感官而心意内敛。身体端正，且不动不摇，可以逐渐使身体处于最佳生理状态。这种状态有助于引发身体的变化，同时有助于减少身体对心灵的干扰。关闭感官而心意内敛，也减少了外境对心灵的刺激。通过静坐，心灵所受到的干扰得到最大程度的削弱，自身所具有的专注力和明察力就得到增强。基于这些好处，宋明儒家极端重视静坐。

　　除了这两个最基本的要求外，不同的儒学家对于静坐尚有不同的具体要求。比如朱子著有《调息箴》，其中有言："鼻端有白，我其观之，随时随处，容与猗移。静极而嘘，如春沼鱼；动极而翕，如百虫蛰。氤氲开辟，其妙无穷。"⑥ 在这里朱子并没有强调静坐的基础要求，而是大谈他的独特方法和内在体验。他的方法在于观鼻端之白，这与佛教修习止观的方法有关。所谓观鼻端之白，并不是真的寻找鼻端之白点，而是通过鼻尖这个位置使心灵和出入的气息合在一起。通过这样的方法，内在的生机就会渐渐发动起来。生机由内而发，像春天的鱼儿浮出水面；生机由外而返，就像

---

① （宋）朱熹编，（清）张伯行集解《近思录》，中华书局，1985，第127页。
② （宋）黎靖德编《朱子语类》卷十二，王星贤点校，中华书局，1986，第217页。
③ 《陆九渊集》，钟哲点校，中华书局，1980，第481页。
④ （清）黄宗羲撰，（清）全祖望等补修《宋元学案》卷五十八，中华书局，1986，第2232页。
⑤ 《王阳明全集》，吴光等编校，上海古籍出版社，1992，第1228页。
⑥ （宋）朱熹：《晦庵先生朱文公文集》卷八十五，载朱杰人等主编《朱子全书》第24册，上海古籍出版社、安徽教育出版社，2002，第3997页。

冬天虫儿蛰伏地下。通过这样的方法，朱子不仅收敛了心灵，还在这一过程中触及了一个新的天地。静坐在功夫修养过程中的价值不言而喻。

总之，静坐这样一种形式，配合上具体的要求，成为宋明儒家功夫体系的重要组成部分。在这基础上，可以涵养，可以察识，可以观未发之心，亦可以观天地生物气象。当然，我们并不是说静坐是儒家功夫的唯一形式，除了静坐，儒家还重视读书以穷理、随事以察识等方式。只不过静坐是宋明儒家所采取的较为普及的一种功夫形式。

（二）主体身心的内证体验

功夫需要通过一定的身心行为来展现，但这不等于说这些行为就必然具有了功夫的内容。真正的功夫行为不仅蕴含着通往神妙境界的契机，而且本身就具有超越通常行为的独特意蕴。功夫就像一道桥梁，一边连接着相关的原则和律令，一边连接着践履这些行为的主体。它的意义就在于通过特定的行为，转化和提升主体的身心存在形式。这种转化和提升并不是在无意识的状态下自然而然发生的，而是包含着主体的努力和自觉，即主体心灵对身心的改变有着清晰的察照和觉知。这些察照和觉知既是由身心的变化所引发，同时又有长养和促进身心变化的功用，我们称其为"内证体验"，它是一般行为转变为功夫行为的关键。

1. 心灵与行为的结合

与身体活动相关的技艺的学习大概可分为以下四个阶段。首先，专心于特定技艺知识的掌握，并将其运用到身体活动中。在这一阶段中，人们涉及两种知识的学习。一是理论知识，即具有普遍意义的技艺原则等；二是将技艺原则与身体关联起来，运用这些原则去规范身体。这个时候，心灵专注于原则的掌握和身体活动的规范。其次，人们对特定技艺的基本原则已经有所掌握，原则和身体已经有了初步的融合。在这一阶段中，人们开始在特定的技艺实践中体验到了一定的自如感，心灵也渐渐从促使原则和身体活动结合的任务中解放出来。但是这种解放也随之带来负面的后果，即心灵往往在这个阶段开始散乱而不复专注于技艺活动。这也是很多人的技艺学习无法形成突破，长久地停留在一个较低水平的原因。再次，只有为数不多的人，才能够将已获得解放的心灵重新投入技艺活动中去，使心灵和具体的技艺活动进行较深层次的融合。这种融合与第一阶段的融合是不一样的，第一阶段是以心灵为主去操控技艺活动，这一阶段则是以技艺活动为主而吸引心灵。这种融合首先使心灵凝聚起来，而这种凝聚使心灵的观照能力有所增强，进一步察识到技艺活动的微细层次，又使技艺的水平有所提高。最后，从此以后就进入互相增上的阶段，心灵愈发自由而凝定，技艺愈发精深而高妙。在这四个阶段中，关键都在于心灵与行为的结合。

在礼乐传统中，"敬"是精神性要求，这在前面已有所提及。学者们常常以"忧患意识"释"敬"，认为这一概念的出现，是"人类精神开始直接对事物发生责任感的表现，也即是精神上开始有了人的自觉的表现"。[①] 此种诠释将"敬"上升到了人类精神的高度，当然是非常有道理的。然而，无论是"毋不敬，俨若思"（《礼记·曲礼》），还是"穆穆文王，於缉熙敬止"（《诗经·大雅·文王》），首先表达的都是心灵对某一特定行为的在场状态。我们可以想象，如果肢体礼仪缺乏心灵的观照，那仅仅就是左右周旋、进退俯仰的礼数，而无法产生与天地同节的庄严意义；若乐歌过程缺乏心灵的观照，那仅仅就是清浊有变、高低有致的节奏，而无法产生与天地同和的伟大价值。《中庸》载："人莫不饮食也，鲜能知味也。"饮食是人们的自然行为，人人皆有且习以为常。对于多数人而言，饮食的意义在于饱腹而充饥，很少有人能够通过饮食活动而品尝到食物之中的"真味"。为什么会这样呢？《大学》载："心不在焉，视而不见，听而不闻，食而不知其味。"心灵不与视觉活动相结合，即使对象出现在面前人们也视而不见；心灵不与听觉活动相结合，即使音声充斥耳边人们也会听而不闻；即便是饮食这样简单的事情，如果缺乏心灵的观照，人们也往往仅限于饱腹而未能察知食物的味道。只有将精神贯注到特定的行为中去，我们才可以发觉由此所引发的身心变化，才可以完整地把握由这一变化所产生的觉受。

宋明儒家强调主敬存养的功夫，认为敬这一心灵状态体现在日用行为的方方面面。朱熹说："二先生（二程）所论敬字，须该贯动静看。方其无事而存主不懈者，固敬也；及其酬酢不乱者，亦敬也。"[②] 所谓"静"通常指无事之时，而"动"则是指与人应酬交接之际。无事之时而知其无事，

---

① 徐复观：《中国人性论史·先秦篇》，上海三联书店，2001，第19页。
② （清）黄宗羲撰，（清）全祖望等补修《宋元学案》卷五十八，中华书局，1986，第2232页。

心安于这种状态而不走作。有事之际而心在事上，心与事相合。不仅静时要敬，动时也要敬，心灵总是与人之行为结合在一起。程门弟子谢上蔡把"敬"解释为"常惺惺"，朱子说："惺惺乃心不昏昧之谓，只此便是敬。"[1]"惺惺"出自佛典，与"寂寂"相对，前者指清醒的觉知能力，后者指心体的宁静状态。"常惺惺"是指无论何时都要保持这种清醒的觉知能力，不要让心灵有所昏乱而陷入无明不知的蒙昧之中。这都是强调心灵对身心行为的观照，以及它们之间的结合。

2. 身心内在变化的生起

心灵和身体活动的结合是功夫行为的基本要求，在这种结合中身心随之发生内在相应变化是功夫行为的基本标志。所谓内在相应变化，首先包含主体身心行为的艺术性呈现。以技艺为其形式的功夫行为，往往随着人们对它们了解和把握的深入而呈现出一定的艺术性。这些艺术性是技艺所追求的境界，也与我们所提出的内在相应变化相关。其次，这种内在相应变化也包含身心的自如性及与此相伴的悦乐感。随着身心活动的娴熟，主体便会感受到操纵身心的自如性，因这种自如性也会获得一定的悦乐感。这都是伴随着功夫行为的深入自然而然产生的感受。最后，身心内在变化与主体行为的深层次存在形式相关。从身心行为发生机制的角度看，主体的行为具有丰富的层次性。譬如一个简单的伸手动作，既包含外在的体现为空间屈伸的动作，也包含生发、支持、推动这一动作完成的内在生理、心理机制。这不仅仅是一种本体论的假定，更是主体活动不同层面的真实呈露。我们在日常生活中很少感受到诸多活动更深层次的存在，一方面在于这些活动本身过于贫乏，未曾触及较深层次的存在形式；另一方面在于我们的心灵缺乏观照到这些层面的灵敏性。在功夫行为中，心灵逐渐凝定下来，观照能力也随之增强，加上特定行为模式的无数次重复，人们慢慢就会从外在的行为活动深入，触及这些活动的内在根源，即我们所谓的内在相应变化。内在相应变化的发现是功夫行为的另一内在规定，它涉及功夫行为的深层次根源，也是主体身心改变和提升的契机。

春秋时期，礼崩乐坏。孔子对待传统的态度是积极的，他并没有废除已经失效的礼乐的打算，而是试图寻找礼乐的本质。孔子说："人而不仁，

---

[1] （宋）黎靖德编《朱子语类》卷十七，中华书局，1986，第373页。

如礼何？人而不仁，如乐何？"（《论语·八佾》）又说："礼云礼云，玉帛云乎哉！乐云乐云，钟鼓云乎哉！"（《论语·阳货》）这些话经常被学者们引用，用以说明孔子将仁视为礼乐的内在根源。[①] 诚然，在孔子的思想世界中，仁相对于礼乐，无疑具有根源性的意义；以仁来点化礼乐，礼乐也就因此具有了新的价值和意义。然而换一个角度，从主体功夫践履的层面看，恰恰是礼乐行为先在于仁，人们只有通过对礼乐行为的践履，才能体验到那更深层次的仁。所以孔子言"克己复礼为仁"，强调"非礼勿视，非礼勿听，非礼勿言，非礼勿动"（《论语·颜渊》）是"为仁"的下手功夫。从这个角度看，如果从礼乐行为中不能捕捉到仁这一身心的新变化，则意味着礼乐不成其为真正意义上的礼乐，而仅仅是礼数。

宋明儒家注重静坐，试图通过静坐调心令静，且更于静中求"明心"，以"存养本心"为静坐之要。李侗教诫学生曰："默坐澄心，以验夫喜怒哀乐未发之前气象为何如。久之，而知天下之大本在乎是也。"[②] 静坐不是单纯的坐，也不是单纯的求静，而是在这种形式的践履中发现身心的深层次存在。比如喜怒哀乐是我们所习见的情感，在这些具体情感的呈现中进一步体察到它们未发的根源，方是罗、李一系静坐的宗旨和导向。在朱子的《调息箴》中，首先是观鼻端之白，使能观之心与所观气息相合。但这种外在的相合并不是目的，而是在这种相合中体察到内在生机的伸缩与变化："静极而嘘，如春沼鱼；动极而翕，如百虫蛰。"朱熹曾提出静坐的规矩："坐如尸，立如齐，头容直，目容端，足容重，手容恭，口容止，气容肃。"[③] 这些要求固然可使身心整肃，但如果缺乏内在的变化，则使人刻板、紧张，不得自然。明儒高攀龙即说："看《大学或问》，见朱子说'人道之要莫如敬'，故专用力于肃恭收敛，持心方寸间，但觉气郁身拘，大不自在。"[④] 正切中中心无主的弊病。

3. 内在境界的恒久性

所谓内在境界的恒久性，包括以下三个层面。第一，由功夫行为所引发的身心内在变化不是偶然一现，而是伴随着功夫行为经常出现，甚至成

[①] 颜炳罡：《论孔子的仁礼合一说》，《山东大学学报》（哲学社会科学版）2001年第2期。
[②] （清）黄宗羲撰，（清）全祖望等补修《宋元学案》，中华书局，1986，第1278—1279页。
[③] （宋）黎靖德编《朱子语类》卷十二，中华书局，1986，第212页。
[④] （清）黄宗羲：《明儒学案》卷五十八，沈芝盈点校，中华书局，1985，第1399页。

为主体可自如操控的现象。在孔子思想体系中，仁无疑是核心。孔子曾言，在其弟子中颜回可三月不违仁，"其余则日月至焉而已矣"（《论语·雍也》）。冉求在《论语》中多次出现，虽屡为孔子所批评，但他以才艺著称，亦当有不凡之处。冉求自称"非不说子之道，力不足也"（《论语·雍也》）。这是说他对于孔子之道亦有所见，但是由于力量不足，其所见不能够持续下来。这或许是孔子屡次批评冉求的根本原因。《论语·卫灵公》载："子曰：知及之，仁不能守之，虽得之，必失之。"智慧足以察识仁理，但是受习气干扰，不足以使仁心的显现成为一个经常现象。这都是说，由功夫行为所引发的身心内在境界偶尔一现，是不足以称道的。然而，孔子在描述自己的境界时则说："仁远乎哉？我欲仁，斯仁至矣。"（《论语·述而》）对孔子而言，仁之境界的呈现可以从心所欲，是一件自由的事情。孟子自称善养浩然之气，浩然之气乃"集义所生者，非义袭而取之也"（《孟子·公孙丑上》）。所谓"集义"，是说事事合于义。所谓"义袭"，是说偶一为善。只有事事合于义，经过长久的积累方能够使浩然之气塞于天地之间，不是善念善行偶一发动便可达成。

第二，由功夫行为所引发的身心内在变化不是短暂存在、瞬间之事，它还需具备一定的持续性，只有这样这些变化才能内化为主体的存在。《论语·雍也》载："子曰：回也其心三月不违仁，其余则日月至焉而已矣。"在孔子看来，颜回能够三个月持续驻在仁的境界之中。对于仁这样一种觉受的持续性把握，正是孔子推崇颜回之处。孟子有牛山之喻，亦颇能说明这个问题。《孟子·告子上》载：牛山之上本来百草丰茂，林木成荫，但由于人们过度砍伐，草木日渐稀少。虽然如此，由于草木本身生机尚在，加上雨露的滋润，于是有萌芽生出。但在恢复的过程中，牛羊又啃食践踏，遂使草木断绝，此山也成为濯濯童山。孟子说：人存养仁义之心也是这样，虽然人皆有仁义之心，但由于惯于放其良心，犹如斧斤伐木而不休，从而使此心不长。不过此心生机尚在，日夜之间又有生发。但由于白天又见消损，心之生机的增长跟不上破坏的程度，遂使其心离禽兽不远。孟子感慨："虽有天下易生之物也，一日暴之，十日寒之，未有能生者也。"（《孟子·告子上》）强调功夫持续性的价值和意义。宋明诸儒常常将这种维持身心变化境界的功夫称作"存养""保任"。《近思录》指出，古时之人，有圣人之乐以养耳，有圣人之礼以养目，甚至"左右起居，盘盂几杖，有铭有戒"①，不管是做事还是休息都有所养。这是强调在礼乐传统中，一定的文化氛围所自然具有的化育功能。但是，"今皆废此，独有理义之养心耳"，礼乐传统消失后，人们只能依靠义理来养心。所谓以义理养心，指理义内化为人的内证体验。"但存此涵养意，久则自熟矣"②，义理发为行为引发人的内在体验，将此体验长久地维持下来，自然有义精仁熟的一日。阳明弟子王畿说："良知一点虚明，便是入圣之机。时时保任此一点虚明，不为旦昼牿亡，便是致知。盖圣学原是无中生有。"③保任良知之虚明，乃是成圣之功的基本条件。只有念念维持着这种清晰、完整的内在变化，身心才能够在这之中得到提升和转化，才能够将这种由功夫所生成的境界转化为人的生存本质。

第三，由功夫行为所引发的身心内在变化不是某一境域下的理想状态，而是具有在任何状况下都不改变的坚固性。孔子曰："君子无终食之间违仁，造次必于是，颠沛必于是。"（《论语·里仁》）君子对于仁，即使一饭之顷，都不应该舍离。不仅如此，甚至在急遽苟且之时，倾覆流离之际，也都不舍弃。仁作为一种内在境界，这样才算坚固。孟子言"不动心"（《孟子·公孙丑上》），即便是任大国之卿相，可使其道行于天下，其心终不随之而动。人所养出的内在境界，完全与自我的身心存在密合无间，故不存在外物变迁而心境改变的事情。这一问题在先秦儒家那里尚不突出，因为他们多以礼乐为其功夫形式，礼乐在一定意义上算是日常活动的化约，功夫的修炼过程和日常的活动具有重合性。但对于宋明儒家而言，这无疑是一个大问题。因为他们的功夫有很大一部分是在静中养出的，脱离开静养的境域，未必能够保持原有的身心境界。因此，本体和日用的关系，成为宋明儒家广泛讨论的一个问题。

（三）贯通天人的终极境界

通过特定的行为，主体身心产生了具有持久性的内证体验，从而在人的心理乃至生理上造成了真实的转化与改变，体现了儒家功夫的进境与效

---

① （宋）朱熹编，（清）张伯行集解《近思录》，中华书局，1985，第133页。
② （宋）朱熹编，（清）张伯行集解《近思录》，中华书局，1985，第133页。
③ （清）黄宗羲：《明儒学案》卷十二，中华书局，1985，第246页。

验。但这并不是儒家功夫的根本目的。严格讲,儒家功夫是哲学意义下的功夫体系,它的终极价值在于通达天道,实现天人之间的贯通。①

1. 贯通天人的功夫路径

自周代始,人与天属于两个分离领域的观念便深入人心。人是经验世界中的有限者,天则是属于超越领域的无限者,人如何通达天道便成了一个根本性的问题。周人说:"天不可信,我道惟宁王德延。"(《尚书·君奭》)又说:"今天其命哲,命吉凶,命历年,知今我初服宅新邑,肆惟王其疾敬德,王其德之用,祈天永命。"(《尚书·召诰》)"德"是人们祈天永命的根据。需要指出的是,这里所谓的"天""天命",主要与王朝政权的赐授相关。孔子有"五十知天命"(《论语·为政》)之说,这句话乃是自述其修养历程的某个环节。加上孔子有德而无位,故知此处所谓的"天命"应与个人修养相关。② 在孔子看来,人是可以通达天命的。孔子之后,天道与性命的关系问题得到了充分的讨论,《中庸》提出"天命之谓性"的命题,孟子则有"尽心知性知天"之说。"天命之谓性"主要讲天与人的创生和被创生关系,"尽心知性知天"主要讲人心之中隐藏着通往上天的道路。③

在儒家学说中,人和天道的贯通不是一种纯粹理性意义上的推定,也

---

① 牟宗三先生指出:"由'成德之教'而来的'道德底哲学'即必含本体与工夫之两面,而且在实践中有即通无限,故其在本体一面所反省澈至之本体,即本心性体,必须是绝对的普遍者,是所谓'物体而不可遗'之无外者,顿时即须普而为'妙万物而为言'者,不但只是吾人道德实践之本体(根据),且亦须是宇宙生化之本体,一切存在之本体(根据)。"(牟宗三:《心体与性体》上,上海古籍出版社,1999,第7—8页)这是说道德践履作为一种功夫实践,其最高目标在于彻证存在之整体,牟先生称之为"道德的形而上学"。

② 日本学者小野泽精一在1978年发表的一篇论文中指出:"即使作为处于那种天命信仰范围内的情况,心被当作受人侧的主体加以确立,也是划时代的情况。因此可以说,提出心和德,就金文来看,立场是前进了。但是,必须说,天命威严,在体制中的心本身的自立性,还是缺乏的。那种古代咒术的状况,作为前提只存在于周代,到了孔子时,尽管同样是信仰天命,但可以看到从支撑王朝政治,天降之物向个人方面作为宿于心中之物的转换。"([日]小野泽精一等编著《气的思想》,李庆译,上海人民出版社,1990,第64页)小野泽精一从金文的研究中指出,周代的天命主要是王朝政治的支撑,个人之心的独立性尚未凸显。然而到了孔子这里,支撑王朝政治的天命,转化为了藏于个人的心中之物。

③ 徐复观先生指出,思孟一系关于天人关系的讨论非常充分,呈现出上下贯通的特点:"顺着天命由上向下落,由外向内收;下落到自己的心上,内收到自己的心上,由心所证验的善端以言性善。更由尽心,即由扩充心的善端而向上升,向外发,在向上的极限处而重新肯定天命;在向外的过程中而肯定天下国家。"(徐复观:《中国人性论史·先秦篇》,上海三联书店,2001,第173页)

不是实践理性意义上的预设,而是一种包含功夫路径的真实呈现。《论语》强调孔子"下学而上达"(《论语·宪问》),在对礼乐的践履中通过仁这一媒介而遥契天命。《中庸》特别重视"中和"概念,以"喜怒哀乐之未发"释"中",以"发而皆中节"释"和",从情感发与不发的角度解释这对概念。中和不仅与人之性情相关,还与万物联系了起来。中是天下之大本,和是天下之达道。如果性情达到中和,则可体证"天地位焉,万物育焉"的境界。我们从《中庸》关于中和的表述中可以推出以下三点。首先,人之性情和天道化育是相应的,但是这种相应不是无条件的,性情的中和是参与天道化育的必要条件。其次,中与和具有不同的规定性:中是喜怒哀乐未发的状态,这种状态是天下之大本,当然也是人心之本;和是喜怒哀乐发而皆中节的状态,这种状态是天下之达道,当然也是通往人心之本的达道。最后,根据以上两点可知,《中庸》描述的功夫路径是以人之性情为对象,在对喜怒哀乐等性情的调节中反观未发的心体,从而实现与天道的贯通,体现位天地、育万物的价值。

孟子认为通过尽心知性即可知天,断定人心与天道之间存在同一性。又说:"夫君子所过者化,所存者神,上下与天地同流。"(《孟子·尽心上》)人与天道不仅在本体意义上存在同一性,而且还存在一种现实的功夫证成境界。孟子曰:"万物皆备于我矣。"(《孟子·尽心上》)这与其说是从理论上说明万物之理皆具于我之性分之内,不如说是人心涵纳万物的真实感受。孟子又言:"反身而诚,乐莫大焉。"(《孟子·尽心上》)人心既然已经涵纳万物,所谓的"反身"当指从被涵纳的万物返回到能涵纳的心体。"反身"所包含的回到心灵本身的意义,当是孟子强调的重点。一旦返回到心灵自身,便实现了人与天道的贯通。

宋明儒家在这一点上与以孔孟为代表的先秦儒家一脉相承,且有推进之处。现代新儒家普遍认为,宋明儒家的贡献,在于将先秦儒家那里隐含着的"天道性命相贯通"的思想予以彰显,"此心此性,同时即通于天。于是人能尽心知性则知天,人之存心养性亦即所以事天。而人性即天性,人德即天德,人之尽性成德之事,皆所以赞天地之化育"[1]。宋明儒家常有观己心、观天心,从而默识仁体、见天地之心之言,不外通过功夫践履,在

---

[1] 封祖盛编《当代新儒家》,三联书店,1989,第21页。

人心中寻找通达天道的契机。

2. 天人相通的功夫效验

哲学家常称哲学为"无用之学",这种"无用"固然凸显了哲学的先验性特征,但也表明这一学说对于现实的"无力"。通过功夫把握天道则不然。通达天道的过程同时即天道对人之身心进行塑造与转化的过程,德性的养成和智慧的提升就包含在这个过程中。

明末来华的耶稣会士庞迪我(Didaco de Pantoja)在《七克真训》中言:他在中国见到很多儒士贤人,德行高洁,克己守诚;但也有不少人虽然一天到晚都在谈论美善,一生都在努力地惩忿窒欲,然而骄傲、妒忌、忿怒、淫欲等恶德并不见消灭,而谦卑、仁爱、贞洁、忍耐等美德并没有增长。在他看来,这主要因为中国的儒士,第一,不思念善德的本原;第二,不清楚最终的趋向;第三,没有遵守修德成善的程序。所谓不思念善德的本原,指未将天主视为道德义务的动力源泉。他说:"夫世之傲然自是者,咸谓修德克欲之力量我自能之。不知自有生来,但有一念提醒,莫非天主上帝赐我者。富贵寿安微暂之福,有一隙之明者,皆知出于上帝。而克欲修德最难剧务,妄自认为己能,谬孰甚欤!"[①] 庞迪我来华之时,恰逢阳明心学畅于天下。阳明心学有一个非常明显的倾向,即将内心的良知作为德性之源。与此相应,心学一派往往将出自自由意志的自律道德视为真正的道德,排斥他律道德。但是在庞迪我这样一个耶稣会士看来,这恰恰是没有看到道德行为的真正动力,从道德心的呈现到世俗的富贵康宁,无不是天主这样一个外在者赐予。任何的道德行为,其指向都是外在的天主:"修德克欲者,惟是蠲洁其一心以媚兹上帝,其志足贵也。次则志羡天德之美也。次则志在乎生享净心之乐,而身后获见天帝,与神圣耦也。"[②] 庞迪我依据这种见解,对儒家进行了尖锐的批评。

儒家认为人心之中就隐藏着通往上天的密道,而在影响心灵的诸般因素中,身体是最根本的。身体的状态影响心灵的状态,身体发生变化心灵也会发生相应的变化。外物对心灵的干扰,是通过作为身体组成部分的感

[①] 〔西〕庞迪我:《七克·自序》,载(明)李之藻等辑《天学初函》第2册,台湾学生书局,1978,第710页。

[②] 〔西〕庞迪我:《七克·自序》,载(明)李之藻等辑《天学初函》第2册,台湾学生书局,1978,第711页。

官达成的。甚至覆蔽心灵的情感，也多是身体因素在意识上的反映。因此，儒家功夫修证过程固然主要与心灵相关，但也必然包含着转化身体的内容。当然，随着心灵的凝定和相关德性的养成，身体自然会随之发生一定的变化。比如孟子言：一旦"仁、义、礼、智根于心"，那么紧接着就会出现"晬然见于面，盎于背，施于四体"（《孟子·尽心上》）的"生色"现象。强调由心灵而及于身体的意味。而这种变化反过来也会进一步促进心灵境界的提升，比如孟子强调与身体相关的"浩然之气"（《孟子·告子上》），有长养、护持道德之心的功用。从这个意义看，只有人心与天道相合，从而获得终极的价值和意义，才具有彻底转化身体的可能，才能杜绝动摇心体的身体因素。在儒家的思想世界中，并没有上帝这样一个具有超越性意义的人格神的存在。庞迪我批评儒家惩忿窒欲功夫不彻底，是其理论中所包含的应有之义。

然而，儒家虽然没有人格神的存在，但天道无疑具有超越性的意味，儒者通过功夫亦可获得来自天道的终极保障。比如在孔子的人生历程中，他时时刻刻能够感受到天命的加佑。《论语·述而》载："天生德于予，桓魋其如予何？"《子罕》载："子畏于匡，曰：文王既没，文不在兹乎？天之将丧斯文也，后死者不得与于斯文也；天之未丧斯文也，匡人其如予何！"这种冥冥之中的加佑之力来自孔子与天命的契合。我们抛开宗教神秘主义的理路，显然可以从功夫的角度，将天道对人的保障视为对其身心进行提升和转化而带来的信心和能力。[①] 严格而论，这一点在儒家功夫修养体系中是不明确的。儒家默识心体、察见天理是一回事，而进一步消除身体对于心体、天理的干扰是另外一回事，后者并不必然包含在前者的功夫过程中。

鉴于儒家及整个中国古代思想重视身心修养与转化的特征，我们提出了"功夫"概念并对它进行分析。我们将"功夫"概念界定为，运用一定的身心行为，将理论学说转化为内证体验，从而获得对整体性、普遍性的把握。根据这一定义，我们讨论了"功夫"概念的三个维度：承载功夫的行为模式、主体身心的内证体验，以及贯通天人的终极境界。我们这样做

[①] 天道与上帝具有相似性，但绝不可将天道等同于上帝，这应该是学术界的一个共识。本书引用耶稣会士庞迪我的观点，并不是将天道等同于上帝，而是以此作为参照，强调以内在性通达天道的同时，天道亦给予主体终极保障。

的目的在于提供一个能够统摄功夫各种含义的精确定义，并揭示出儒家功夫进路的大概次第。

三 比较视域与内在超越性的功夫诠释

"内在超越"概念强调人与天道存在某种一致性，天道既超越又内在于人心。反过来说，人心之中就蕴含着贯通天道的可能与契机。这一概念具有极强的概括性，不仅可以涵盖儒家的内圣之学，如果抛开这一概念的道德意味，道教内丹学及佛教奢摩他亦可纳入其中。道教丹道派的目标是长生不死、形神俱妙。早期以服食外丹为主，长生不死的主体是外在的肉体生命；后来则转为内在精气神的修炼，长生不死的主体也由外在的肉体生命转变为内在的元神。内丹家多认为，通过内在精气神的修炼即可贯通天地，达到与天地并存的可能。这可以说是一种自然生命意义下的内在超越。佛教义理繁复，但奢摩他和毗钵舍那是其核心。奢摩他即止，换言之可称为心灵的凝定；毗钵舍那即观，即在止的基础上观照万法的空性。奢摩他的修证有两个关键：一是所缘，即心灵凝定的对象；二是轻安，即奢摩他证成的标志。所缘不是外在之物，而是内心所构造的影像；轻安尤其是身轻安，则与外在风大相关。从这个意义上看，奢摩他的修证即通过具有内在性的所缘，以达到沟通超越于主体的外在性因素的目的。这亦是一种特殊的内在超越模式。道教内丹学与佛教奢摩他的内在超越，不仅仅是一种理论上的推定，而且还是有着精严次第的内证功夫过程。这为我们对儒家内在超越性进行功夫诠释提供了视域和范式。在对儒家内在超越性进行功夫诠释的过程中，我们主要关注两点：一是内在性的性质以及生成的功夫历程，二是由内在性以通达天道的功夫条件以及天道对于主体身心的转化和提升意义。以此为标准，我们总结了儒家内在超越性的三种功夫模式：由道德本心以贯通天道的功夫模式、由如在而逼显超越性心体的功夫模式、易学观法中所蕴含的功夫模式。

（一）内丹学自然生命超越论的内修之路

道教内丹修炼以精气神为对象，以阳神成就、得道成仙为目标。经过历代高道的完善，形成了一套次第严整的修炼体系。有清静丹法、彼家丹法、龙虎丹法之分，有炼精化气、炼气化神、炼神还虚之说，又有筑基、得药、结丹、炼己、还丹、温养、脱胎、哺乳、化形之序。内丹家希望通过修炼，达到与天地并存的目的。在这一系列复杂的操作中，最关键的有两点：一是通过坎离相交而使身内真铅出现，二是通过身内真铅以召摄先天一气。①

1. 顺生与逆返的两个过程

道教丹道最初以外丹为主，即以五金八石等自然之物为原料，试图炼出长生不死之药。长生的主体不是别物，而是现有的肉身。但这种状况在后来发生了变化，外丹烧制逐渐被以精气神为对象的内丹修炼代替，长生的主体也由肉身转化为内在的元神。这一转变以内丹家对人身独特的理解为前提，在他们看来，现有的生命可被区分为先天和后天两个层次。内丹家对于生命的这种理解来自对天地的理解，他们将天地分为包含日月星辰等存在的有形天地，和作为有形天地本体的无形天地。无形天地通常被称为太虚，太虚并非空无一物，而是具有圆明廓彻和氤氲遍满两方面的规定性。圆明廓彻与天地之神相关，氤氲遍满则与天地之气相关，二者一体两面。当父精母血相交之时，太虚本体之中便会分有一点灵光投入其中，一个新的生命便在母胎之中开始生长。这点灵光便是人之元神，由于神气一体，同时又是人所禀受于天的元气，故这是人先天的一面。元神元气与父精母血结合，父精母血这团质料便在元神元气的推动下成长为一个有形的生命体，这是人后天的一面。在生命的起始阶段，往往是先天为主而后天为从。但是一旦后天生命的发育达到顶点，纯阳之下便生出一阴，后天生命渐渐占据了主动。所谓"生身以后，二八数足，交于后天，内而七情六欲迷其真，外而万缘万事劳其形，认假为真，以邪为正"②，顺其后天欲望，

---

① 笔者曾指出："如果能使身中阳气升起，则阴中生阳；使心中阴精下降，则阳中生阴。这样一来，阴中有阳，阳中有阴，阴阳相合而一体，人之身心则归于太极之境，与天地间的先天之气性质类同。内丹家认为，在这种条件下，方具有召摄人身散失的先天之气的可能性。对此内丹学又常以《周易》的坎离二卦进行说明。一般以坎卦代表身，取其阴中有阳之义；以离卦代表心，取其阳中有阴之义。心又称作汞，喻其奔走不定；身又称作铅，喻其沉重下堕。而身中之阳称作真铅，真铅刚健纯粹；心中之阴称作真汞，真汞光明洞达。内丹学提出，一旦坎离相交，铅汞相投，则真阴真阳混为一体，天地间的先天之气自然来归。"（彭战果：《论易学先后天阴阳理论在道教内丹学中的运用》，《周易研究》2015年第3期）

② （清）刘一明：《象言破疑》，载《悟元汇宗》，滕树军、张胜珍点校，宗教文化出版社，2015，第522页。

将先天精气神消耗殆尽，从而归于死亡。

内丹修炼即针对人顺生这样一个事实，以逆运的方法，显出元神、元气，再将元神、元气与太虚本体合一，从而实现生命的永恒。这一逆返的过程通常分为两个类型：一是直接洞见先天元神，以顿超直入的方式实现超越；二是通过对后天之身中精气神的锻炼，逐渐使元神显现出来，以次第渐进的方式实现超越。张伯端在《悟真篇后序》中提出，人这样一个生命体，其身乃是因妄情而有。一旦有身，便会因此而产生种种祸患。免祸之法，在于通过体察至道，而明白身本虚幻的事实。至道和本心是体用关系，"心者道之体也，道者心之用也"，明心即体道。所谓明心，即"察心观性"，超越种种凡情而使"圆明之体自现，无为之用自成"。一旦心体呈现，则"不假施功，顿超彼岸"，即跨越了生死之海，达到了不生不灭的彼岸。为什么仅仅通过明心就可以达到这种境界呢？张伯端认为，人由妄情而生身，人身不过是心中诸相的组合。如果能够见到心体，则"心镜朗然，神珠廓明"，原先认为真实的人身在心体的对照下就显现出了虚妄性，从而"诸相顿离，纤尘不染，心源自在，决定无生"。具体而言，这种诸相顿离的境界包含三个层面的内容：一是"身不能累其性"，超越了后天之身的桎梏；二是"境不能乱其真"，超越了由感官所对的外界而产生的执着；三是"刀兵乌能伤，虎兕乌能害，巨焚大浸乌足为虞"，超越了人为乃至自然的种种伤害。张伯端认为体悟本心，"此所谓无上至真之妙道也"。但是对本心的直接体悟是非常困难的，"世人根性迷钝，执其有身而恶死悦生，故卒难了悟"。所以黄老圣人，"悲其贪著，乃以修生之术，顺其所欲，渐次导之"，以精气神的修炼逐渐凸显元神的全体大用。[①] 在历代内丹家实际修炼案例中，这一方法往往是主流。

2. 真铅出现与内在性的生成

内丹的兴起与外丹的衰落几乎是同步的，内丹的理论建构多有借鉴外丹，特别是在术语的运用上，很多是直接从外丹转嫁而来。外丹烧炼以铅汞为主，内丹亦有铅汞之称，铅性沉重以喻人身，汞性轻灵以喻人心。铅汞之中又有真铅与真汞之说，分别指代先天之身心，真铅是内丹修炼的关键要素。

---

① （宋）张伯端撰，王沐浅解《悟真篇浅解》，中华书局，1990，第175页。

真铅与人身的阳气相关，但又不完全是阳气，而是阳气与心神相交之后的产物。阳气是人身得以正常运行的生机，与身体相关但又超越于身体。阳气在人身之中逐日发生，乃是日用而不知的自然状态。如果想要操控阳气的产生，那就要以特定的心境为前提。无思无虑是这种心境的主要规定，"诸子谈及阳生之道，已非一端，总不外无思无虑而来"①。无思无虑之中，身中阳气自然生发，这与《老子》致虚守静以观其复的思想相关。阳气产生之后，在内丹修炼中需进行炼化阳气的功夫，否则先天阳气便会转化为后天之物。所谓炼化阳气，即神与气合，其方法在于凝神入气穴。对于凝神入气穴的理解，存在两条截然不同的思路。《仙学真诠》释"凝神入气穴"曰："此正心气下交也，谓之驱龙就虎，运汞投铅。凝非凝聚也，神者至灵至妙，潜天潜地，如何凝聚得他。所谓凝神者，盖息念而返神于心耳。神返于心，而不外驰，则气返于身，渐渐沉入气穴去矣。"② 龙、汞皆是心神，虎、铅皆是阳气，以心神与阳气相交，即心气下交，也被称作驱龙就虎，运汞投铅。但是所谓的凝神，不是把神作为一个对象有意识地去凝聚，而是神安于本位不驰骋于外物。所谓入于气穴，也不是有意将神驱入身体某一部位，而是神一旦安于本位不驰骋于外，散发于外的元气自然回归到本源而与神相合。伍柳一脉不赞成这个思路，他们主张以有作有为的方式将身中的生机摄取到气穴之中，同时鼓动内息、运起心神、炼化生机，实现神与气合。这两种方法虽然不同，但目的一致，都是要实现神气交合。

神气交合不久，便会产生另外一物，也就是真铅。朱元育《悟真篇阐幽》曰："坎中之实者乃真铅也。"③ 坎中之实即身中阳气，以阳气为真铅是一种方便称法。又曰："直到两物会和，产出一点真种，才算得真铅。"④ 两物即身中之气与心中之神，神与气交生出的第三物方是正式意义上的真铅。真铅又称真种，即内丹修炼成仙的真正根基。神气相交，就像天入地中，

---

① （清）黄元吉：《道德经讲义·乐育堂语录》，蒋门马校注，宗教文化出版社，2003，第215页。
② （明）葆真子传本《仙学真诠》，载《仙道口诀——道教内丹学修炼秘诀典籍》，盛克琦编校，宗教文化出版社，2012，第450页。
③ （清）朱元育：《悟真篇阐幽》，载蒲团子校辑《参悟阐幽》，心一堂有限公司，2017，第260页。
④ （清）朱元育：《悟真篇阐幽》，载蒲团子校辑《参悟阐幽》，心一堂有限公司，2017，第261—262页。

月包日内,"斯时日月停轮,复返混沌"①。在此混沌之中,"产出一点真种,丹基从此始立矣"②。内丹家认为,这一点真铅不仅是人生身受命的根本,同时也是大地众生包括蠢动含灵之物的根本。《金丹四百字》曰:"乌肝与兔髓,擒来共一处。一粒复一粒,从微而至著。浑沌包虚空,虚空括三界。及寻其根源,一粒如黍大。"③ 乌肝即心中之神,兔髓即身中之气。神气共处而交合,便有一粒一粒的真种产出。这一真种乃是成仙了道的根基,亦是虚空三界共有的根源。这说明内丹家认为,人与天地并存的根据就隐藏在自己的身心之中。

3. 外来阳气与超越性的获得

真铅或者说真种产生固然重要,但达到这种程度并不等于内丹修炼就成功了。相反,这仅仅是真正意义上的内丹修炼的开始,此后尚包含一粒复一粒的艰苦漫长的积累过程。换一个角度说,这一积累过程即将散于四肢百骸、五脏六腑中的先天元神、元气抽离出来,使其逐渐具有独立的价值和地位。《参同契》言:"经营养鄞鄂,凝神以成躯。"即言合聚元气,培养元神,使其从肉身中独立出来。这一积累过程即使圆满,也不意味着内丹修炼的终结,此后尚有一个极为关键的步骤,即将人与天地本源的潜在贯通变成现实,真正实现生命的超越。

内丹家认为,人之身心尽属后天有形之物,依靠这些东西是无法获得长生的。他们说:"涕唾精津气血液,七般物事尽为阴。"④ 涕唾精津气血液这些后天的东西不堪为内丹修炼的药物。所以,《道门语要》言:"炼精者非徒炼交感之精,炼气者非徒炼呼吸之气,炼神者非徒炼思虑之神。"⑤ 交感之精、呼吸之气以及思虑之神皆属后天之物,不是内丹修炼的对象。《道门语要》又言:"必于色身中寻出先天真精于何而生,先天真炁自何而动,先天真神自何而存,以之炼丹不难矣,否亦幻丹而已,焉能长存不坏哉?"⑥

---

① (清)朱元育:《参同契阐幽》,载蒲团子校辑《参悟阐幽》,心一堂有限公司,2017,第25页。
② (清)朱元育:《参同契阐幽》,载蒲团子校辑《参悟阐幽》,心一堂有限公司,2017,第25页。
③ (宋)张伯端撰,王沐浅解《悟真篇浅解》,中华书局,1990,第217页。
④ (元)陈致虚:《金丹秘要》,盛克琦、周全彬编校,宗教文化出版社,2013,第27页。
⑤ (清)黄元吉:《道德经讲义·乐育堂语录》,宗教文化出版社,2003,第461页。
⑥ (清)黄元吉:《道德经讲义·乐育堂语录》,宗教文化出版社,2003,第461页。

先天精气神方是内丹修炼的药物。但是内丹家又言："一身内外总皆阴，莫把阳精里面寻。"① 即便是先天精气神，尚不能独自成为成仙了道的要件。这是因为，"盖元精元气元神，在后天则为阳，在先天还为阴"②。元精元气元神冠一"元"字，正是凸显其本原义。但是这种本原只是就后天身心言称为阳，真正的先天是太虚之中的先天真一之气，相对于先天真一之气，元精元气元神都属于后天之阴。为什么呢？刘一明说："盖真铅内藏先天真一之气，以此铅气点我灵汞，汞自不走。此汞已死，若不将铅气抽尽，灵砂不结。何则？铅虽有先天之气，然自后天中出，外阴而内阳，带有阴气在焉。将此阴气抽尽，方能刚健中正，露出一颗黍米宝珠，内外光明，通天彻地，放之则弥六合，卷之则退藏于密。"③ 真铅本来是神气相合所产的真种，真种是山河大地蠢动含灵共有的根源，自然包含先天真一之气在内。真铅一旦产生，元神便因真铅而显现出来，这就是"以此铅气点我灵汞，汞自不走"。但是产生真铅的神和气毕竟是人身中之物，这便使真铅在具备先天真一之气的同时亦沾染上后天之物，即"带有阴气在焉"。所以，在真铅的点化下所显现的元神亦带有阴气的成分，需要进一步剔除这些因素。这一过程不再能够依赖自身内在的力量，"若不得他家真铅以制之，则此灵终非我有"。所谓"他家真铅"，乃是与自身真铅具有同一性的先天真一之气。

刘一明言："先天真一之气，历万劫而不坏，超群类而独尊，生死不拘，有无不立，为后天精气神之根本，为先天精气神之主宰，乃至阳之物，天上之宝，人罕识之。"④ 先天真一之气是太虚本具的本原之物，超越时空限制，具有无限的价值和意义。由于它不是人身中之物，所以人们很少能够认出。而这一罕见之物恰恰是内丹修炼的最终保障。内丹家以法追摄，将其炼为金丹，从而完成与天地并存的超越意义。丹家言："一粒金丹吞入腹，始知我命不由天。"正指此而言。先天一气无形无相，如何能够召摄得来呢？外丹烧炼的材料称为药物，内丹亦称精气神乃至先天真一之气为药物。药物有多种分类，有大药、小药之分，又有内药、外药之别。同言大药小药、内药外

---

① （清）刘一明：《修真后辨》，载《悟元汇宗》，宗教文化出版社，2015，第469页。
② （元）陈致虚：《金丹秘要》，宗教文化出版社，2013，第27页。
③ （清）刘一明：《修真辨难》，载《悟元汇宗》，宗教文化出版社，2015，第443页。
④ （清）刘一明：《修真后辨》，载《悟元汇宗》，宗教文化出版社，2015，第469页。

药，不同的丹家含义又有所不同。黄元吉言："吾又言外药内药者何？必内药有形，外药可得而采。内药，吾身之元气也。外药，即太虚中之元气也，此殆不增不减，随在自如。但非内照内养有功，必不能招回外来之药。"[①] 黄元吉以身中元气为内药，以太虚之气为外药。太虚之气即先天真一之气，必待内药有成方能够召摄此气。黄元吉认为，身中元气乃是真阴真阳会合而成之物，虽然相对于人身为先天之阳，但相对于太虚外来之气则为后天之阴，故又称为"阴精"。"此真阴真阳会合成一，即是阴精。外边元气，即是真阳。"[②] 由于阴阳之间存在交感，所以一旦身内元气圆满，自然会引来外来元气，"内之元阳发耀，外之元气自蓬蓬勃勃包裹一身，浑不知天地人我。此殆内外合一，盗得天地灵阳归还于我形身之内，久之则炼形而化气，所谓神仙无别法，只是此气充满一身内外焉耳"[③]。张三丰亦说，筑基炼己的内在玉液还丹功夫完成后，"方夺外天机，下手擒拿，采吾身外真铅"[④]。经过一系列的艰难过程，身内元气与身外元气"气气相通，气满至极，忽然活泼泼地迸出太阳流珠"[⑤]，才达到"我命不由天"的境界。

古人强调，先天真一之气不是身内元气，亦不是丹田呼吸之气。抱一守中非为守先天真一之气，观空止念非观先天真一之气。等而下之，炼五金八石，采红铅梅子，更不是服食先天真一之气。先天真一之气为生物之祖气，虽为万象之主、天地之宗，然而却无形无象、无声无臭。虽与人身相关，却是自外而来。施肩吾云："天人同一气，彼此感而通。阳自空中来，抱我主人翁。"[⑥] "阳"即先天真一之气，"空中"乃是身外之处。道教内丹修炼以自身元气为根基，以超越于主体自身的先天真一之气为最终保证，是一种典型的以自然生命为主体的内在超越功夫体系。

（二）从所缘到轻安与佛教奢摩他的证成

佛教奢摩他汉译为止，毗钵舍那汉译为观。佛教认为，大乘、小乘乃

[①] （清）黄元吉：《道德经讲义·乐育堂语录》，宗教文化出版社，2003，第310页。
[②] （清）黄元吉：《道德经讲义·乐育堂语录》，宗教文化出版社，2003，第285页。
[③] （清）黄元吉：《道德经讲义·乐育堂语录》，宗教文化出版社，2003，第310页。
[④] （清）李涵虚编《三丰全集》，蔡聪哲点校，宗教文化出版社，2013，第158页。
[⑤] （清）李涵虚编《三丰全集》，宗教文化出版社，2013，第159页。
[⑥] （明）尹真人高弟：《性命圭旨》，中央编译出版社，2013，第188页。

至人世间功德,都与奢摩他和毗钵舍那相关。《解深密经》载:"若诸声闻,若诸菩萨,若诸如来,所有世间及出世间一切善法,应知皆是此奢摩他、毗钵舍那所得之果。"① 而毗钵舍那的证成又以奢摩他为基础,故知奢摩他是佛教修持的基础与核心。② 关于奢摩他的定义,《解深密经》云:"即于如是善思惟法,独处空闲内正安住,作意思惟,复即于此能思惟心,内心相续作意思惟,如是正行多安住故,起身轻安及心轻安,是名奢摩他。"③ 所谓善思惟法,即佛教经典所言的五蕴、十二处、十八界等法相,这是修习奢摩他的所缘。成就奢摩他需要两个条件:其一,心安住于所缘;其二,生起身心轻安。这两个条件使佛教奢摩他的修持具有了内在超越的形式。

1. 奢摩他所缘与内在性

所缘又称所缘境、所缘境事,是修习奢摩他过程中心灵专注的对象。④《瑜伽师地论》将所缘分为四种:其一,遍满所缘;其二,净行所缘;其三,善巧所缘;其四,净惑所缘。遍满所缘又称周遍所缘,包括有分别影像、无分别影像、事边际性、所作成办四种。严格而论,遍满所缘并不是奢摩他修习中心灵专注的具体对象,而是这些对象所具有的性质和通过专注于这些对象所能获得的成果。净行所缘包括不净、慈愍、缘性缘起、界差别、阿那波那念五种,通过对这五个对象的专注和观察,可以清除心灵上贪、嗔、痴、慢、寻思五种染污。比如以不净为所缘,指攀缘发、毛、

---

① 《解深密经》卷第三,载《大正藏》第16册,第701页。
② 张澄基教授总结了以奢摩他为基础的禅定的益处:(1)可以净除罪障,开发善根,信心和慈悲自然会增长,对佛经之了解也能自然较前大为增进,所谓"心静而后能于法起定见也";(2)可以增进各方面之宗教体验,把"宗教心"弄深了一步,昔所未知者及未克成办者,由修习禅定则能通达、成办;(3)可以直接见到佛相及种种殊胜之境界,亦能得到佛菩萨之直接指示,使人鼓舞雀跃,心悦安慰,增长许多勇气和毅力;(4)可以直见自心本具之佛性,如实的现量证入大法界之同体真理,得大休息、大慧眼和大自在。见〔美〕张澄基《佛学今诠》(上),慧炬出版社,1973,第268—269页。
③ 《解深密经》卷第三,载《大正藏》第16册,第698页。
④ 有学者指出:"初期瑜伽行派的禅观学理,还是十足的'定慧综合修行观',从头到尾紧扣佛陀的'十二分教',作为修习止观的基础。若配合《瑜伽师地论》'声闻地'以观,这可区分出四种所缘境事:以契经的蕴、处、缘起等相应教,作为'善巧所缘'的范畴;当然还可依于对治粗重烦恼的需要而修'净行所缘';修止不脱此诸范畴,是为'事边际所缘境事'。修观亦然;因圆而果满,止观成就的境地,就是'所作成办所缘境事'。这正是不共世间的出世道'净惑所缘境事'。"[释昭慧:《初期瑜伽行派之止观要义——"七觉分"的圆满开展》,《西南民族大学学报》(人文社会科学版)2011年第2期] 我们以下讨论所缘,亦是依于《瑜伽师地论·声闻地》而谈四种所缘。

爪、齿、体垢、流涎、皮、肉、白骨、筋、脉、心、肝、肺、脾、肾等三十六种身内不净之物，以及死相、胀相、青瘀相、脓烂相等九种尸体变化外在不净。当心灵专注于这些对象的时候，心中的贪欲便会消失。以慈愍为所缘，指对于亲友、怨敌及无关者，怀以平等给予他们利益安乐的心态。专注引发慈心的对象并保持住这种慈心，即可消除心中的嗔念。以缘性缘起为所缘，即将过去、现在、未来三世诸法视为因缘关系，除了因缘之外，并没有作者及受者。令心意专注于这种现相之上，可以对治愚痴。以界差别为所缘，指区分地、水、火、风、空、识六界差别。心灵专注于这些差别之上，可以使骄慢之心平息。以阿那波那念为所缘，即以入息出息念为所缘。心灵专注于出入息念，可以消除心灵的分别和散乱。善巧所缘有五种，即蕴善巧、界善巧、处善巧、缘起善巧、处非处善巧。当我们以蕴、界、处、缘起、处非处为所缘时，一方面可以凝定心灵，另一方面又可以获得缘起性空的见解，一举两得，故称善巧。净惑所缘分为两种：一是专注于下地粗性上地静性，这是世间道净惑所缘，可以暂伏烦恼现行；二是专注于四谛十六行相，这是出世间道净惑所缘，可以断除烦恼种子。除了这些所缘之外，佛教中的每一分派又有自己特殊的所缘。比如在中国佛教宗派中，华严宗以法界缘起为所缘，天台宗以三谛圆融为所缘，禅宗则以心性本体为所缘。在藏传佛教中，格鲁派通常以佛、菩萨的身相为所缘。

所缘虽然种类繁多，但它们具有一个共同的性质，即这些所缘都是影像而非实物。史文在其博士学位论文中提到，禅观的目的是"澄心静虑，去除心灵的杂染，进一步获得法喜和智慧，证得神通，最终获得涅槃。在禅观的实践中，不可能是兀兀呆坐，百无聊赖，虚度时日。为了引发禅定和智慧，达到身心轻安，得到心一境性，乃至触证真如，就要有种种的方便法门。而影像，正是禅观的重要手段和内容。借助于对特定的形象的思维，可以强化对佛教基本的教义的理解，深化对于法的体会，一直到这些法融于生命之中，最终使生命得到升华"。① 奢摩他所缘即无分别影像，与毗钵舍那有分别影像所缘相对。

影像又称"所知事同分影像"，"所知事"指不净、慈愍、缘性缘起、

---

① 史文：《禅观影像论》，博士学位论文，复旦大学，2006，第30页。

界差别等对象,"同分"即相似性,"所知事同分影像"即指意识中现起的与实物类似的相状。但是,并非意识所起的任何相状都是修习奢摩他的影像。《瑜伽师地论》云:"此所知事或依教授教诫,或听闻正法为所依止,令三摩呬多地作意现前。即于彼法而起胜解,即于彼所知事而起胜解。彼于尔时,于所知事如现领受,胜解而转。虽彼所知事非现领受和合现前,亦非所余彼种类物,然由三摩呬多地胜解领受、相似作意领受,彼所知事相似显现,由此道理名所知事同分影像。"[1] 所知事同分影像"非现领受和合现前",不是刺激感官的外在对象;"亦非所余彼种类物",也不是其他与刺激感官的外在对象同类之物;同时也不是一般意识的产物,而是三摩呬多地作意的结果。三摩呬多即等引,也就是持续平等的禅定心灵状态。当主体以这种心灵状态观察事物时,往往引发确定无疑、不可引转的见解,也就是"胜解"。以此胜解为基础,意识中所现起的相状即奢摩他意义下的影像,亦称"所知事同分影像"[2]。

在修习奢摩他的过程中,影像不是一下子就建立起来的,而是需要一定的时间和善巧的方法。所谓善巧的方法,即保持影像明显而坚固的方法,主要指通过破除昏沉和掉举而修习正念和正知的方法。正念即心专注于所缘,正知即在心专注或离开所缘时保持觉知。从所缘之境的角度看,所缘的明显和坚固是追求的目标;而从能缘之心的角度看,所缘的明显和坚固恰恰反映了心体的专注和持续。因此,以影像为所缘的奢摩他修习,表现为心灵内住、等住、安住、近住、调伏、寂静、最极寂静、一趣,乃至等持九种行相。心识之中的影像问题,就转化为了心识本体的问题。这种转变实际上是非常自然的。《解深密经》载弥勒菩萨问佛:三摩地所行影像,"与此心当言有异?当言无异?"佛陀回答:"善男子,当言无异。"即影像和心本身是没有区别的。为什么呢?"我说识所缘唯识所现故",影像作为

---

[1] 《瑜伽师地论》卷第二十六,载《大正藏》第 30 册,第 427 页。
[2] 史文说:"称为'影像'是因为这些禅观对象经过教授、作意、胜解、领受一系列的认知接受过程之后,在禅修者的心中'相似'显现。这是贯彻了唯识宗的基本教义。唯识宗认为一切的现象世界和心理世界不过是第八识的表象,我们的心中的形象、理性认识、感受等,都是诸识的影子。禅观对象在心中形成了相似的影子。影像是没有实体和自性的,是虚幻的,是要被超越的。因为本质上没有实体性,所以经过禅观的教授,传递到禅修者的心中,经过系列的认知后,这相似显现于心中的哲理和形象就被称为'所知事同分影像'。"(史文:《禅观影像论》,博士学位论文,复旦大学,2006,第 38 页)

心识所缘的对象本身就是心识所变现出来的。佛陀强调"由彼影像唯是识故",影像的本质即心识。① 由于影像就是心识的变现,影像的明显和坚固同时即心体的专注和持续,因此,奢摩他之所缘看起来是心灵所对之境,实际上恰恰是心灵本身。在奢摩他修习的九种行相中,第八种是"一趣",即能缘心与所缘境合而为一。不过"一趣"之中的这种相合尚是有意为之,而到第九种行相"等持"则达到不加功用、任运而转。此时即"心安住于心",心之体和心之用融合无间而得"一"。

2. 奢摩他轻安与超越性

即便达到"等持",也不必然意味着已经证得奢摩他。在尚缺身心轻安的情况下,此种境界通常被称为"随顺奢摩他"。《解深密经》云:"世尊,若诸菩萨缘心为境内思惟心,乃至未得身心轻安,于此中间所有作意,当名何等?佛告慈氏菩萨曰:'善男子,非奢摩他,是名随顺奢摩他胜解相应作意。'"② 弥勒菩萨问佛陀:如果有菩萨摄心内住,经历九种行相但未获得身心轻安之前,这种境界称作什么?佛陀告诉弥勒菩萨:这种境界并不是奢摩他,而是随顺于奢摩他的一种作意。佛教修持有八种根本禅定,即色界初禅、二禅、三禅、四禅,与无色界空无边处定、识无边处定、无所有处定、非想非非想处定。在进入八种根本禅定之前,修持者要经历一个临近于根本禅定的境界,这种境界被称为"近分定"。八种根本禅定皆有近分定,初禅之前的近分定称为未到地定,又称未至定。八种近分定中初禅之前的未到地定最为主要,因为此种未到地定邻近多灾多患的欲界,具有厌离烦恼而达到无漏的可能。奢摩他即指这种禅定。在修习奢摩他的九种行相中,"等持"甚至"等持"之前的"一趣",由于心灵专注力量的增强,已经具有了一定程度的暂伏烦恼的能力,具有和真正的奢摩他相似的功能,所以被称为"随顺奢摩他"。《瑜伽师地论》云:"或有阙轻安故,名非定地。谓欲界系诸心心法,彼心心法,虽复亦有心一境性,然无轻安含润转故,不名为定。"③ 随顺奢摩他和真正的奢摩他之间的区别在于是否获得身心轻安。在获得身心轻安之前,即便有心境合一的状态,也不称之为

---

① 《解深密经》卷第三,载《大正藏》第 16 册,第 698 页。
② 《解深密经》卷第三,载《大正藏》第 16 册,第 698 页。
③ 《瑜伽师地论》卷第十三,载《大正藏》第 30 册,第 344 页。

未到地定。这是因为未到地定与色界相关，而缺乏身心轻安的随顺奢摩他系属于欲界，被称为"欲界定"或"世俗禅定"。

就像前面所说的，作为随顺奢摩他的世俗禅定也有暂伏烦恼的功能。但这种功能并不坚固，在极端情况下常常会被破坏掉，这在佛教经论中有着明确的说明。《十诵律》记载了一则比丘失戒的故事：佛在舍卫国教化之时，有一个名叫难提的比丘早晨到舍卫国城中乞食。"食已，持尼师坛，著左肩上，入安桓林，在一树下，敷尼师坛，端身正坐。"尼师坛乃比丘六物之一，即坐卧时敷在地上、床上或卧具上的长形布垫。难提比丘饮食完毕之后开始在林间静坐。这个时候，"有魔天神，欲破是比丘三昧故，化作端正女身，在其前立"。即以漂亮的女子引诱这个比丘，破坏他的禅定。"比丘从三昧起，见此女身，即生着心。"一试之下，难提比丘没有经受住诱惑，从禅定中出来，生起了执着之心。为什么会这么容易产生执着之心呢？《十诵律》解释云："世俗禅定，不能坚固，寻时退失。"难提的禅定尚属世俗禅定，也就是欲界定。欲界定并不坚固，很容易就被破坏掉而生起相应的烦恼。更为可怕的是，具有一定禅定境界的人，烦恼一旦生起要比一般人强烈得多。《十诵律》接着说："女人即却，渐渐远去，便起随逐，欲捉其身。"在女子已经离开的情况下，难提尚去追赶，欲肆暴行，足见已经丧失了理智。《十诵律》又说："时彼林中有一死马，女到马所则身不现。是比丘淫欲烧身故，便共死马行淫。"[①] 这不仅是丧失了理智，实际上心灵已被烦恼引入变态的境地。诸如此类的记载，在《十诵律》及其他佛典中屡见不鲜，这就是为什么世俗禅定不为佛教所重。然而，世俗禅定一旦具备身心轻安，就转升为未到地定，虽不是根本定，但已具有了根本定的性质，从而也获得了暂伏烦恼的坚固力量。

什么是轻安呢？《阿毗达摩集论》云："何等为安？谓止息身心粗重身心调畅为体，除遣一切障碍为业。"[②] 所谓轻安，是一种消除身心粗重的能力，它具有遣除一切身心障碍的功能。所谓身心粗重，指有关身心的种种善行，不能够随欲而转。譬如我们要断除某种烦恼时，身体具有迟重不堪而不听使唤的感觉，心灵具有不能专注而散乱不堪的状态，前者是身粗重

---

① 《十诵律》卷一，载《大正藏》第23册，第3页。
② 《大乘阿毗达磨集论》卷一，载《大正藏》第31册，第664页。

后者是心粗重。断除掉身心粗重，身体便会变得轻快伶俐，心灵便会变得凝定专注，断除烦恼修习善行游刃有余。身心两种轻安的获得亦有次序，先是证得心轻安，然后再证得身轻安。如《瑜伽师地论》云："彼于尔时不久当起强盛易了身心轻安心一境性。如是乃至有彼前相，于其顶上似重而起非损恼相。即由此相于内起故，能障乐断诸烦恼品心粗重性皆得除灭。能对治彼，心调柔性心轻安性皆得生起。"① 实际上，在一开始修习奢摩他时就有身心轻安生起，但微细难知，其表现不太明显。真正圆满明显的轻安生起通常伴随着一些前兆，那就是头顶上产生愉悦的沉重感。这种感觉一旦生起，便能够断除障碍人们去断除烦恼的心理，即心中产生了愿欲断除烦恼、修习善法的倾向，这便是心轻安。心轻安产生之后，身轻安方得生起。《瑜伽师地论》云："由此生故有能随顺起身轻安风大偏增众多大种来入身中。因此大种入身中故，能障乐断诸烦恼品身粗重性，皆得除遣，能对治彼。身调柔性身轻安性，遍满身中状如充溢。"② 身轻安接着心轻安随顺而起。这是因为证得心轻安后，诸风大种便会进入奢摩他修习者的身中。当进入身中的诸风大种在身内流转时，便会把属于障碍人们断除烦恼的身体性因素消除掉，即获得自由断除烦恼的身体能力，也就是身轻安。身轻安流遍全身，充满于身中。如果说心轻安是断除烦恼、修习善法的心理倾向，那么身轻安就是断除烦恼、修习善法的身体能力。

心轻安引发身轻安有一个关键性因素，那就是诸风大种。佛教秉承古代印度的元素论，将物质世界称为色蕴。《瑜伽师地论》云："云何色蕴？谓诸所有色，一切皆是四大种及四大种所造。此复若过去若未来若现在，若内若外若粗若细，若劣若胜若远若近，总名色蕴。"③ 色蕴包括四大种及四大种所造色，四大种指地界、水界、火界、风界四种物性，四大种所造色即由这四种物性所生成构造的有形物质世界。按照《大乘五蕴论》的说法，诸风大种指物质世界中的"轻动性"，即物质之中具有的增盛流引、上下纵横生长的作用。这种作用可引起身内风，包括上行风、下行风、胁卧风、脊卧风、腰间风、髋间风、入出息风、随支节风等，这些风是支持身

---

① 《瑜伽师地论》卷第三十二，载《大正藏》第30册，第464页。
② 《瑜伽师地论》卷第三十二，载《大正藏》第30册，第464页。
③ 《瑜伽师地论》卷第二十七，载《大正藏》第30册，第433页。

体四肢百骸五脏六腑运动、运化的根本因素；亦可引起身外风，包括东来风、西来风、南来风、北来风、狭小风、广大风、毗湿婆风、吠蓝婆风、风轮风等，这些风是吹拂万物、鼓荡世界的根本动力。①《瑜伽师地论》强调诸风大种"来入身中"，这说明这种引起身轻安的因素由外而来。同时，进入身中的是诸风大种，不是大种所造之色，这说明诸风大种具有超越欲界之身的性质。《菩提道次第广论》引安慧论师之言："欢喜摄持身内妙触，应当了知是身轻安。"并指出，造成身轻安的因素并不是心所法，而是一种能够引起极度愉快感觉的内身触尘，即微妙的色法。②按照《瑜伽师地论·声闻地》的说法，获得身心轻安尤其是身轻安，"始得堕在有作意数。何以故？由此最初获得色界定地所摄少作意故"。③佛教言三界，欲界、色界、无色界。相对于欲界，色界便是具有超越意味的上界。色界定地指于欲界身中获得色界定心，这与从外而来进入身内而成为内身触尘的诸风大种有着密切的关系。换句话说，诸风大种便是奢摩他修习者身处欲界而具有超越性的色界定心的原因。引发诸风大种进入身中又需心轻安，而心轻安来自等持境界。等持境界意味着心与境任运合而为一，境即所缘同时也是由心识转变而来。这说明佛教奢摩他的证成，与修习者的内在心识及与心识相关的外在因素有关，佛教奢摩他在某种意义上也具有内在超越的形式。

（三）儒家内在超越功夫诠释的三种模式

现代新儒家以"内在超越"这个概念来概括儒家的内圣之学，是非常准确且有见地的。实际上，这一概念所包含的形式不仅体现在儒家的内圣之学上，也体现在道教、佛教的内修理论和实践中。④道教的内丹修炼和佛

---

① 《瑜伽师地论》卷第三十二，载《大正藏》第30册，第464页。
② （明）宗喀巴造，（明）跋梭天王·曲吉坚参等注《菩提道次第广论四家合注》下册，宗峰、缘宗译，中国社会科学出版社，2014，第634页。
③ 《瑜伽师地论》卷第三十二，载《大正藏》第30册，第465页。
④ 前文说"道教内丹学与佛教奢摩他的内在超越，不仅仅是一种理论上的推定，而且还是有着精严次第的内证功夫过程。这为我们对儒家内在超越性进行功夫诠释提供了视域和范式"，主要指佛道两家的修持理论对于儒家内在超越概念进行功夫诠释的影响；此处言"现代新儒家以'内在超越'这个概念来概括儒家的内圣之学，是非常准确且有见地的。实际上，这一概念所包含的形式不仅体现在儒家的内圣之学上，也体现在道教、佛教的内修理论和实践中"，则主要指佛道的修持体系亦包含着内在超越的理论形式。看似同义反复，实际上两者存在言说层次上的不同。

教的奢摩他修持，不仅强调内在性中包含着超越性的维度，更重要的在于展现了一条通过内在性的发现和建构以贯通超越性存在的实践之路。通过对这两家路径的分析，我们可以为展开儒家内在超越性的功夫诠释提供必要的视域和借鉴。新儒家在讨论内在超越性时，往往将内在性局限在道德本心上。这固然体现了儒家的主流思想，但对于全幅儒学而言不免有所遗漏。在涉及内在性中何以具有超越性的问题时，常常以"即内在即超越"这样的语言含混过去，对于通过内在性以通达超越性的功夫过程不太重视。在谈及超越性的意义时，往往满足于普遍、终极、形而上学这样空疏的语言，而忽略了超越性存在对于功夫主体身心转化和提升的意义。基于以上见解，我们提出了儒家内在超越性的三种功夫模式。

1. 德性本体与通往上天的密道

小邦周战胜大邦殷后，天命靡常的观念得到了证实和加强。周人相信，政权的赐授和维持并不是永恒的，而是与自身的行为密切相关，德行是邀获天命的根本因素。所以，周代从建立之始就充满着一种浓厚的人文精神，其统治者将事物的吉凶成败与自身联系在了一起。他们建构了一套极为复杂的礼乐体系，除了用以文饰宗法封建制度，还具有规范日常行为、检束身心以及沟通天人的功用，试图将周代统治阶层纳入一个道德团体。周人一直在对德进行探讨，他们将文王作为理想的德性人格。礼乐传统可以说是文王人格的典礼化，按照礼乐传统安排国家及个人的活动，就意味着如同文王那般具有克配天地的德行。这不是简简单单的模仿和规范，而是通过这种模仿和规范达到塑造与提升人格的目的，使一个平常的人真的达到文王那般的境界。从这个角度看，礼乐体系作为行为范式无疑具有一定的功夫意义。

春秋时期礼乐已经崩坏，最明显的表现就是这一体系不再具有政治效力。春秋时期的士人君子开始对礼乐进行反思，试图恢复礼乐的荣光。孔子生在鲁国，自小便接受礼乐训练。针对礼崩乐坏的情况，他并没有采取否定态度，而是相信解决之道就藏在礼乐之中。孔子具有极其广阔而长远的政治、文化视野，他超越了国别而放眼天下，超越了阶层而注视万民，甚至超越了种族而直面生命。在他看来，天命不仅仅与某一家族、某一阶层所主导的政权相联系，更重要的是与每一个人、每一个个体生命有关，天命与政权的联结转变为了与个体生存的联结。这一转向凸显了个体的伟大价值，为自我生命的超越提供了根据。孔子认为，礼乐崩溃的根本原因在于失去了内在的精神性因素。他的伟大贡献在于直接点出礼乐的精神性因素，并将其命名为"仁"。礼乐表现在国家、个人的方方面面，"仁"这一精神性因素自然也具有诸多面向和层次。不管这些面向和层次多么复杂，都与主体通过礼乐践履而产生的内心觉受相关。这些觉受亦可具有多种规定，但根本规定则与礼乐行为和实践这些行为的主体密合无间相关。也就是说，仁这一精神性因素不是孔子主观附加给礼乐体系的，而是在践履礼乐行为的过程中所呈现在心灵上的真实境界。由礼乐践履所呈现的仁的精神境界不仅仅是个人之事，它还具有上达于天的可能。这种上达除了具有实证天命之存在的功效之外，还因这种实证而获得上天真实的加持和庇佑。孔子在人心的德性层面中发现了一条通往上天的密道，而上天又反过来将其超越性赋予孔子这样一个有限的生命。

孔子在其思想体系中特别强调孝这样一种道德情感，由于孝在人伦意义上具有普遍性的价值，这实际上等于在礼乐之外为儒家开辟了一条新的功夫之路。孟子对此有所继承，他特别强调道德之心的发现和扩充。在他看来，心灵凝定是道德之心呈现和扩充的前提。孟子又专注于道德之心独立和普遍价值的论证，这意味着他将道德之心视为了人之本心。除此之外，孟子在谈论人心的同时，往往将之与气这一概念联系起来，这说明孟子在其修养体系中重视身体因素。孟子认为，道德之心的呈现和扩充不仅仅是心灵上的事情，它们还伴随着身体的转化以及这种转化所带来的力量和能力。在他看来，仁义礼智一旦根于心，便会带来"睟然见于面，盎于背，施于四体"（《孟子·尽心上》）的"生色"现象；一旦内心具有了坚定不移的道德信念，便有至大至刚的浩然之气生发以至塞于天地之间。修心便与修身和养气联系了起来。在天人关系上，孟子遵循天人贯通的传统，将人心的德性层面视为通往上天的密道，甚至认为上天就在人心之中。他还在功夫修养体系中突出命限之天的地位，同时指出了打破命限的可能性。此外，由于孟子注重养气，他认为浩然之气具有沟通天人的媒介价值。

宋明儒家继承了先秦儒家的内圣之学，对性与天道的关系进行了卓有建树的探讨。他们开始提出"工夫"（功夫）概念，以概括儒家身心修养体系和实践。宋明儒家派系复杂，所探讨的主题异常丰富。然而如此庞大复杂的体系，其功夫实践的几个维度却是非常清晰。宋明儒家无论是主理学、心学还是气学，无论是以尊德性为主还是以道问学为主，都格外重视静坐，将静坐视为其心性修养功夫的重要形式。静坐可以收敛身心，可以观天地生物气象，可以默识心体，甚至可以忏悔改过。其基本原理在于通过凝定身心，使主体具有超乎寻常的心灵力量。在静坐所具有的诸般功效中，呈现心体是最根本的。宋明儒家普遍认为，心之本体与天道是同一的，故而具有无限而圆满的意义。这一意义落实在主体的功夫上，那就是心含万物的一体之感。至于产生万物一体感的原因，则与心灵对自身的察照相关。心灵察照自身的能力，牟宗三先生称之为"逆觉体证"，现象学则称为"自身意识"，即在带有自我反思特征的体验活动中，意识对其自身的反思现实地发生着，意识现实地将其自身对象化，将其自身当成对象来反观，并在反观中又实现了对象与自身的合一。在礼乐传统下，功夫和日用是合一的。也就是说，功夫行为与人的日常实践是一回事。但是，在礼乐传统失去实施的社会环境后，通过特定的功夫所养出的心体如何扩充到事事物物上则成了一件值得讨论的事情。有儒家倡知行合一，但对于大多数儒者而言，证悟本体之后将其展现于事事物物之中则是一件非常困难的事情。这牵涉判断力的运用问题，也牵涉静中的功夫境界能否在动中保持的问题。浑然与物同体的境界固然是儒家修证功夫的关键，但并不是终点，此后尚包含无数穷理、养气的功夫，否则所谓的见体不过是玩弄光影。

2. 如在与心体的超越向度

从发生学意义上看，礼乐的起源与祭祀活动相关。在周代礼乐传统中，祭祀依然有着极为重要的地位。祭祀的对象有天神、地祇和先祖，在周代这样一个以血缘宗法为基础的社会中，对先祖的祭祀尤为重要。对先祖的祭祀不仅仅是表达敬意的仪式，这一仪式要以祭祀对象"来假来飨"为目标，可以说是巫术交通神明的仪式在礼乐传统中的体现。先祖"来假来飨"不是通常意义上的想象，也不是因寻求慰藉的强烈愿望而催生的幻觉，而是一种介于实在对象和通常意识构造之间的影像，我们借用《礼记》的话语称之为"如在"。在先秦文化传统中，"如在"不仅存在于祭祀场域中，甚至在卜筮行为中亦有体现。《周易》的卜筮依赖于易象，这是和之前的卜筮有所区别之处。从卜筮的角度看，易象不是乾龙、坤马等物象，也不是由内卦、外卦组合而成的卦画，而是卜筮者利用物象和卦画在意识中构造出来的影像。在巫术活动中，沟通神明就包含着预知未来的内容。在《周易》卜筮活动中，可以给予关于未来的启示的神明不是凭空出现的，而是占卜者以卦画为数理结构，以物象为具体材料，以特殊的心灵境界为前提，运用意识所构造出来的"如在"。不管是祭祀先祖，还是卜筮活动，都包含着对于身心的特殊训练，这从斋戒这样一个特殊的仪式中可以看出。先祖的影像也好，易象的影像也好，虽和人的意识活动相关，但在祭祀和占卜活动中都被视作具有神圣意味的超越性存在。

无论是在祭祀先祖的意识中，还是在《周易》的占卜活动中，"如在"的建构和呈现都不是一件轻而易举的事情，这中间包含着无数的技术性操作以及严格的身心要求。当然，"如在"呈现的外在价值是不言而喻的。儒家非常重视礼乐中的祭祀仪式，也不废预知未来的占卜活动。但是其重点不在这些技术性操作以及所能达到的结果上，而是反身关注能够呈现"如在"的心灵本身；其不将"如在"视为超越性的存在，而是试图从心灵本身窥见超越的维度。在祭祀先祖的仪式中，祭祀者所有的活动必须符合规定，这是为了保证先祖的"如在"在场。儒家强调，先祖"如在"的在场固然是重要的，但是促成"如在"在场的身心状态更为重要。身心状态本来作为祭祀之中先祖"来假来飨"的条件，现在变成了主要关注的对象。这种关注也不是为了在祭祀中先祖能够更好地"来假来飨"，而是这种身心境界本身就具有独立而终极的价值。这种转变在《中庸》中体现得尤为明显，"中和"概念本来与祭祀仪式各个环节的心理要求相关，但在《中庸》中已经脱开了祭祀的语境而具有了普遍的价值和意义，成为儒家心性论的重要概念。儒家对《周易》卜筮的态度同样如此，他们不太关注占卜的结果，重点关注卜筮行为对心灵层面的要求和影响，并将这种特殊的心境上升到心体的层面。宋明儒家沿着先秦儒家开辟的道路，将心体的独立意义进一步凸显出来。

3. 静观及其与本原的契合

宋明儒家常言观未发前气象、观天地生物气象、观圣人气象，"观"是儒家心性修养功夫的一个关键词。相对于具有德性意味的心体，"观"这一人所具有的照见万物乃至自身本质的能力更具有基源性。观法起源与易学相关，我们在《易传》中可以发现三种观法，它们都以洞彻万物的本原为指向，具有与天道关联的超越意味。

《系辞传》言伏羲氏始制八卦，以通神明之德，以类万物之情。所谓类万物之情，是说八卦具有分类、归纳万物的方法论意义；而通神明之德，则是说这一系统具有贯通天人的超越意味。肯定八卦具有贯通天人的价值，意味着我们已经假设八卦的创始人先在地具有贯通天人的能力和体验。《系辞传》描写伏羲氏通过仰观天文、俯察地理、近取诸身、远取诸物的方法而制八卦，那么他所具有的贯通天人的能力便应该藏在这一系列的行为活动中。由仰观俯察的行为到八卦的创制不是一个科学意义上的归纳过程，因为八卦本身恰恰是具体知识赖以产生的前提，这之间的次序不应该反过来。八卦创始人仰观俯察的行为应该是独立而四无依傍的，也就是说这些行为本身就包含着贯通天人的意义。"神"在《周易》中是一个非常重要的概念。这一概念意义非常丰富，它首先被消解掉了人格意味，被赋予了具有生化万物的本原义。"神"作为本原不仅仅超越于万物之上，还以万物之精的形式隐藏于万物之中。神具有物之精微和万化本原两个维度，对这一对象的把握意味着对事物整体的把握。这种把握超越了感性和知性，具有了智性直观的价值和意义。在后世易学家中，邵雍提出"观物"之说，这一概念便是对《周易》整体之观的直接继承。邵雍观物说的本质是"以我观物"，即无有"前见"，任由万物自身绽开。但这又不是一种纯粹的反映论，他对圣人的定义是"表里洞照"。也就是说，邵雍固然强调心灵应如止水映照万物一般直接获得事物表象，然而更加强调同时获得事物内在的诸般规定，即在直观到对象的同时亦包含着知性的运作。

对事物的整体把握是《周易》所展示的理想境界，然而《周易》又盛谈阴阳，认为整体之"一"分裂为"二"方是常态。对于阴阳这对名词，《易传》将一阴一阳的平衡视为根本原则，同时又有扶阳抑阴的倾向。这种貌似矛盾的表达，隐含着克服分裂、回归本原的超越之路。《易传》认为，虽然太极分成两仪，但太极同时即在两仪之中，阴阳两仪的平衡即超越性的太极。但对于人事而言，阴阳往往是不平衡的。阴阳杂乱错居，太极则隐而不显。所以，功夫便在于调整阴阳而使其平衡，使太极显现而回归本原。阴和阳固然是一对具有相反关系的范畴，而太极和阴阳亦具有对待关系的性质。太极因其创生义而为阳，阴阳以被生义而为阴。阴阳杂乱错居，太极隐而不显，即阳为阴蔽。阴阳平衡，太极为主，则意味着阴为阳抑。《周易》阴阳平衡理论中即蕴含着一套超越论，我们将之称为阴阳之观。道教运用阴阳之观建构了一套返还体系。后世儒家的修身之道同样受这种阴阳之观的影响。周子运用《太极图》阐发其"立人极"的思想，便与此相关。可以说儒家变化气质的功夫体系，到处都能够发现这种理论的痕迹。

除了整体之观和阴阳之观，《周易》还有物象之观。所谓物象之观，即通过观外在具体之物，引起主体身心的感应和变化。《周易·大象传》的结构非常特殊，包含三个部分：内外卦所代表的物象、卦名，以及相关的义理。学者们提供了多种模式，解释各个组成部分之间的关系。在现代社会，我们很难认可自然物象与人类社会的典章制度，尤其与个人的行为准则之间存在某种对应关系。《大象传》不是从知识意义的角度上在物象和义理之间建立逻辑关系，也无意从伦理学境遇与意义关系的角度，为人类社会的典章制度乃至个人的行为原则提供形而上的根据，而是更多地着眼于德性和智慧人格的生成与培养。也就是说，《大象传》不是一套解释体系，而是建立在物我感应基础上的功夫实践模式。它借助物象与义理之间的某种相关性使主体产生某种触动，因这种触动而使其对某些修身原则产生坚固不移的确信感，理论知识从而转化为内证体验。在宋明儒家中，伊川、朱子一系特别重视格物说，这种由物理以通达心理的功夫模式，与《周易》深观物象以养其德的思想有着极大的相似性。天地万物以物象的形式呈现于人的视野之中，成为人们德性养成的源头活水。物象之中又蕴含着形而上的超越维度，圣人撷采其道而以特定的方式展现出来，是为所立之象。人们根据圣人所立之象，或治历以明时，或作乐以崇德，或立成器以为天下利。这些"成法"虽由人制，却包含着天道的超越维度。其中有些"成法"与人们有意识的身心活动相关，从而成为人们以身心修养与转化的功夫方式获得超越性的另一路径。

在当今这个时代，知识不再具有神圣性，一方面，人的心灵和身体获得了最大程度的释放空间；但另一方面，由于传统神圣观念的丧失，人们也失去了原本根深蒂固的价值标准，一切仿佛变得无所适从。人们不再将内心的道德本源视为生命的本质，也不再将个体与天道的贯通作为生命最高的追求，以生命的提升与转化为目标的功夫修炼显然不再可能为主流所接受。在绝对价值观念坍塌的今天，儒家以内在超越为核心的功夫修证模式还有没有价值，是一个亟待反思的问题。

虽然儒家功夫修证在当今社会已不可能为主流所接受，但"功夫"概念所包含的哲学维度则值得探讨。希腊哲学从诞生之初就试图从变动不居的现象中寻求不变永恒的真理，而这一目的是通过知识和语言达成的。中国哲学亦有类似于希腊哲学的目的和追求，但不是通过知识和语言，而是通过功夫达成的。功夫概念在这个意义上就具有了哲学的维度。

西方主流哲学界长期以来过于重视对理性知识的探讨，而忽略了作为灵魂载体的身体。这种状况导致"过好自己的生活"的理想和追求往往流于片面和极端，而对于生活艺术的认知和养成亦流为空言。在这种情况下，引导人们关注身体，便显得非常必要。近五六十年来，西方哲学界有了一些变化，关于身体的一些理论开始出现。比如海德格尔对于"此在"的重视，梅洛-庞蒂关于身体知觉的研究，波兰尼的"默识之知"，以及福柯等人这方面的思想。这说明，西方思想界开始对身体有所重视。儒家功夫修炼以身心为对象，自然不乏对身体的理解和规范。那么，这些思想资源是否有助于人们建构关于身体的哲学呢？我们的思路并不是提倡将儒家的修身原则转移和嫁接过来，而是借助这些修身原则反观目前身体哲学的缺乏和不足，并提供力所能及的指引和启发。在这个意义上，儒家功夫模式的价值和意义仅仅体现在"触动"和"点醒"上。另外，在当今时代，吸引人的注意力是商业社会的一个重要特征，而注意力的碎片化将使我们在一定意义上丧失对工作、生活更深层次的体察和洞悟，如何培养注意力便成了一个问题。儒家功夫论特别强调心灵静定的训练，对于当下人们注意力的培养亦有着莫大的意义。

第一章　德性本体与通往上天的密道[①]

西周所创立的礼乐体系是一个非常伟大的传统，其中不仅包含着典章制度，同时亦有非常复杂的行为规范以及由此而来的收敛和转化身心的功用，更重要的是还具有沟通天人的伟大价值。春秋时期，这一伟大的传统已经面临崩坏。孔子试图恢复礼乐的荣光，将"克己复礼"作为其思想及教育的核心。"克己复礼"这一命题包含着身心修养的功夫意义，同时还包含着通过这种功夫的践履以通达天道的终极追求。孟子继承了孔子的思想核心，将道德本心的觉醒视为其功夫的始点，将养气与践形作为道德本心发用的动力，将知天与事天作为功夫践履的最后目的。宋明儒家在内圣之学上秉孔孟之教，将性与天道的贯通视为功夫践履的极境。与先秦儒家有所不同的是，他们比较重视静坐。在静中涵养本源，将浑然与物同体的境界视为心体的基本内容。他们延续先秦儒家化成天下的基本精神，将本心的发用视为功夫的深化。这个由孔孟到宋明儒家的传承体系，都是将德性视为通往上天的密道，甚至认为天道就隐藏在人心的德性层面中。这是一种非常典型的内在超越范式，其中蕴含着极为精严的功夫修证体系。

[①] 本章主要讨论了孔孟以及宋明儒家，荀子及汉儒的功夫并没有在这一架构中予以体现。这是因为，本书拟从功夫的角度对内在超越概念进行诠释。按照牟宗三先生及当代新儒家的理路，内在超越主要指德性本体既内在又超越。从功夫的角度看，"内在超越"概念包含着主体通过内在性以通达天道的身心修养意蕴，可以说是儒家内圣修养功夫的集中体现。牟宗三先生言："荀子特顺孔子外王之礼宪而发展，客观精神彰著矣，而本原又不足，本原不足，则客观精神即提不住而无根，礼义之统不能拉进来植根于性善，则流于'义外'。"（《名家与荀子、才性与玄理》，载《牟宗三先生全集》2，联经出版事业有限公司，2003，第174页）"则流于'义外'"意味着内在性不足以建立。加上荀子以自然言天，天道的超越意味亦不明显。因此，荀子虽然不乏关于身心修养功夫的表述，但实难纳入"内在超越"的判教框架内。汉儒亦是如此，其内在超越的意味并不明显。故而本书未将荀子及汉儒的功夫理论予以安顿。

一　西周礼乐传统及其功夫意蕴

孔子是儒家的创始人，这是大家都承认的。提起孔子，人们首先想到的往往是"仁"这一概念。仁思想的产生与礼乐传统相关，这是毫无疑问的。孔子自称"述而不作"（《论语·述而》），其思想体系的形成并不是建立在对礼乐传统的破除上，相反，他极为赞赏这种传统，试图在礼乐之中寻找突破的可能和契机。因此，在探讨儒家功夫体系之始，需对礼乐及其所蕴含的功夫性有一个简单的回顾。

（一）西周制度和典礼之关系

周人革殷命取得天下之初，面临着内部势力的分裂、殷遗反抗、周边戎夷侵扰等诸多方面的严峻威胁。面对着这种情势，以周公为中坚的周人一边通过征伐平乱、营建洛邑、安置殷顽遗等措施，解决当下困难；一边又通过损益殷代制度，做出了一系列具有远见和伟大价值的创制活动，以维持其天下共主的地位。王国维先生在《殷周制度论》论中指出，周初的创制主要分两方面的内容——制度和典礼，这两者的制定皆以尊尊和亲亲为主要原则。[1]

1. 由尊尊、亲亲二义出制度

周初确立的核心政治制度是宗法制和封建制。宗法制由嫡长子继承制演化而来，并包含后者。嫡长子继承制是贵族家庭内部的继承制度，该制度要求权力、财产等只可由嫡长子继承。由于嫡长子继承制隆嫡子而卑其他亲属，立嫡之制引生出了严格区分嫡庶尊卑之别的宗法制。宗法制主要

---

[1] 陈梦家、张光直、葛兆光等先生质疑王国维《殷周制度论》提出的周人创制，质疑集中在王国维提出的"中国政治与文化之变革，莫剧于殷周之际"的论断，该论断认为周人在周初创立了一套异于殷代的制度，并由这些新制度制定出了相应的典礼。与之相对，陈梦家等认为周代的许多制度和文化现象已在殷代出现，因此周代制度和文化是因损殷代的结果。虽然陈梦家对王国维论断的否定是正确的，但这种正确性只限于王氏断定周代礼制是周人首创这一观点过于武断，而无法否定王国维提出的周代制度本身。同时，无论是王国维的看法还是陈梦家、张光直等的考古研究，都无法否定周制与殷商制度之间的巨大差异，也就是西周确实存在着一系列创制活动这一事实。关于陈梦家等对王国维论断的批评，详见陈梦家《殷墟卜辞综述》，中华书局，1988，第629—631页；张光直《中国青铜时代》，三联书店，1999，第65页；葛兆光《中国思想史》第1卷，复旦大学出版社，2013，第31页。

是区分大宗和小宗的继承制度，继承父位的嫡长子被列为大宗，而无权继承父位的庶子则被列为小宗。封建制是周人建立政权和有效管理广大疆域的政治制度，即天子将王畿以外的领土分封给诸侯，建立大量世袭分封国来管理所封之土。该制度运作的基本原则是"尊王抑诸侯"，这就有了君天子臣诸侯之制，此即强调天子是诸侯的共主，在政治、宗教、经济、军事等事务上比诸侯具有更高的地位，有监督、干涉以及惩罚诸侯的权力；而诸侯的地位要比天子低，在其邦国享有自治权的同时，必须向天子履行特定的义务。

在周代政治制度中，无论是宗法制中的隆嫡杀庶，还是封建制度中的尊天子卑诸侯，都以尊尊的等差秩序为基本原则。不过，由于周人封土建邦时，大量分封亲戚，用"以蕃屏周"的分土方式将宗法制和封建制融合在一起，遂又产生了政治制度上另一个关键的原则——亲亲。武王克殷至成康时期，周人面临着内部势力分裂、殷遗反抗、周边夷戎侵扰等多重威胁，因此，如何团结内部力量来消除外在的威胁，进而巩固政权和有效管理空前广大的疆土，是周初统治者面临的最大问题。这种形势和"周人对于政治组织富于一种伟大的气魄"[1]，催生了西周"以蕃屏周"为主导的分封方式，即将周室亲族分封到所控制的辽阔疆域，利用宗族内血缘感情的聚合力来抵御外在力量的侵犯，进而确保周人天下共主的地位。当然，西周也分封了不少异姓诸侯，其中包括夏商后裔、周人开疆扩土时所联合的氏族首领等。但从《左传》《荀子》等先秦典籍的记载来看，周初分封对象以周王室亲族为主，并且周人通过推行同姓不婚制，使姬姓贵族与异姓贵族结为姻亲，将异姓贵族也纳入周人的血缘序列中。

这种利用血缘感情来维系的分封制度，想要保证其持久有效地运作，就必须确保亲亲的感情原则鲜活有效。但问题在于，周天子与姬姓诸侯、姬姓诸侯与姬姓诸侯之间的血缘关系必然会随着一代代的繁衍而越来越疏远，这势必会削减亲亲感情力量在制度运作上的效能。为了避免这一点，周人在宗法中嵌入"尊祖"与"敬宗"这样的融合性原则，力图持久地催生出亲亲的感情力量，来维持姬姓贵族间的凝聚力。

宗法制大小宗的区分既确定了家族内前后相继的权力继承，又布置了

---

[1] 钱穆：《国史大纲》，商务印书馆，1996，第38—39页。

宗族内等差权力系统。陈赟教授将之总结为："纵向的上下结构——'以子继父'与横向的左右结构——'以兄统弟'"，并且两个结构"都建立在'以嫡统庶'的基础之上"①。以嫡子继父权的大宗可以持续地维持宗统，百世不迁，而小宗的传承则不可能具有"不迁"的特征，即便贵为天子之后，五世之孙也可能有沦为庶人者。故《礼记·大传》言"有百世不迁之宗，有五世则迁之宗"。出于大宗具有继承宗统的特征，周人赋予大宗表征已故祖先功业、言行、血脉等延续性的宗教意义，也就是说，大宗成了已故祖先在世间的代言人。在横向权力布置结构中，大宗作为嫡子继承父权，其身份、地位、权力比小宗更高；更为重要的是，大宗作为祖先的继承者，是祖先在人世的表征。因此，小宗必须以大宗为尊，以小尊大，就是所谓"敬宗"。《礼记·大传》称："尊祖故敬宗，敬宗，尊祖之意也。"值得注意的是，"尊祖故敬宗"的原则通过对已故祖先的宗教追忆而将大宗神圣化，在此意义上，小宗必须以大宗为宗，这种设置会使整个宗族向大宗回笼凝聚。这种回笼凝聚就是《礼记·大传》所言的"收族"，其曰："自义率祖，顺而下之，至于祢，是故人道亲亲也。亲亲故尊祖，尊祖故敬宗，敬宗故收族。"关于宗法收族，陈赟教授言："由此以兄统弟才是宗法中三者（以子继父、以嫡统庶、以兄统弟）关系的指向与归宿，这是由于宗法的现实功能在于收族，而收族所采用的方式便是以兄（宗子）统弟（族人）。"②

在姬姓贵族这个大家族中，周王和姬姓诸侯同出一族，周王承大统为大宗而姬姓诸侯为小宗；又诸侯之国亦有大小宗之分，诸侯为大宗而卿大夫为小宗。在周王和诸侯父子相承、代代变化的时间迁移中，历代周王一直保持是姬姓诸侯之大宗，而历代诸侯在其国内保持是卿、大夫、士的大宗。在这种姬姓大小宗的延续中，"尊祖"和"敬宗"这样的融合性原则一直让周天子和姬姓诸侯保持名义上的"兄弟"关系，这就能缓解自然血缘的疏远引起的姬姓贵族内部的分化，使姬姓诸侯的力量收拢到周王室，达到以亲戚蕃屏周室的初衷。

---

① 陈赟：《尊祖—敬宗—收族：宗法的结构与功能》，载杨国荣主编《思想与文化》第15辑，华东师范大学出版社，2014，第217页。
② 陈赟：《尊祖—敬宗—收族：宗法的结构与功能》，载杨国荣主编《思想与文化》第15辑，华东师范大学出版社，2014，第217页。

同时，周王不只是姬姓贵族的大宗，他还有另一重更高的身份，即作为一切诸侯和民众的共主——天下共主。从宗教上言，周王作为天下共主，是天命的获得者——天子。天作为宇宙的主宰，一切人都必须敬天。与宗法收族相似，敬天意味着诸侯乃至天下人必须拥护得天命的周王，敬天故尊王。从制度的层面看，周人通过强调敬天将分散的诸侯权力回笼向周王室。而反过来，周人又认为"皇天无亲，惟德是辅"（《尚书·蔡仲之命》），天子必须履行敬德保民的义务以维持其天命。可见，天和祖祢成为周王朝政权合法性的双重宗教来源和保证。

综合而言，周代政治制度的主干是宗法制和封建制。宗法制原本是贵族家庭内部确定继承权和布置权力的制度，以"尊祖—敬宗"的精神为维持自身活力和合法性的源头；封建制是周王室通过分封诸侯有效管辖领土的等差政治制度，以"敬天"的精神为维持自身活力和合法性的源头。从纯粹的制度原理上看，这两个制度本身并没有直接的关联，但由于周人在封土建邦时，大量分封姬姓诸侯"以蕃屏周"，使这两种制度交织在一起，宗法制被穿插进了封建制，两者合璧，成为周人管辖广大疆域的制度基础。因此，周人管辖天下的制度结构可被分为相互交织的两个层次：一是"天—天子—诸侯"的封建结构，二是"天、祖先—姬姓大宗—姬姓诸侯"的宗法结构。亲亲和尊尊既是确立制度的双重原则，即王国维所谓周代制度"皆由尊尊、亲亲二义出"[①]，又是维持周代制度运作的精神基础。

2. 由制度乃生典礼

周初的另一项创制是礼乐，"礼"是规定祭祀、丧葬、婚冠、行政、朝聘、军事、交际乃至日常事务的规范和仪式，乐主要指典礼中的歌舞表演，周代"音乐演奏以'诗'为乐章，诗、乐结合便成为各种礼典的组成部分"[②]。从这个意义上讲，乐附属于礼。从出土的商周文物和诸子的记载来看，夏商二朝已有制度化的礼乐，并且如孔子在《论语·为政》中所言，三代礼乐前后存在着因革、损益的继承和创新。因此，周人制礼作乐是以商代礼乐为基础，又做出了极大的改造和调整。

关于周人如何制作礼乐，王国维言："由制度，乃生典礼，则'经礼三

---

① 王国维：《殷周制度论》，载《观堂集林》（外二种），河北教育出版社，2003，第240页。
② 沈文倬：《宗周礼乐文明考论》，浙江大学出版社，1999，第3页。

百、曲礼三千'是也。"① 由此可以看出，王国维认为周人依其制度来制定典礼。从周代礼文、礼数与制度之间的紧密联系来看，王氏的这一主张是非常有见地的。

其一，西周制度以宗法和封建构成的等差制度为主干，尊尊和亲亲是贯穿于制度之中的两个基本原则。而周礼有着与制度同构的等差秩序和原则。就尊尊而言，主要表现为两个方面。一是礼仪规格、使用器物规格、行礼方式等方面的规定性与制度等差秩序同构，凸显尊卑的差异。《礼记·礼器》载："礼有以多为贵者：天子七庙，诸侯五，大夫三，士一。……有以小为贵者：宗庙之祭，贵者献以爵，贱者献以散。……有以高为贵者：天子之堂九尺，诸侯七尺，大夫五尺，士三尺。"这段话说明了器物规格、礼仪级别与封建等差秩序同构。《礼记·丧服小记》载："庶子不祭祖者，明其宗也……庶子不祭祢者，明其宗也。"这段话则说明周人用宗法的等差秩序规定宗庙主祭权。二是政治地位不同的人交际往来时，用不同的仪节来展现各自不同的地位和义务，如《礼记·曲礼下》言："诸侯北面而见天子，曰觐。天子当宁而立，诸公东面、诸侯西面，曰朝。诸侯未及期相见曰遇，相见于邻地曰会。诸侯使大夫问于诸侯曰聘，约信曰誓，莅牲曰盟。"亲亲的原则主要体现在宗庙祭祀、丧葬、饮酒、日常生活等方面的礼仪中。如在宗庙祭祀中，祭祀对象必须是祭祀者的祖先和亲属，祭他人的祖先则被视为淫祀。当大宗率领着同族人举行宗庙祭祀时，死者和生者之间的亲属感情则可深化生者之间的亲属情感。又如丧礼中的丧服规格、所行之礼、服丧时间等皆依血缘上的亲疏关系而定。上述所言的一致性表明，周礼为周代确立的政治秩序提供了更为细致的规范，是保证制度及其原则得到落实的次一级制度。

其二，周代宗教、行政、外交、军事等事务——如祭祀、丧葬、朝觐、盟会、聘问、封土、锡命、告朔、授田、田猎、征伐等——皆被格式化到各式各样的典礼之中进行，而典礼有对事务进行分工、将事务标准化和程序化的功能。因此，礼的规范使上述各种事务能在严格的规定中有序进行。《礼记·仲尼燕居》载："礼者何也？即事之治也。君子有其事，必有其治。"治理国家如果无礼，那么就像盲人无人搀扶引导，"治国而无礼，譬犹瞽之

---

① 王国维：《殷周制度论》，载《观堂集林》（外二种），河北教育出版社，2003，第241页。

无相与？"个人如果无礼，"则手足无所错，耳目无所加"。礼笼罩于家国天下治理的方方面面，如果失去了礼的指引，朝廷之中官位爵禄的规定便没有了原则，田猎和军事训练便没有了计划，作战打仗也没有了规矩和章法，甚至建造宫室都没有了度量依据，以至于"鼎失其象，味失其时，乐失其节，车失其式，鬼神失其飨，丧纪失其哀，辨说失其党，官失其体，政事失其施"。凡是"加于身而错于前"的一切事情，都会因礼的缺失，而动辄得咎。沈文倬先生言："在古代历史上，很大一部分制度规程就是礼。具体地说，就是根据政教、外事、兵戎、农耕、狩猎、宗族、文化等方面的实际需要，逐渐形成各个门类如朝觐、盟会……礼典。"① 封建制度和宗法制度的良好运作必须依赖宗教、行政、军事等事务的有序运转，礼的规范能提供这方面的支持。从这个意义上看，典礼是周代制度能有序运作的保障原则。

综上可知，周代礼乐和制度是相互关联、互相依存、不可分离的，制度为礼乐的制定提供基本的原则，而反过来，礼乐又充当制度的组成部分，是构成制度良性运作的最终落脚处。由此看来，礼乐和制度在实际的周代政治运作中是浑沦在一起的，这种制度和礼乐浑沦在一起的政治模式我们一般称为礼制。《左传·隐公十一年》言："礼，经国家，定社稷，序民人，利后嗣者也。"又《左传·昭公五年》中晋司马女叔齐言："礼所以守其国，行其政令，无失其民者也。"这些说法正是将礼乐视为周代制度的落脚点。

（二）礼制运作与德性要求

西周整个统治体系由政治制度和相关典礼两部分构成。政治制度包含宗法制和封建制，尊尊和亲亲是其基本原则。相关典礼即政治制度得以实现的规范和程序，也是个人行为与有效政治统治连接的媒介，同时亦是尊尊、亲亲精神得以体现的运作机制。可以这样说，尊尊和亲亲是典礼制定的根本依据，而具体的典礼又规范了西周以尊尊、亲亲为精神的制度体系运作所必需的个体行为。从这个角度看，西周政治制度的成败主要取决于一个根本性的因素，那就是尊尊和亲亲的原则被激活为现实的精神，为西周宗法封建制度提供维持等差秩序性和凝聚力。而这一因素能否发挥出应

---

① 沈文倬：《菿暗文存——宗周礼乐文明与中国文化考论》上册，商务印书馆，2006，第4页。

有的力量，则取决于统治阶层能否恰当地遵守和践行典礼。对典礼的遵守和践行本身就是对尊尊、亲亲精神的认可，更重要的是典礼的践履过程也包含着进一步培育尊尊、亲亲精神的可能。陈赟教授称："亲亲尊尊作为精神原则不是表达于观念世界，而是内寓于礼乐制度与伦理生活中。"① 这是非常有见地的。因此，对于西周政治制度而言，主体对典礼的遵守和践履是一件非常关键的事情。

传统认为，周公"制礼作乐"。礼乐体系既然由制作而出，那么就意味着这一系统具有外在性的特征，任何人皆具有不知道、不遵守、不践行或者错误践行的可能性。因此，要使人恰当践行礼，必须有其他的条件作为前提。那么，这些必要条件是什么呢？杨国荣教授对规范系统发生作用的机理进行了深刻而详尽的分析。他首先将规范系统与人联系起来，指出特定规范系统的发生、存在都与人密切相关，也就是说，其作用基于人的接受、认同、选择。而人对规范的接受、认同、选择同时又与其愿望、态度、立场有关，即人的意识过程及精神活动或精神形态内在地决定着人对规范的接受、认同、选择。这主要表现为两个方面：一方面，人们对规范的具体规定、要求的理解，是接受、认同这些规范的前提；另一方面，对规范的必要性、正当性的判断，也是认可乃至遵守这些规范的根本原因。② 在杨国荣教授看来，在规范系统发挥作用的过程中，出于意志的意愿比出于知性的理解更为关键："当规范与人的意愿相冲突时，即使其意义得到了充分的理解，也往往难以担保它在践行中被遵循。"在此基础上他指出："这里的理解、认同、接受、选择等等，都同时展开于意识过程，并包含心理的规定。"③ 实际上，杨国荣教授将人对规范的遵守建立在规范与人之心理活动互动的基础上，并将这些互动概括为人的意识对规范的理解、认同、接受、选择等。理解是指人对规范的内容和正当性的认知和判断；认同和接受则是基于对规范的理解，进一步对规范的接纳和肯定；选择则是人在遵守规范和顺从自我意愿之间进行权衡和抉择。这一系列过程反映了人们与规范之间的互动，我们不妨运用这一机理来观照周人对礼的践行。

---

① 陈赟：《论周礼的制度根基与精神基础》，《中州学刊》2018年第7期，第100页。
② 杨国荣：《论规范》，《学术月刊》2008年第3期，第9页。
③ 杨国荣：《论规范》，《学术月刊》2008年第3期，第9页。

在对礼的理解上，周代各级贵族社会皆设有规格不同的教学机构来教育子弟。这些教育机构将难易层次不同的礼列为教授贵族子弟的主干内容。① 学校的学习使当时的贵族对礼的内容有了基础性的认知、理解、认同和践履。

在礼的接受和认同上，周代礼乐社会本身就具有熏染时人认同礼乐价值的功能。陈赟教授言："通过弥散于生活世界每一个角落的周礼，周人将宇宙变成了一个人伦教化的宇宙……周礼之大节三百，细目三千，这其中的数字当然是虚说，但它体现的却是礼之至细至密至精至微……本末度数，小大精粗，无不一贯。"② 葛兆光教授亦说："（周代）仪式通过一套一套的象征确认并强调这种秩序的天然合理与不可置疑，它给人们提供了价值的依据，而象征的反复使用，则在人们的心目中形成了一种意识，即象征的秩序就是世界秩序。"③ 由于礼与宗法、封建制度同构，而周代贵族的生活被规范在礼乐秩序中，长久持续地为礼乐之教浸染，礼的外在规范逐渐内在化为天经地义的道德感情、价值观念乃至世界秩序本身，最终，人们在观念上认同周初建构的制度和礼乐秩序，尊尊和亲亲也被看作天经地义之事。

对于礼制秩序的落实而言，不仅需要理解和认同，更为重要的是还需要遵守和践履。但礼被践履和遵守并非易事。其一，与其他的规则相似，恰如杨国荣教授指出的，"当规范与人的意愿相冲突时，即使其意义得到了充分的理解，也往往难以担保它在践行中被遵循"④。人的意愿受欲望、感

---

① 从文字记载和出土文物来看，周代天子、诸侯、大夫乃至士皆设有教育子弟的学校，有小学和大学之分，分小学、大学的目的，在于依据受教育者的年龄设置不同的教育内容，贵族子弟在小学内接受未成年教育，而在大学内接受成人教育，《礼记·内则》详细地描述了不同年龄段的教育内容，其曰："六年教之数与方名……八年……始教之让。九年教之数日。十年出就外傅，居宿于外，学书记……朝夕学幼仪，请肄简谅。十有三年学乐，诵诗，舞勺。成童舞象，学射御。二十而冠，始学礼。"可见儿童教育包括六至十九岁间的学习数字、方名、让、书记、幼仪、诗、乐舞、射御等，而二十举行成人礼后，始学礼。沈文倬先生指出："音乐演奏以'诗'为乐章，诗、乐结合便成为各种礼典的组成部分。……从礼、诗、乐三者的相互关系上看，举行礼典需要诗、乐组成的音乐配合，那末在教学上也应以礼典演习为主体，三个科目中学诗、学乐是从属于学礼的。"（沈文倬：《宗周礼乐文明考论》，浙江大学出版社，1999，第3页）因此，未成年时期学习让、幼仪、诗、乐舞等内容在很大程度上是为成年时期学习礼做准备，贵族成年后，开始正式学习礼。综合而言，礼是当时贵族教育的主干内容。
② 陈赟：《论周礼的制度根基与精神基础》，《中州学刊》2018年第7期，第106页。
③ 葛兆光：《中国思想史》第1卷，复旦大学出版社，2013，第60—61页。
④ 杨国荣：《论规范》，《学术月刊》2008年第3期，第9页。

情、好恶、成见等因素的决定或影响,当意愿之中其他的力量胜过遵守或践行礼的道德意志时,人就会随顺这些东西而弃礼不顾。其二,礼对个人的规范随事、随位、随地等变化而变化,若个人要时刻恰当地遵循礼的规范,就必须在理解和认同礼的前提下,随时准确地知晓当下所处的事、位、地等,正确拣择与当下所关联的礼并践行之。然而这种因时而用的知、择、行并非易事,非一般人所及。

《中庸》言:"唯天下至圣,为能聪明睿知,足以有临也;宽裕温柔,足以有容也;发强刚毅,足以有执也;齐庄中正,足以有敬也;文理密察,足以有别也。溥博渊泉,而时出之。"清郭嵩焘《中庸章句质疑》对这一段话的解释非常有意思:

> 五者皆德之发,知仁勇,所以行道之德也。有临,知也。有容,仁也。有执,勇也。齐庄中正,言其外之有仪。文理密察,言其中之有制。有敬者,行乎知仁勇而莅之愈严。有别者,通乎知仁勇而辨之愈晰。溥博渊泉,兼是数者之德,而息之深深,达之亹亹。时出者,即所谓动容周旋中礼者也。①

依郭氏之释,临、容等五德当合而言之,五者之合乃是指用知、仁、勇行道,而所行之道即"动容周旋中礼"。这就是说,"动容周旋中礼"必须以聪明睿知等内在德性为前提。与郭氏之言遥相呼应,《诗经·抑》云:"抑抑威仪,维德之隅。"这是认为展现于外的慎密威仪只是君子之德的一小部分。孟子亦言:"动容周旋中礼者,盛德之至也。"(《孟子·尽心下》)可见,能时刻恰当地行礼对人的认知力、践行力等方面的要求极高。然而,一般人的意识皆不可避免地受到欲念、情感、知见、懈怠等因素的扰动、控制,追逐这些因素引生的对象,使意识昏沉、散乱、不定,走向了聪明睿智的反面,很难准确地判断当下之情境与选择当行之礼,很难做到"动容周旋中礼"。此两点说明,能够践行礼,或者时刻能恰当地践行礼,必须有知、择、行等方面的德性条件。徐复观先生指出,这些德性条件,"在周初是表现在'敬''敬德''明德'等观念里面。尤其是一个'敬'字……

---

① 梁小进主编《郭嵩焘全集》2,岳麓书社,2012,第822页。

是直承忧患意识的警惕性而来的精神敛抑、集中及对事的谨慎、认真的心理状态"[1]。

(三) 礼制敬德观念的功夫意义

敬与精神凝聚、集中，以及对事的谨慎有关，是正常人都能生发出来的心理情感，属于人生而具有的能力。但是，敬的反面——欲望、怠慢等心理也不停息地追逐着每个人，这也是人生而具有的。受到消极因素的扰动和制约，人生而所具的"敬"心往往很昧略、脆弱、不稳定。这种昧略的、时断时续的敬虽堪任简单粗疏的事务，但对于遵守和践行规范严密、节文繁多复杂的周礼而言，显然是有所不足的。所以周人希望通过礼乐践履，培养敬的精神境界。礼乐所具有的这种价值，无疑具有了功夫的意味。

1. 礼乐之中敬的含义

周人深刻地意识到了礼乐之价值，他们在赞叹"穆穆文王，於缉熙敬止"（《诗经·文王》）的同时，又以诗乐自警自勉：

> 敬之敬之，天维显思，命不易哉。
> 无曰高高在上，陟降厥士，日监在兹。
> 维予小子，不聪敬止。
> 日就月将，学有缉熙于光明。
> 佛时仔肩，示我显德行。（《诗经·敬之》）

该诗录于《周颂》，故当为周人祭祀所用的歌乐。毛诗解释传统认为该诗作于周成王时期，诗的内容包括两部分，"敬之"至"在兹"为群臣告诫成王敬德畏天命，"维予"至"德行"为成王答群臣之语。[2] 回答内容分三个方面：一是承认自己不灵敏，未能做到"敬"；二是做出了进德的承诺；三是期许群臣辅弼自己进德。关于"日就月将，学有缉熙于光明"的进德之事，清人马端辰释曰：

---

[1] 徐复观：《中国人性论史·先秦篇》，九州出版社，2014，第19—22页。
[2] 《毛诗正义》，载李学勤主编《十三经正义》，北京大学出版社，1999，第1348—1349页。

"日就月将"止谓日久月长，犹言日积月累耳。《广雅·释诂》："就，久也。"《楚词》"恐余寿之弗将"，王逸注："将，长也。"

《说文》："缉，绩也。"绩之言积，缉熙当谓积渐广大以至于光明，即《大戴礼》所云"积厚者其流光"也。……缉熙者，渐积之明；而光明者，广大之明也。①

按照这种解释，此即成王承诺通过日积月累地修学，使自己的"敬"心从微弱之明渐积广大，直至达到广大光明。这说明，周人很早就意识到常人昧略的"敬"不足以承担"天命"，唯有进德的道路可弥补这种先天的不足，即通过自身不间断地学习和践行，渐积进德，而使"敬"从昧略转变为光明，从不稳定转变为稳定。这一转变和提升，与周人对礼乐的践履密切相关。践履礼乐之所以能够进德增敬，则与礼乐具有规范人之行为、约束人之身心的功用相关。就此而言，礼乐无疑与身心修养功夫有了关联。

就规范人之行为而言，周礼与一般意义的习俗、法律、纪律、规章等外在规范相似，皆以"应当""不应当"的形式规定或者命令人。不过，由于礼规范人之行为的具体领域、内容等，与一般意义的习俗、法律、纪律、规章相比存在极大的差异，这又使礼的功能比后者丰富许多。其一，周礼规范领域极广，几乎包含了周代贵族生活的方方面面。上至国家政务、祭祀、天子诸侯的会晤等，下至日常生活中的交际往来、进退出入、衣食起居等，都被化约到礼的规定中，可谓致广大矣。其二，典礼的规范极为细密，经礼三百，曲礼三千，礼仪对身心行为的规定极为周密、全面，可谓尽精微矣。譬如在某些场合的身体礼仪中，有着身体动作、神情容态、感官应用、辞气言语等方方面面的要求。正如《论语·乡党》记载的孔子朝鲁公的礼仪：

入公门，鞠躬如也，如不容。立不中门，行不履阈。过位，色勃如也，足躩如也，其言似不足者。摄齐升堂，鞠躬如也，屏气似不息者。出，降一等，逞颜色，怡怡如也。没阶，趋进，翼如也。复其位，踧踖如也。

---

① （清）马瑞辰：《毛诗传笺通释》，陈金生点校，中华书局，1989，第1097—1098页。

这段记载描述了孔子在朝鲁公的场合中关于身体、语言等礼仪的要求，其规定极为烦琐。可以这样说，礼仪基本上将人能表达于外的一切东西都纳入它的规定之中。与此相比，习俗、法律等规范对人身心动作、容色、辞气等要求极少，甚至不做任何要求，这恰恰是礼乐作为一种规范极为特殊之处。周礼范围广大，且仪文细密复杂，加上在具体的践履过程中又需要随时变化，使周礼具有重塑人之行为的意义，并在人之行为重塑的过程中引发了人身体乃至心灵的变化，即身体动容周旋无不中礼，而精神清明专一、思维敏捷且又意志坚定。

2. 敬观念的功夫维度

我们曾经指出，倪培民教授通过分别"功夫"的意义将功夫论区分成了三个层次：一是恰当的方法，即功夫修炼所用的原则和方法；二是按照修炼方法进行长时间的践行修炼；三是长时间按修炼方法修炼而获得的"才艺、能力"。[1] 需进一步指出的是，这三个层次之间存在着紧密的关联。第一层次的原则和方法是第二层次修炼的规范，而一、二两层次和第二层次之间则构成一对因果关系，即依修炼原则和方法长时间修行是因，而修炼所获得的"才艺、能力"是果。前文已言，周礼对人之行为规范既致广大又尽精微，是一套极为完善的行为体系，这可以与功夫概念中"修炼使用的原则和方法"这一维度相对应。同时，周礼作为种种仪式，不仅仅在特定场合使用，而且渗透到生活的方方面面，贯穿于人的一生之中。这种特征又合于功夫概念"按照修炼方法进行长时间的践行修炼"这一维度。至于第三层次，即获得的"才艺、能力"，则需要从周礼对主体身心的功用角度进行考察。

《礼记·经解》云："礼之教化也微，其止邪也于未形，使人日徙善远罪而不自知也，是以先王隆之也。"礼作为教化的工具，具有徙善远罪的效果。荀子在《修身》中言："凡用血气、志意、知虑，由礼则治通，不由礼则勃乱提僈；食饮、衣服、居处、动静，由礼则和节，不由礼则触陷生疾……凡治气养心之术，莫径由礼。"礼是治气养心之术的路径。董子在《循天之道》中认为"三王之礼，味皆尚甘，声皆尚和，处其身，所以常自

---

[1] 〔美〕倪培民：《将"功夫"引入哲学》，《南京大学学报》（哲学·人文科学·社会科学）2011年第6期。

渐于天地之道"①。《汉书·礼乐志》曰:"象天地而制礼乐,所以通神明,立人伦,正情性,节万事者也。"②礼甚至具有渐于天地之道,以通神明之德的最高价值。宋儒张载有"知礼成性"之说,如《横渠易传》中言:

> 知礼以成性,性乃存,然后道义从此出。学不能自信而明者,患在不[自]勉尔。当守道不回,如川之流,源泉混混,不舍昼夜,无复回却,则[自信]自明,自得之也。《易》曰"继之者善也",惟[其]能相继而不已者,道之善也;至于成性,则不勉而中,不思而得,从容中道矣。③

"知"是知当下应该践行之事的德性之知;"知礼"是时刻保持警觉,思当下当行之礼,并勉励而行之。所谓"知礼成性"即通过思勉行礼,达到不勉而中、不思而得、从容中道的状态。张子晚年居横渠时,"学者有问,多告以知礼成性,变化气质之道,学必如圣人而后已,闻者莫不动心有进"④。此足见张载极为推崇行礼成德,并在教学中使人颇有收获。清代礼家孙希旦也认为小学之礼能"谨乎其外,以致养乎其内;循乎其末,以渐及乎其本"⑤。凡此种种观点,皆认为践行礼具有养心、徙善远罪、调血气、治知虑、转化情性、增进道德意志、提高心知思虑等诸多的功能。

从功夫论的层面来看,行礼之所以具有上述诸多的功能,与行礼者主动调节自己的身心活动相关。这些身心活动可分为两个方面。一是由敬引导的观物、知事、择礼等心理活动,即行礼时,通过发动警觉、专一、认真的心态,提升观、知、择的能力。当然,敬必然包含着对其反面心理状态——昏昧、散乱、躁动等的抑制;二是仪节规范所调动和节制的身心活动。"仪节"不但规定了人应该主动发起的身心活动,而且还限定人身体仪态、神情容态、感官应用、辞气言语等保持在合乎威仪的范围之内。如《曲礼上》要求"毋侧听,毋噭应,毋淫视,毋怠荒。游毋倨,立毋跛,坐

---

① (清)苏舆:《春秋繁露义证》,钟哲点校,中华书局,1992,第450页。
② 《汉书》,中华书局,1962,第1027页。
③ 《张载集》,章锡琛点校,中华书局,1978,第192页。中括号中内容为原校者补正。
④ 《张载集》,中华书局,1978,第383页。
⑤ (清)孙希旦:《礼记集解》,沈啸寰、王星贤点校,中华书局,1989,第1页。

毋箕，寝毋伏。敛发毋髢，冠毋免，劳毋袒，暑毋褰裳"。这些节控看似针对不合威仪的外在行为，实际上亦有内在的意义。这是因为外在行为往往与人内在的欲念、情志、好恶、怠惰、知见等直接相关，当人内在的欲念、情志等过度不节时，人的意识就会追逐所欲、所志、所怒、所哀等事物，意识为所逐之事物占据和扰动。这种追逐、占据、扰动等展现于外，就是身仪涣散、五官放弛、容貌不正、辞不定安等。而当人用仪节将人的身仪、容色、五官、辞气等节控到合乎威仪的范围之内时，人主动践行的力量也遏制和调控了过度的欲念、情志等。

正因为这一点，荀子言："凡用血气、志意、知虑，由礼则治通，不由礼则勃乱提僈。"（《荀子·修身》）通过礼对人行为的规范，血气、志意、知虑这些因素逐渐得到调整和改善，身心在这个意义上就可得到提升和转化。具体言之，当人长期勉力以敬行礼时，就会在所行诸多方面产生"功力"：首先，心灵从昏昧不明且散乱不持续的状态逐渐转化为光明而持续的状态；其次，礼仪对身体、容色、五官、辞气等方面的长期检束逐渐使身体远离散漫而变得庄严；最后，内在的欲念、情志、好恶、怠惰等负面心理因素也因受到长期的调治而变得中正柔和。

不仅如此，这种提升和转化一方面还使主体具有学习和掌握种种技能与德行的身心条件，获得相应的处理家国天下的政治事务和生活事务的能力。在以往的研究中，往往将礼崩乐坏理解为礼乐政治功用的丧失。实际上，学者们所理解的礼乐的政治功用与宗法封建制度相关。也就是说，随着血缘关系的逐渐疏远，建立在血缘关系之上的宗法封建制度逐渐解体，整个社会呈现出礼崩乐坏的种种乱象。我们认为，礼乐的政治功用不仅仅体现在与宗法封建制度的联系上，还体现在由礼乐教化所培养出的合格政治人才的缺失上。换句话说，礼乐体系具有束检身心的价值，从而具有提高人的德性和智慧的效果。但是在漫长的历史过程中，礼乐的这种功用逐渐丧失，不再能够培养出具备平治家国天下的人才，从而表现为礼乐行为不再具有政治意义。由此可以看出礼乐在这方面的重要价值。

另一方面，礼乐束检身心的功用促使主体身心变化和提升，从而使主体具备了沟通天地的前提，为家国天下乃至个人的存在提供了终极的保障。从起源上看，礼乐最初便是沟通天地、交通神明的仪式。由于周代礼乐具有修治身心的功夫意义，这一仪式所具有的贯通天地的伟大价值便落实在了身心已得到提升和转化的个体身上。这样看来，贯通天地便与人们修治身心的功夫行为联系了起来。这是礼乐传统所蕴含的应有之义，也是孔子创立儒家的根本立足点。

二 孔子仁礼合一的功夫模式

在孔子思想体系中，"仁"是一个核心概念。他不仅把仁视为生存本质，同时还将仁作为贯通天道的媒介。然而，仁与礼并不是隔离的，而是有着密切的关系。在仁礼关系上，学者们多认为，礼是依人的相对地位来规定权利、义务和责任的外在规则和仪式，而仁则是内在的"遵守秩序、尊重规则的心理与感情的基础"[1]，仁、礼二者既相互区别，又密切相关，是"内在原则与外在表现形式的合一"[2]。一方面，孔子认为礼的规范必须要有"仁"作为内在的基础。另一方面，仁并不是超越于经验的世界的"独体"，而是与身心性命、动静云为乃至修齐治平相关的存在。孔子虽然自称"述而不作"，认为自身的精神境界乃至与天道的沟通，都是在对礼乐的践履中达到的，但他确实在礼乐传统的基础上大大推进了一步，建构了儒家功夫体系的完整模式。这一伟大贡献主要体现在以下三个方面：第一，实现了天命内涵的转变，将其与政权赐授相关转变为与个体生存相关；第二，将礼乐行为的精神内蕴予以明确的揭示，贞定了"仁"概念的普遍意义以及"为仁"的功夫意义；第三，将功夫行为的极境推至与天道相关联，并描述了人与天道沟通后的生存境界。

（一）天命指向的转变

"天命"是一个非常古老的概念，最初与政权的赐授有关。在孔子的思想体系中，这种关联发生了变化，天命成为主体自身存在的终极保障。这一转变具有极其重大的意义，个人的价值被推崇到无以复加的地位。随着个人价值的凸显，对人之生存本质的探讨也成为一个重要的问题。与此相关，如何通过提升和转化内在的生存本质以通达天命，自然而然地成为孔

---

[1] 葛兆光：《中国思想史》第1卷，复旦大学出版社，2013，第86页。
[2] 颜炳罡：《论孔子的仁礼合一说》，《山东大学学报》（哲学社会科学版）2001年第2期。

子及其后学聚焦的课题。

1. 天命与政权的赐授

德国哲学家雅思贝尔斯（又译雅斯贝斯）曾提出著名的"轴心期"理论，认为公元前800年到公元200年间的1000年可称为"轴心时代"。在这个时期内，包括中国、古印度、古希腊、以色列等在内的世界几大文明，都经历了一场深刻的精神革命。这一革命的本质在于，提出人能够依靠其自身，从精神上将自己和整个宇宙做比照，并且在自身内部发现了将他提高到自身和宇宙之上的本原。这些思想系统或表现为柏拉图向理念世界的追寻，或表现为印度教的梵我合一，或表现为涅槃寂静，乃至表现为与天道相合。[1] 这中间与天道或者与道相合的思想，显然是由以老子为创始人的道家和以孔子为创始人的儒家所开辟的。孔子有"知天命"之说，正是这种思想的集中表达。若是追溯其源头，这一思想则又与西周的天命观密切相连。

西周的天命观首先体现了一种分离的观点，即是说有限的人和超越的天分属不同的领域，它们之间的联系并不是固定的。这一点与西周之前的天命思想大异其趣。范文澜先生认为《盘庚》三篇是无可怀疑的商朝遗文。[2]《盘庚》载："先王有服，恪谨天命。"又载："罔知天之断命。"陈来先生认为，此处的天命"表示上天赐授人世王朝的政治权利和政治寿命"[3]。《盘庚》又载："天其永我命于兹新邑。"这是说，天命的赐授是永恒的。《尚书·西伯戡黎》载：周文王战胜黎国之后，祖伊非常恐慌，跑过来告诉纣王上天将要断绝殷商的天命了。然而，纣王声称"我生不有命在天！"强调天命的赐授是永恒的。

周灭商之后，天命永恒的观念被打破了。周人提出："惟命不于常，道善则得之，不善则失之。"（《大学》引《尚书·康诰》）又曰："皇天无亲，惟德是辅。"（《尚书·蔡仲之命》）这两句话都在强调，天命的赐授不是永恒的，不会永远赋予一姓之王朝。但是，这并不等于说天命是变幻莫测、完全不可把握的。周人认为，邀获天命需要一定条件，那就是人的行为具有德的内容。因而他们强调："天不可信，我道惟宁王德延。"（《尚书·君

---

[1]〔德〕卡尔·雅斯贝斯：《历史的起源与目标》，魏楚雄、俞新天译，华夏出版社，1989，第10页。
[2] 范文澜：《中国通史简编》（修订本），中华书局，2014，第114页。
[3] 陈来：《古代宗教与伦理》，三联书店，2009，第177页。

奭》）又言："今天其命哲，命吉凶，命历年，知今我初服宅新邑，肆惟王其疾敬德，王其德之用，祈天永命。"（《尚书·召诰》）天命的赐授不再具有永恒性，而是存在改变的可能。如果想祈天永命，则要在自身的行为中体现出敬德的意味。这一观念意义非常重大，除了体现出学者常常提及的"忧患意识""人文主义的觉醒"等内容外，还展现出人可以通过自身的努力与超越的无限存在相沟通、相关联的意识。这实际上是孔子人与天道相合的思想的滥觞。不过需要指出的是，这里的"人"并不是独立的个体，而是特定政权团体的指代。

2. 天命与个人的终极保证

在孔子那里这一状况发生了变化，天命不再与政权相关，而是和主体个人的存在联系在了一起。日本学者小野泽精一在1978年发表的一篇论文中指出："即使作为处于那种天命信仰范围内的情况，心被当作受入侧的主体加以确立，也是划时代的情况。因此可以说，提出心和德，就金文来看，立场是前进了。但是，必须说，天命威严，在体制中的心本身的自立性，还是缺乏的。那种古代咒术的状况，作为前提只存在于周代，到了孔子时，尽管同样是信仰天命，但可以看到从支撑王朝政治，天降之物向个人方面作为宿于心中之物的转换。"[①] 小野泽精一从金文的研究中指出，周代的天命主要是王朝政治的支撑，个人之心的独立性尚未凸显。然而到了孔子这里，支撑王朝政治的天命，转化为了藏于个人的心中之物。刘殿爵在其英语本《论语》的序言中指出，"在孔子时代的唯一发展，是天命不再局限于君主，所有人都受天命的约束，天要人有道德，人也有责任达到天命的要求"[②]。天命的这种转移，意味着个人具有了与天道沟通的自由。

人与天道的关系在思想史上是一件极为重大的事情，《庄子·天下》篇屡称"古之道术"，以与"今之方术"相对照。据《天下》篇记载，"古之道术"所涉及主要问题是"神何由降，明何由出"，即超越的神明和人的关系。《尚书·吕刑》载有"绝地天通"之说，"乃命重、黎绝地天通，罔有降格"。《国语》所载较为详细：

[①] 〔日〕小野泽精一等编著《气的思想》，上海人民出版社，1990，第64页。
[②] 转引自〔美〕余英时《论天人之际——中国古代思想起源试探》，联经出版事业股份有限公司，2014，第125页。

第一章　德性本体与通往上天的密道

> 古者民神不杂。民之精爽不携贰者，而又能齐肃衷正，其智能上下比义，其圣能光远宣朗，其明能光照之，其聪能听彻之，如是则明神降之，在男曰觋，在女曰巫。……及少皞之衰也，九黎乱德，民神杂糅，不可方物。夫人作享，家为巫史，无有要质。民匮于祀，而不知其福。烝享无度，民神同位。民渎齐盟，无有严威。神狎民则，不蠲其为。……颛顼受之，乃命南正重司天以属神，命火正黎司地以属民，使复旧常，无相侵渎，是谓绝地天通。

据这段话，上古时期人神关系分为三个阶段：第一阶段"民神不杂"，第二阶段"民神杂糅"，第三阶段"绝地天通"。这则资料实际上涉及了人神或者说是人与天道关系的几次转变。由于颛顼是黄帝之孙，少皞是黄帝之子，故知"民神不杂"时期约在黄帝及其之前。对于这一记载，学者从政治与宗教关系的角度进行研究，将"绝地天通"视为对于宗教的政治操纵。[①] 在民神不杂的阶段，人神沟通以巫觋为主体；在人神杂糅的阶段，普通人也获得了交通神明的可能；所谓绝地天通，不过以政治的力量废除人人可以沟通神明的权利，从此之后，一般庶民不再允许与天交通，君王和祭司通过种种巫术技巧垄断了这项职能。在西周礼乐文化体系内，承接天命的主体是以君主为代表的特定的政治团体，然而在孔子这里成了人人可为的自由行为。对照"绝地天通"这一宗教政治事件，孔子对于天命主体的这种转换，在一定意义上具有了宗教革命的意味。

所谓个人取得了与天道沟通的自由，并不是说孔子又回到了"夫人作享，家为巫史，无有要质"的"民神杂糅"阶段。根据《论语》记载，孔子"五十而知天命"。然而"知天命"之前是一系列的与身心修养相关的操作规程，这说明"知天命"是一个前提条件非常严格的活动，不可能像"夫人作享，家为巫史，无有要质"那样简单。据文献所载，"民神不杂"的阶段，人与神交通的条件也非常严格。其心灵必须"精爽不携贰"，即意识具有专精而不散乱的特征。同时"又能齐肃衷正"，即具备相当高明的道德水准。在这基础上，其智慧具有"上下比义"的能力，其行为具有"光

---

① 〔美〕余英时：《论天人之际——中国古代思想起源试探》，联经出版事业股份有限公司，2014，第28页。

远宣朗"的威能。甚至感官也超乎常人,"其明能光照之,其聪能听彻之"。总而言之,能够交通神明的人,其精神修养、道德品质、智慧水平、行为能力等必须达到相当的高度。这显然就是中国人所推崇的古圣人所具备的品质。

那么,孔子的"知天命"是否算是回到了"民神不杂"的阶段呢?显然也不是这样。一方面,这段文字显然有后世修饰的意味;另一方面,更重要的地方在于,巫觋乃是上天之"降格",他们所具有的这些品质也是以天生为主,而孔子"知天命"的条件则是与主体自觉的身心修养功夫相关。《论语·为政》载:"子曰:吾十有五而志于学,三十而立,四十而不惑,五十而知天命。""志于学"是"知天命"的始点,朱子曰:"古者十五而入大学。心之所之谓之志。此所谓学,即大学之道也。志乎此,则念念在此而为之不厌矣。"[①] 十五岁有志于学,从此之后,三十卓然有所立,四十事至而不惑,乃至于五十而知天命,皆由"学"而得,并不是天生如此。孔子不否认有"生而知之者",并且非常赞赏这种人格存在。《论语·季氏》载孔子按照知识的来源将人分为四种类型:生而知之、学而知之、困而知之、困而不学。对于生而知之,孔子赞其"上也"。然而孔子认为自己并不属于"生而知之者":"我非生而知之者,好古,敏以求之者也。"(《论语·述而》)孔子认为自己的成就,来自对传统的学习和追求。这都充分说明了自觉的功夫实践在孔子生命历程中的地位。

(二)仁的普遍性及功夫意味

孔子自幼便接受了礼乐的教育,他在教授弟子之时,亦以传授礼乐知识为主。孔子对于礼乐的践履并不是流于形式,而是将仁这一内在精神性因素的出现作为实践的标准。仁在孔子这里不仅仅是一种个人的感受,还具有超越个体的普遍性价值。这种价值不是理论上的推定,而是与主体的身心修养功夫密切相关。

1. 礼仪之分与自曲直以赴礼

《论语》载孔子"十有五而志于学",那么此时孔子学习的内容是什么呢?考虑到《论语》中载孔子问礼、问乐之言,以及孔子在患难之际不辍礼乐的事迹,可知礼乐必然是孔子学习的主要对象。那么孔子希望通过礼

[①] (宋)朱熹:《四书章句集注》,中华书局,1983,第54页。

乐的学习达到什么目的呢？周代礼乐传统至西周末年就有了崩坏的迹象，春秋时期"礼崩乐坏"实实在在地摆在了人们面前。针对这种情况，一大批有识之士展开了对礼乐的反思，"礼仪之分"便是当时讨论的焦点。

《左传·昭公五年》载鲁昭公访晋，"自郊劳至于赠贿，无失礼"。鲁国是周王朝诸侯国中有名的礼仪之邦，鲁昭公作为鲁国国君自然娴熟种种礼仪规则。鲁昭公在礼仪方面的表现受到了晋侯的赞赏："鲁侯不亦善于礼乎！"但是女叔齐却持不同意见："是仪也，不可谓礼。"鲁昭公所擅长者不过是"仪"，而非"礼"。为什么这样说呢？在女叔齐看来，礼的本质在于其政治意义，即"守其国，行其政令，无失其民"。但是，鲁国当时却是内忧外患，国将不国："今政令在家，不能取也。有子家羁，弗能用也。奸大国之盟，凌虐小国；利人之难，不知其私。公室四分，民食于他；思莫在公，不图其终。"对于一国之君而言，这种状况是大难将要来临的前兆。礼的本质体现在对这样关键性的政治事件的处理上，而不是"屑屑焉习仪以亟"。鲁昭公固然在外事活动中没有失礼，但这仅仅是外在的形式，他对于鲁国内忧外患的情况实际上是一筹莫展。因此，"言善于礼，不亦远乎！"这就是思想史上有名的"礼仪之分"。

"礼仪之分"的讨论将礼乐的价值限定在了政治统治上，这符合礼乐的根本目的。但是从礼乐的整体功用看，这种限定是有一定偏颇的。《史记·孔子世家》言："孔子去曹适宋，与弟子习礼大树下。"孔子及其弟子在旅途之中、患难之际，依然习礼不辍。此时孔子及其弟子皆是"无位"之人，习礼显然不是出于政治上的考虑。那么其意义何在呢？

《左传》还记载了一则子产言礼的宏论：鲁昭公二十五年的夏天，子太叔游吉见赵鞅，赵鞅向他请教揖让进退的礼仪规则。子太叔明确说：这是仪而非礼。赵鞅进一步追问什么是礼？子太叔引子产之言："夫礼，天之经也，地之义也，民之行也。"礼不仅是人的行为的根本规定，同时也是天地的大经大法，这等于将礼提到了与天地相同的至高地位。下面是对这一命题的论证，即从天象的角度比照人事的规定，说明人世的礼乐是对天地的效法：

为六畜、五牲、三牺，以奉五味；为九文、六采、五章，以奉五色；为九歌、八风、七音、六律，以奉五声；为君臣、上下，以则地义；为夫妇、外内，以经二物；为父子、兄弟、姑姊、甥舅、昏媾、姻亚，以象天明，为政事、庸力、行务，以从四时；为刑罚、威狱，使民畏忌，以类其震曜杀戮；为温慈、惠和，以效天之生殖长育。

这有类于自然主义伦理学，以自然之物作为人间规则的原型，学者对此已有不少论述。这篇礼论的最后，再度强调礼的价值，称礼是规范上下的纲纪，是经纬天地的经法，是人之生存的保障，"是以先王尚之"。至此话锋突然一转，对何谓"成人"下了一个定义："故人之能自曲直以赴礼者谓之成人。"这句话成为这篇非常著名的礼论的最终落脚点。那么，什么是"自曲直以赴礼"呢？

子产言：

民有好、恶、喜、怒、哀、乐，生于六气。是故审则宜类，以制六志。哀有哭泣，乐有歌舞，喜有施舍，怒有战斗；喜生于好，怒生于恶。是故审行信令，祸福赏罚，以制死生。生，好物也；死，恶物也；好物，乐也；恶物，哀也。哀乐不失，乃能协于天地之性，是以长久。

阴、阳、风、雨、晦、明是天之六气，好、恶、喜、怒、哀、乐，是人的六种情感状态，后者由前者而生。既然天之六气与人之六情是生与被生的关系，那么人之好、恶、喜、怒、哀、乐在理论上应与阴、阳、风、雨、晦、明天之六气相应，这篇礼论将这种相应称为"不失"，"哀乐不失，乃能协于天地之性"。不过从这段话的整体语境看，人所本具的好、恶、喜、怒、哀、乐在多数情况下是不守本位的，也就是说通常处于"失"的状态。用更具有概括性的语言描述，那就是曲直不当。针对曲直不当的生存现状，这篇礼论提出"自曲直以赴礼"的命题，凸显了以礼矫正、修治、损益自身的自觉意识。《正义》曰："性曲者，以礼直之；性直者，以礼曲之。故云曲直以弼其性也。"[①] 正是此义。需要说明的是，以礼改变自身的性情并不是自然而然就能够达到的，否则鲁昭公等娴于礼数者就是圣贤了。礼乐行为和性情材质的改变之间必然有一个媒介，只有通过这个媒介，礼之

[①]《春秋左传正义》，载《十三经注疏》第 6 册，艺文印书馆，2007，第 891 页。

"成人"的教化意义才能够达成。

2. 克己复礼与四勿

《论语·颜渊》载：

> 颜渊问仁。子曰：克己复礼为仁。一日克己复礼，天下归仁焉。为仁由己，而由人乎哉？颜渊曰：请问其目。子曰：非礼勿视，非礼勿听，非礼勿言，非礼勿动。颜渊曰：回虽不敏，请事斯语矣。

这段话乃是《论语》所载从根源论仁的典型表述，其意蕴极为丰富。首先，提出"克己复礼为仁"，为仁下了一个较为明确的定义；其次，强调"一日克己复礼，天下归仁焉"，对于仁与天地万物的关系做出了断言；最后，详示"四勿"，列出了求仁的入手方法。朱子释"克"为"胜"，释"己"为"身之私欲"，以天理胜私欲释仁。① 这一解释固然有其经典根据，但问题亦复不少。《论语·子罕》载："子绝四：毋意，毋必，毋固，毋我。"意、必、固、我皆是人心之中的结习与固执，孔子以其仁者的襟怀将四者洒然脱落，这大概是宋明儒释"克己复礼"的经典依据。然而，这段话中就有"为仁由己"之言，此处之"己"显然不能释之以"身之私欲"。《论语·宪问》载："（原宪问曰：）克、伐、怨、欲不行焉，可以为仁矣？子曰：可以为难矣，仁则吾不知也。"克、伐、怨、欲岂不是身之私欲？原宪虽去除净尽，然而孔子并未许之以仁。故知从天理胜私欲的角度解释"克己复礼"这句话实有可商榷之处。

孔子所说"克己复礼"已见于《左传》。《左传·昭公十二年》载："仲尼曰：'古也有志：克己复礼，仁也。'"余英时先生指出：

> 根据这条记载，则"克己复礼为仁"是孔子引述古人的话，并非自出心裁。昭公十二年孔子仅二十二岁，当时恐尚不能作此语，即曾有此评论，也不可能有史官笔之于简，所以"仲尼曰"云云只能是《左传》作者或后世的人添上去的。《论语》"颜渊问仁"当是孔子晚年的事。为什么呢？颜渊死在鲁哀公十四年（西元前四八一），比孔子

---

① （宋）朱熹：《四书章句集注》，中华书局，1983，第131页。

早两年,"克己复礼"的问答以在师徒相聚最后十年之内为比较合理。《左传》所记显然出于另一史源,其事则应在"颜渊问仁"之前,相去时间或不甚远。《左传》成书虽远在《论语》之后,但"古也有志"之说必有所本,不容忽视。我认为"克己复礼"说见于"古志"而为孔子所承用并加发挥,不但不足惊诧,而且还和他在《论语》中的自我描述颇多相合之处。最明显的是《述而》篇,如"述而不作,信而好古";"我非生而知之者,好古,敏以求之者也";"盖有不知而作之者,我无是也。多闻,择其善者而从之;多见而识之;知之次也"。这便是孟子所说的,"孔子之谓集大成"。①

余英时先生的这一判断是非常合理的。孔子虽然是儒家的创始人,然而这并不是说其思想皆是独创。他自称"述而不作"(《论语·述而》),又云"我非生而知之者,好古,敏以求之者也"。(《论语·述而》) 孟子称:"孔子之谓集大成。"(《孟子·万章下》) 他的思想一定与作为其前辈的春秋士人的理论与实践有着千丝万缕的联系。因此我们可以大胆地推测,"克己复礼"与"自曲直以赴礼"具有相似的含义。至于如何"自曲直",《左传》未曾详言;而"克己复礼"的入手方法,孔子则直言为"非礼勿视,非礼勿听,非礼勿言,非礼勿动"。从这四句入手,当有助于我们理解孔子的思想核心。

这四句是克己复礼的条目,邢昺在《论语注疏》中首先肯定了这一点。随之他运用《曲礼》中的文字进行诠释。《礼记·曲礼》中有"视瞻毋回""立视五巂""式视马尾"等规定,邢昺指出"是礼也,非此则勿视"。《曲礼》中有"毋侧听"之言,邢昺据此说"侧听则非礼也"。以此类推,言语无不符合礼仪规定,"则口无择言也";行动无不符合礼仪规定,"则身无择行也"。视听言动都以礼仪规定的方式展开便是仁,"四者皆所以为仁"②。这种解释紧贴礼仪,表面上看来合情合理。但是稍加思索,便能发现不少问题。《左传》载鲁昭公访晋,揖让进退中礼。揖让进退亦不外视听言动等行为,那么鲁昭公是否达到仁的境界呢?显然未曾达到。由此可知邢昺的

---

① 〔美〕余英时:《论天人之际——中国古代思想起源试探》,联经出版事业股份有限公司,2014,第105—106页。
② 《论语注疏》,载《十三经注疏》第8册,艺文印书馆,2007,第106页。

解释并不是那么周全。朱子提出："四者（视听言动）身之用也，由乎中而应乎外，制于外所以养其中也。"①朱子以"制外养中"释此四句，类似于老子"不见可欲，使民心不乱"之言。按照这种理解，不离日用常行而成就自身的儒家就成了离群索居的隐修之士。这种解释亦难惬人意。

礼乐原本与祭祀相关，在很大程度上乃是娱神的程序。周公制礼作乐，其伟大之处在于将人的日用常行都纳入特定的典礼中。这样一来，原本散乱而无规律的人事就被化约为固定的模式。从《礼记·曲礼》中我们可以看出，视听言动作为日常行为的主要内容都有具体的要求。比如前面所引用的"视瞻毋回""立视五巂""式视马尾"之类，这是"视"的准则。"毋侧听"，是"听"的准则。与此相类，言、动亦皆有特定的准则。通过对视听言动的具体规范，与身体和语言相关的行为可以说合乎礼了。但是，在这一过程中心灵如何安放是一个非常关键的问题。《尚书·洪范》载有"五事"："一曰貌，二曰言，三曰视，四曰听，五曰思。貌曰恭，言曰从，视曰明，听曰聪，思曰睿。恭作肃，从作乂，明作晢，聪作谋，睿作圣。"貌言视听类似于此处的视听言动，"思"则与心灵相关。貌言视听皆有规定，思与四者并列亦有规定。那么，《论语》"非礼勿视，非礼勿听，非礼勿言，非礼勿动"四句中，必然隐含着对心灵的规定。

在导言中我们曾提到，西周礼乐传统特别强调"敬"这一精神性要求，《曲礼上》曰："毋不敬，俨若思，安定辞，安民哉！"《诗经·文王》赞文王云："穆穆文王，於缉熙敬止。"将"敬"提到了无与伦比的地位。学者们常常以"忧患意识"释"敬"，认为这一概念的出现，标志着"人类精神开始直接对事物发生责任感的表现，也即是精神上开始有了人的自觉的表现"②。然而，我们指出，无论是"毋不敬，俨若思"，还是"於缉熙敬止"，首先表达的都是心灵对某一特定行为的在场状态。

历来对"非礼勿视，非礼勿听，非礼勿言，非礼勿动"四句的解读似乎有两点未曾阐明：一是"非礼"之"礼"是特指还是泛指，二是视听言动是简单的感官行为还是其中包含着心灵的因素。就第一点而言，如果"礼"是泛指，那么很容易将"非礼"理解为"不符合礼"；如果是特指，

---

① （宋）朱熹：《四书章句集注》，中华书局，1983，第132页。
② 徐复观：《中国人性论史·先秦篇》，上海三联书店，2001，第19页。

那么"非礼"就有可能是说"视之礼之外""听之礼之外"等。依后者,"非礼勿视"就可以理解为"以礼的形式展现的视行为之外不应再有视","非礼勿听"则是"以礼的形式展现的听行为之外不应再有听",言动亦是这种理解。

就第二点而言,我们认为,视听言动显然不仅仅是外在行为,它们一定包含着心灵的因素。这从唯识学以及现代心理学都可以得到证明。即便是在儒家经典中,亦有类似的肯定。比如《中庸》言:"人莫不饮食也,鲜能知味也。"饮食是一种行为,知味则是心灵的觉受。虽然人都有饮食的行为,但大多数人都不知味,《中庸》言及这句话恰恰在于批评人们忽略了行为的心灵因素。《大学》载:"心不在焉,视而不见,听而不闻,食而不知其味。"视听等行为一定要有心灵的参与才是完整的。

由此我们可以对这四句话做出解释:"非礼勿视"是说"在视行为以符合礼仪的方式展开时,心灵完全关注在这些视行为中","非礼勿听"是说"在听行为以符合礼仪的方式展开时,心灵完全关注在这些听行为中","非礼勿言"是说"在语言以符合礼仪的方式道说时,心灵完全关注在这些语言行为中","非礼勿动"是说"在身体行为以符合礼仪的方式展开时,心灵完全关注在这些身体行为中"。视听言动以这种方式展开,才是为仁之方。《论语·颜渊》载仲弓问仁,孔子的回答中有"出门如见大宾,使民如承大祭"之言。邢昺疏曰:"此言为仁之道,莫尚乎敬也。"[1] 朱子亦以"敬以持己"[2] 释。孔子对仲弓的教导与对颜子的教导是一致的,都是强调心灵与行为相合的恭敬状态。

3. "一日""三月"的虚实问题

如果说"非礼勿视,非礼勿听,非礼勿言,非礼勿动"是"克己复礼"的展开,那么应该如何理解"一日克己复礼,天下归仁"中的"一日"呢?换句话说,"一日"是实指还是一个表示很短时间的虚数?与"一日"相关的还有"三月"这个词,对于"三月"亦存在类似的问题。追问这一问题并非过度关注细枝末节,而是在于这些包含数字的名词有可能蕴藏着与功夫相关的奥义。

---

[1] 《论语注疏》,载《十三经注疏》第 8 册,艺文印书馆,2007,第 106 页。
[2] (宋)朱熹:《四书章句集注》,中华书局,1983,第 132 页。

关于"一日",朱子说:"又言一日克己复礼,则天下之人皆与其仁,极言其效之甚速而至大也。"① 在朱子看来,个人的克己复礼能够产生天下归仁的速效,"一日"不过是一个虚数。《论语·雍也》载:"子曰:回也其心三月不违仁,其余则日月至焉而已矣。"朱子曰:"三月,言其久。仁者,心之德。心不违仁者,无私欲而有其德也。日月至焉者,或日一至焉,或月一至焉,能造其域而不能久也。"② 此处的"三月"在朱子看来亦是一个虚指。然而《四书章句集注》引程子之言值得注意,"程子曰:三月,天道小变之节,言其久也,过此则圣人矣"③。"三月"不再仅仅是一个虚指,而是代表天道之小节。这一点在《论语注疏》中亦有所体现,邢昺言:"三月为一时,天气一变。"④ 亦赋予"三月"实际的内容。

《论语·述而》言:"子在齐闻韶,三月不知肉味。曰:不图为乐之至于斯也!"所谓"三月不知肉味",是指心灵三月沉浸在韶乐之中。朱子叹曰:"盖非圣人不足以及此。"⑤ 似乎肯定"三月"这样一个功夫造诣乃是圣人的标准。佛陀要求弟子结夏安居,时间从四月十六日至七月十五日,恰好三月。佛教有般舟三昧的修行方法,经过九十天持续不断地修行,可以快速证得这种三昧,十方诸佛皆在前立。倪培民先生在谈到功夫概念时指出,功夫并不是本来就具有的,而是经过长期修炼才能得到的能力。所以,当人们提到功夫时,这一概念必然包含着主体开发、培养或彰显某种能力的长期修炼过程。⑥ 从这个角度看,"三月"或许就是主体身心达成某种变化的时间限度。

如果说"三月"有可能是一个实指,那么"一日"也当有相应的实际内容。《论语·雍也》载鲁哀公问孔子,弟子之中谁算是好学者。孔子回答:"有颜回者好学。"孔子门人弟子三千,独许颜子好学。至于颜子好学的理由,即"不迁怒,不贰过"。考虑到颜子能够做到"三月不违仁",可知"不迁怒,不贰过"当是"不违仁"的效验。朱子曰:"颜子克己之功至

---

① (宋)朱熹:《四书章句集注》,中华书局,1983,第132页。
② (宋)朱熹:《四书章句集注》,中华书局,1983,第86页。
③ (宋)朱熹:《四书章句集注》,中华书局,1983,第86页。
④ 《论语注疏》,载《十三经注疏》第8册,艺文印书馆,2007,第52页。
⑤ (宋)朱熹:《四书章句集注》,中华书局,1983,第96页。
⑥ [美]倪培民:《将"功夫"引入哲学》,《南京大学学报》(哲学·人文科学·社会科学)2011年第6期。

于如此,可谓真好学矣。"① 即是一证。三千弟子独颜子"好学",这与"回也其心三月不违仁,其余则日月至焉而已矣"(《论语·雍也》)同一语气。"日月至焉"是说,或一日之中有时能达到仁的状态,或一月之中有时能达到仁的状态,按照朱子的说法,即"能造其域而不能久也"。既然一日之中有时能达到仁的状态,可知这个"不能久"显然指达不到"一日"这样一个长度。② 由此看来,"一日克己复礼"之"一日"当是实指。在孔子看来,只有能够在完整的一日之中做到"克己复礼",才能在心灵中呈现出"天下归仁"的境界。"一日"也应该是一个标志功夫程度的节点和界限。

(三)与天道关联的功夫境界

孔子将仁贞定为礼乐的根源,仁藏在人心之中,是人心的本质规定,同时也是通达天道的途径。主体通过仁与天道相贯通,表现在多个方面:既有万物一体的主观觉受,以及与这种觉受相关的外在行事;亦有天命的加佑,以及随之而来的人生确信;更有天道所给予主体的悦乐境界,和无执的人生智慧。

1. 万物一体的主观觉受

关于颜渊问仁这一段话,尚存一个非常重要的问题,那就是克己复礼为个人之事,个人的克己复礼为什么能够使天下归仁呢?前面我们讨论过,孔子不再关注天命与政权的关系问题,而是将天命与个人联系起来,将其视为主体生存意义上的终极保障。这样一来,天人之间的贯通不再指向政权的赐授和良性运转,而是与个人德性的建构和生存境界的提升联系了起来。从这个角度看,天下归仁并不是指实际的政治治理效验,而应当与主体的内证体验密切相关。徐复观先生言:"天下归仁,即天下皆被涵融于自己的仁德之内,即是浑然与物同体,即是仁自身的全体呈露。"③ 所谓"天下皆被涵融于自己的仁德之内",不是说天下人真的受仁心之涵濡,而是说具有内证体验的仁者产生了万物一体的感受。此种解释为多数学者所支持。"浑然与物同体"的感受,类似于人类学研究中的"神秘主义"。德国学者

---

① (宋)朱熹:《四书章句集注》,中华书局,1983,第84页。
② (宋)朱熹:《四书章句集注》,中华书局,1983,第86页。
③ 徐复观:《中国人性论史·先秦篇》,上海三联书店,2001,第85页。

恩斯特·图根德哈特指出："神秘主义就是一种主客统一的感受：神秘主义者感觉自己和神、存在、一切事物融为一体。"① 宗教的祈祷、静坐、冥想乃至巫术的迷狂，都可能出现这种感受。这种感受与人与天道的贯通有没有关系呢？

前面曾经提到，周人认为："天命靡常。"（《诗经·文王》）上天的意志和命令是会改变的，上天不会把人世间的权命无条件地永远赋予一姓王朝。他们发现事情的吉凶成败与当事者行为具有密切关系，于是他们制礼作乐，试图通过礼乐行为实现与天道的沟通。一旦实现天人交通，人这样一个有限者就获得了天道的超越性。这与哲学上获得"整体之一"有着相似之处。《庄子·天下》篇称："神何由降，明何由出，圣有所生，王有所成，皆原于一。"神明之降临，圣贤之所生，王道之所成，与"一"密切相关。孔子云："吾道一以贯之。"老子曰："天得一以清，地得一以宁，神得一以灵，谷得一以盈，万物得一以生，侯王得一以为天下贞。"无不强调"一"是其追求的终极目的。

春秋时期，礼崩乐坏，这种崩坏不仅体现在制度的失效上，更体现在天人交通模式的分裂上。也就是说，礼乐不再具有沟通天人的功效。《庄子·天下》篇曰："道术将为天下裂。"正有此义。人们曾经通过礼乐与天道贯通，但此时礼乐虽在，贯通的功能却已经消失。这很容易令人否定礼乐的价值。此种观念发展到极端，便会出现只有摒弃一切人为方能与大道冥合的思想。《老子》第四十八章载："为学日益，为道日损。损之又损，以至于无为。""为学"指探求关于对象的知识，这类知识需要积累，故要"日益"。道不能被对象化，那么"为道"的过程只能是不断减损日常固化的知识。减损到自我不再参与而完全因任事物自身，才有可能对道有所体会。《老子》第十六章言："致虚极，守静笃，万物并作，吾以观复。"要想回归大道，需要虚静到极点，这与"为道日损"是一致的。《庄子·大宗师》载："堕肢体，黜聪明，离形去知，同于大通。"只有遗忘了自己的肢体，摆脱了自己的聪明，不执着于形体和知识，方能够与大道融为一体。

道家认为一切人为都是与道相违的，故其通过功夫否定语言、知识、

---

① 〔德〕恩斯特·图根德哈特：《自我中心性与神秘主义——一项人类学研究》，郑辟瑞译，上海译文出版社，2007，第1页。

肉身，以把握那绝对的道，从而实现与道的合一。但儒家与此不同，虽然儒家同样认为人的行为在很多情况下与天道相违，但是行为自身亦包含着与天道相合的契机。《论语·卫灵公》载："子曰：赐也，汝以予为多学而识之者与？对曰：然，非与？曰：非也，予一以贯之。"又《论语·里仁》载："子曰：参乎！吾道一以贯之。曾子曰：唯。子出，门人问曰：何谓也？曾子曰：夫子之道，忠恕而已矣。"《论语》出现两次一以贯之，前者以"学"言，后者以"道"言。观门人问曾子何谓"一以贯之"，曾子以忠恕相答。这并不是说忠恕就是"一"，而是说通过忠恕可以通达那最终的本源。这里透露出一个非常重要的信息，那就是孔子所提倡的正是不废人为而通达天道的"下学而上达"之路。一旦得"一"，便等于主体的行为已经符合或嵌入天道的韵律和格式中。对于天地而言，无物不在其包含之中。因此，对于一个与天道相合的"得一"者而言，自然便是天下皆被涵融于自己的仁德之内，自然便是浑然与物同体。由此可知，人与万物的一体之感显然是天人贯通的表现之一。

同时，由于人的行为与天道相合，那么其行为本身便具有了天道的意义，也就是说，在一定意义上个人具有参赞天地化育的功能。孔子感慨："天何言哉！四时行焉，百物生焉。天何言哉！"（《论语·阳货》）这既是对天道鼓动四时、百物的赞叹，亦是自身功夫境界的写照。儒家以修齐治平为己任，那么儒者便需要具有荷担世间万民的责任感，以达成化成天下的根本目的。基于这样的目的，万物一体、天下一家的主观感受就有了必要性。从万物一体、天下一家的角度看，内证仁之境界者和天下之人甚至万物并不是毫不相关，而是一体之组合。在这种理解下，个人的成就与所有人的共同成就便具有了一致性。孔子在教育上提倡有教无类，这是因为他对天道有所体证，能够以超越的眼光看待一切，故而在其心目中，无一人不堪教化。这不仅仅是一种观念，同时亦有落实在行动上的可能。《论语·述而》载："子曰：默而识之，学而不厌，诲人不倦，何有于我哉？"孔子一生的行履体现为两点：一是自修则学而不厌，一是教人则诲人不倦。这是孔子在上达天道之后的自觉选择，同时亦是"天下归仁"的万物一体感在外在行事上的表现。

2. 天命加佑的人生历程

一旦言及天人关系，那么"命"这样一个非常重要的概念便会呈现出来。唐君毅先生说:"中国哲学以天人合一或天人不二之旨为宗。……中国哲学之言命,则所以言天人之际与天人相与之事,以见天人之关系者。"[1] 命大致是一个表达限定性的概念,即以天的超越性和人的有限性凸显天人之间的界限。《召南·小星》云:"嘒彼小星,三五在东。肃肃宵征,夙夜在公,寔命不同。嘒彼小星,维参与昴,肃肃宵征,抱衾与裯,寔命不犹。""寔命不同""寔命不犹"显然是对自身某种限定的认可。孔子对于命限的观念是认可的。《论语·雍也》载:"伯牛有疾,子问之,自牖执其手,曰:亡之,命矣乎!斯人也而有斯疾也!斯人也而有斯疾也!"伯牛即冉耕,乃是孔子弟子,以德行著称。按照一般的理解,有这样德行的人不应该罹患这样的疾病,故孔子痛惜之余不免感叹"斯人也而有斯疾也!斯人也而有斯疾也!"而最终归为天命如此。《论语·宪问》载:"道之将行也与,命也;道之将废也与,命也。公伯寮其如命何?"不仅个人有命限在,即便是大道行否,冥冥之中亦有某种不以人力为转移的因素在操控。

然而,孔子在某些时候又表现出极为强大的信心。《论语·子罕》载:"子畏于匡,曰:文王既没,文不在兹乎?天之将丧斯文也,后死者不得与于斯文也;天之未丧斯文也,匡人其如予何?"根据《史记》记载,阳虎曾为祸匡地。孔子与阳虎形貌相类,故一入匡地即遭匡人围攻,以至于"七日不火食"。在这种情况下,孔子心意泰然、弦歌不绝。这种境界来自他所服膺的自周文王以来的文化传统,这种文化传统及其背后的天道赋予了他超越生死的信心和力量。《论语·述而》载:"子曰:天生德于予,桓魋其如予何?"桓魋即宋国司马向魋。桓魋欲害孔子,而孔子认为他身负天所赋予的德性,害己即是违天,故必然不能成功。孔子确确实实感应到了天道的加佑,以至于具有了超越命限的可能。这一点亦是人与天道相合的表现和效验。

3. 悦乐的人生境界

孔子非常赞赏淡然而充满悦乐的人生。《论语·先进》记载了一则孔子弟子讨论各自志向的资料,这则资料成为宋儒所谓圣人气象的滥觞。子路、冉有、公西华以及曾点都有所表述,孔子独赞曾点之言。曾点描绘了一幅充满诗意的暮春游乐图景:"莫春者,春服既成,冠者五六人,童子六七人,浴乎沂,风乎舞雩,咏而归。"其中老安少怀的温馨气氛为孔子所激

---

[1] 唐君毅:《中国哲学原论·导论篇》,中国社会科学出版社,2005,第322页。

赏。《论语》中孔子多次称赞颜回,其中赞其"不改其乐"的话语尤其沁人心脾。《论语·雍也》载:"子曰:贤哉,回也! 一箪食,一瓢饮,在陋巷,人不堪其忧,回也不改其乐。贤哉,回也!"箪食瓢饮,显示出颜回生存状况之贫陋。然而颜回处之泰然,不以贫穷而减损其乐,以至于孔子深叹其贤。孔子如此赞赏颜回"不改其乐"的人生境界,源于自己对这种境界的感同身受。《论语·述而》载:"子曰:饭疏食饮水,曲肱而枕之,乐亦在其中矣。不义而富且贵,于我如浮云。"食粗食而饮淡水,悦乐充满胸臆,富贵在其心中,如浮云在天空里。

这种超越世俗名利,甚至超越生死的异乎寻常的悦乐感受来自哪里呢?二程曾就学于周子,周子"每令寻仲尼颜子乐处,所乐何事?"朱子曾言:"程子之言,引而不发,盖欲学者深思而自得之。今亦不敢妄为之说。学者但当从事于博文约礼之诲,以至于欲罢不能而竭其才,则庶乎有以得之矣。"[①] 按照朱子的说法,程子对此没有给出答案,原因在于这是程子的教学方法,欲使其弟子深思自得。朱子虽言不敢妄说,但他认为如果能够在博文约礼的学习中达到"欲罢不能而竭其才"的程度,自然可以明白这种境界。朱子的说法是非常有见地的。《论语·述而》载:"叶公问孔子于子路,子路不对。子曰:女奚不曰:其为人也,发愤忘食,乐以忘忧,不知老之将至云尔。"孔子称自己精进到忘食,甚至忘记岁月的程度,这是因为悦乐的觉受充满身心。

悦乐与忘我的精进是联系在一起的。在佛教禅定的修行历程中,最初要破除的障碍便是懈怠。对治懈怠的方法首先是思惟禅定的功德,以最终的目标激励禅修者前行。但这只是方便之法,要想真正破除懈怠达到精进的程度,需要获得身心轻安。《菩提道次第广论》载:"若不能灭不乐修定,乐定障品所有懈怠,初即于定不令趣入,纵一获得亦不能相续,速当退失,故灭懈怠为初切要。若能获得身心轻安,喜乐增广,昼夜行善能无疲厌,懈怠尽除。"[②] 正是此义。前面提到过,轻安分为心轻安与身轻安两种。身心轻安最直接的表现即强烈的喜悦感受,随着喜悦感受的生起,身心之中障碍善根增长

---

① (宋)朱熹:《四书章句集注》,中华书局,1983,第87页。
② (明)宗喀巴造,(明)跋梭天王·曲吉坚参等注《菩提道次第广论四家合注》下册,中国社会科学出版社,2014,第635页。

的一切因素都消弭不见，真正的精进便随之生起。心轻安来自心一境性，而身轻安则是在心轻安的基础上因身外诸风大种来入身中而产生。以此比照，孔子所提出的悦乐感受未必不与身外的天地万物有关。

4. 无执的人生智慧

人与天道相关联，意味着自身嵌入天道的韵律与格式中。那么，自我的执着便会在这种状况下消失。孔子"五十而知天命"，随后的境界是"六十而耳顺，七十而从心所欲不逾矩"。所谓"六十而耳顺"，朱子释曰："声入心通，无所违逆，知之之至，不思而得也。"① 所谓"七十而从心所欲不逾矩"，朱子释曰："随其心之所欲，而自不过于法度，安而行之，不勉而中也。"② 这无疑是在知天命之后所获得的无所执着的大自在。

从《论语》中可以看出，这种无所执着的境界主要体现在教学和自修两个方面。在教学方面，孔子自承其无知，《论语·子罕》载："子曰：吾有知乎哉？无知也。有鄙夫问于我，空空如也。我叩其两端而竭焉。"孔子自承其无知，不是故为自谦之词，而是内心真实的想法。观孔子告子路"知之为知之，不知为不知"之言可知。孔子所谓的无知，并不是世俗意义的懵懂不知，而是在实践历程中对成见的否定和扬弃。当有人来请教孔子，孔子并无预先的成见存于心中，而是以空空荡荡无所执着的态度相对待。孔子也没有一个现成的答案直接告诉请教者，而是从相反之两端反复启发，希望自己能够明白。

除此之外，孔子在教育学生的过程中特别强调不断否定和持续进步。《论语·学而》载孔子与子贡的一段对话："子贡曰：'贫而无谄，富而无骄，何如？'子曰：'可也。未若贫而乐，富而好礼者也。'子贡曰：'《诗》云：如切如磋，如琢如磨。其斯之谓与？'子曰：'赐也，始可与言《诗》已矣！告诸往而知来者。'"子贡向孔子呈其为学境界，孔子许诺其"可也"，并点出未尽之处。子贡大才，良马见鞭影而逝，他马上以《诗》中之言相回应，孔子赞其"始可与言《诗》已矣"。表面看来，这段对话令人费解。"无谄""无骄"皆言心性修养，而切、磋、琢、磨则是治骨角、玉石之词，两者相连颇显突兀。然而，心性修养的不断超越，与磨角治玉的精

---

① （宋）朱熹：《四书章句集注》，中华书局，1983，第54页。
② （宋）朱熹：《四书章句集注》，中华书局，1983，第54页。

益求精有相通之处。

在自修方面,《论语·子罕》的一则记载特别能够展现孔子的境界:"子绝四:毋意,毋必,毋固,毋我。"朱子曰:"意,私意也。必,期必也。固,执滞也。我,私己也。四者相为终始,起于意,遂于必,留于固,而成于我也。盖意必常在事前,固我常在事后,至于我又生意,则物欲牵引,循环不穷矣。"①这段注释非常精彩,既指出了意、必、固、我本身以自我的执着为内容的含义,又指出了它们在一个生命体中生成的次第和结构,这是通常人们赖以认识和把握天地万物的根据和方法。张载言:"四者有一焉,则与天地不相似。"②孔子一无所执的心灵深处并无意、必、固、我这些执着,而是以天道的视野容纳、涵育万物。

总之,孔子完成了天命观的转向,天命与政权赐授的关联被解开,个人修养进入了天命保证的序列。为了上达天命,孔子提出了"仁"这一概念。仁与礼乐相关,一方面仁是礼乐的根源,另一方面需要在礼乐行为的践履中方能体贴出仁的存在,这无疑凸显了仁的功夫意蕴。仁既是人心的某种规定,也是通达天道的途径。人与天道相贯通,既体现为万物一体的主观觉受,还包含天命的加佑,更使主体具有悦乐的人生境界和无执的人生智慧。

三 孟子心气并重的修养功夫论

在儒学史上,孟子是一位非常关键的人物。从地位上讲,他被尊为亚圣,仅次于至圣孔子;从思想上讲,他继承孔子仁的学说,十字打开,罄尽仁道之蕴;从功夫修养的角度言,孟子更有不少值得称道之处。孔子自称"述而不作"(《论语·述而》),他的言论多围绕礼乐展开,其修养功夫亦体现为具体的礼乐行为。孟子则不然,虽然他亦有礼乐的观念,但其功夫体系显然已经抛弃了礼乐的框架,将道德心的呈现作为主要的功夫始点。孔子的功夫思想,主要从心性修养立论。孟子在重视心性的基础上亦关注身体,他提出道德根心生色的问题,提出浩然之气的养成问题,具有自身独特的风貌。孔子有"知天命"之说,孟子则提出了"知天""事天"的

---

① (宋)朱熹:《四书章句集注》,中华书局,1983,第109—110页。
② (宋)朱熹:《四书章句集注》,中华书局,1983,第110页。

命题，提出了过化存神的君子之务，更提出了"万物皆备于我"的伟词。

（一）功夫行为的两个出发点

孟子非常重视功夫行为的始点问题，为此提供了两套方案。对于君主而言，他强调的是欲求和不忍人之心的推扩；对于一般人而言，他强调的是道德心的发现和维持。欲求和不忍人之心的推扩与仁政有着直接的关系，而道德心的发现和维持则是孟子心性修养功夫最坚实的根基。

1. 欲求和仁心的推扩

孟子所处的时代，礼乐已经崩坏到了极点，列国纷争，杀人盈野。儒学不是隔离世事的学问，相反化成天下恰恰是儒者的终极追求。因此，孟子与孔子一样所面对的问题不仅仅是自我的修养，还需将自己的理念实施于天下，如何说服君王接受自己的思想就成了一件不可绕过的问题。对于那些早已视礼乐为敝屣的君王，如何引导他们接受儒家的基本观念呢？孟子的方法是非常善巧的。

在《孟子·梁惠王下》中，孟子问及齐王喜欢音乐之事，齐王首先感到非常羞耻，因为他所好的乃是世俗之乐，而不是先王之乐，这与传统的礼乐之道是相违的。孟子并不认为齐王不好先王之乐有什么问题，而是直接指出，如果齐王真的喜欢音乐，那么齐国应该是治理得差不多了。孟子的理路很清晰：欣赏音乐是一件很快乐的事，而大家一起欣赏音乐是一件更加快乐的事；若齐王真的喜欢音乐，就应该让大家都进入因欣赏音乐而快乐的境界中，由独乐而到与民同乐。在同一篇章中，孟子又与齐王谈及交邻国之道，齐王话锋一转，言"寡人有疾，寡人好勇"。孟子同样没有纠缠于齐王好勇这件事，而是分别大勇与小勇。所谓小勇，乃是"抚剑疾视"、口出恶声的匹夫之勇；所谓大勇，乃是"一怒而安天下之民"的圣王之勇。按照孟子的意思，如果能将好勇之心扩展为大勇，则符合儒家的圣王之道。齐王又言自己好货、好色，孟子——开解，认为只要将这种欲望之心扩展，就都不违背圣王之道。孟子的思路是将自身的欲望扩展为天下之大欲，这样个人之私欲就与天下之公心联系了起来。

除此之外，孟子在教导君王时，还特别强调扩充其不忍人之心。同样在《梁惠王下》中，孟子对齐王说，他曾听说齐王见人牵牛衅钟，看到将要衅钟之牛觳觫战栗，就让人以羊相易。国人听说了这件事，觉得大王实在是小气，舍不得杀掉一头牛，只好用羊替代。而孟子认为，这不是大王小气，而是其不忍人之心呈露了出来。孟子认为，扩充这个心就足以使齐王拥有天下。因为有了这个心，就有了保民的根基，君王就可以施仁政而王天下。孟子曰："人皆有不忍人之心。先王有不忍人之心，斯有不忍人之政矣。以不忍人之心，行不忍人之政，治天下可运之掌上。"（《孟子·公孙丑上》）人人都有不忍人之心，君王亦是如此。但是君王不忍人之心的效用与众人不同。君王是有位者，他们随时可以将这种心直接转化为仁政，从而获得天下大治的效果。

由以上可以看出，孟子在功夫修养方面对君王实际上有着和众人不一样的要求。君王是在位者，他们具有将其心意直接发为政治措施的能力，因此修养的重点在于其心意的性质和方向，以及是否具有同情之心。孟子不否认君王正常的欲求，只是更加关注君王能否将这种欲求理解为大家都具有的东西，能否将个人欲求的满足扩展为万民欲求的满足。不忍人之心人人都具有，君王也具有这种道德情感。然而孟子的关注点在于，君王能否将对特定对象的不忍扩展为一种普遍的不忍，从而发为解决这种不忍状态的仁政。这即是孟子所展示的君王功夫修养的始点。

2. 道德本心的发现

前面我们在探讨孔子仁礼合一的功夫模式时，特别强调心灵与行为的相合。一旦心灵与行为相合，便意味着心灵呈现出凝定的状况。孟子曾引孔子之言对心进行现象学的描述："操则存，舍则亡；出入无时，莫知其乡。惟心之谓与！"（《孟子·告子上》）在孟子看来，心灵是一个非常神秘的存在，一旦作意于其上则显露出来，若失去作意则消失不见。或出或入，无有定时，或隐或显，莫测其向。这是根据心灵操存舍亡的特性，说明其出入无时、莫知其向的散乱特征。只有心灵得到控制，才可以获得强大的力量。

孟子举了一个例子说明这一点：下棋是一个小技巧，"今夫弈之为数，小数也"。但是即便是这样的小技巧，"不专心致志，则不得也"。弈秋是当时人们公认的弈棋大师，"通国之善弈者也"。让这样的大师教导两个人，其中一人专心致志，另一人三心二意，那么结果可想而知，"虽与之俱学，弗若之矣"，后者的造诣远远赶不上前者。这不是智力上有差异，关键在于专心不专心，"为是其智弗若与？曰：非然也"。孟子继而曰："人有鸡犬放，则知求之；有放心而不知求。学问之道无他，求其放心而已矣。"（《孟子·告子上》）孟子明确指出，学问之道在于"求其放心"。如同走失的鸡犬惶惶而不知归家，所谓放心即散乱放逸而不安于其位之心。鸡犬走失，主人设法寻找，或笼于巢，或系于柱。心灵散乱放逸，亦应当使其安于其位。这既是学问之道，亦是孟子修养功夫的前提条件。孟子又说："仁，人心也；义，人路也。"（《孟子·告子上》）孟子将仁义作为收回放逸之心的关键。在他看来，仁义不仅仅是存心之所，同时亦是心灵的本质。仁义等道德之心的呈露，无疑是孟子非常关注的功夫节点。

孟子提出"人皆有不忍人之心"的命题。为了论证这个命题，他设计了一个极端的场景："所以谓人皆有不忍人之心者，今人乍见孺子将入于井，皆有怵惕恻隐之心，非所以内交于孺子之父母也，非所以要誉于乡党朋友也，非恶其声而然也。"（《孟子·公孙丑上》）一个小孩攀爬匍匐于井栏之上，一不小心就要入于井中，惨剧刹那之间就要发生。如果一个正常的人看到这一幕，心中定然会生起某种不忍人之心。这种情绪的生起，不是因为想与孩子的父母相交往，也不是因为要在乡党朋友之中获得一个好名声，更不是因为讨厌小孩将要发出的凄惨的呼救声，而是不由思虑、由中而出的天然之物。孟子由此推论："无恻隐之心，非人也；无羞恶之心，非人也；无辞让之心，非人也；无是非之心，非人也。"（《孟子·公孙丑上》）这些道德情感是人之所以为人的本质规定，缺乏这些就不成其为人。康德曾论证道德心的无条件性，这与孟子对道德的理解是一致的。但是，康德止于这种论证，而孟子则是以此为跳板，将重点放在心性修养功夫上。他指出，恻隐、羞恶、辞让、是非等不仅仅是道德情感，还是仁、义、礼、智之端。人拥有仁、义、礼、智四端，就像拥有四体一样，是一件自然而然的事情："人之有是四端也，犹其有四体也。"只要认识到了这一点，就具备了进一步保养和扩充的可能，"凡有四端于我者，知皆扩而充之矣"。这种保养和扩充是一件极为简易的事情，"若火之始然，泉之始达"。如果能够持续地保养和扩充下去，不仅可以为心灵提供一个存身之处，还具有平治天下、护佑四海的效验，"苟能充之，足以保四海"。（《孟子·公孙丑上》）

孟子通过极端场景的设计论证了不忍人之心的存在，然而在实际的修养实践中又如何保障道德心的时时显露呢？他通过一个形象的比喻说明人的道德心虽有所遮蔽，但天地之气的运行则又保证了这种心灵状态的存在。《孟子·告子上》载：

牛山之木尝美矣，以其郊于大国也，斧斤伐之，可以为美乎？是其日夜之所息，雨露之所润，非无萌蘖之生焉，牛羊又从而牧之，是以若彼濯濯也。人见其濯濯也，以为未尝有材焉，此岂山之性也哉？虽存乎人者，岂无仁义之心哉？其所以放其良心者，亦犹斧斤之于木也，旦旦而伐之，可以为美乎？其日夜之所息，平旦之气，其好恶与人相近也者几希，则其旦昼之所为，有梏亡之矣。梏之反覆，则其夜气不足以存；夜气不足以存，则其违禽兽不远矣。人见其禽兽也，而以为未尝有才焉者，是岂人之情也哉？故苟得其养，无物不长；苟失其养，无物不消。

牛山位于齐国东南，其上曾经草木葱茏，景色宜人。但由于和大城相邻，人们经常到山上砍柴，于是草木凋敝，失其颜色。不过天地之间气化流行未尝间断，经过雨露之润泽，草木萌芽又渐渐生出。不想人们又驱赶牛羊啃啮践踏，遂致濯濯童山之状。人们看到牛山这种状况，都认为这是其本来的状貌，但实际上根本不是这样，濯濯童山之中蕴含着草木葱茏的可能。人也是这样，虽然看来私欲充满，但实际上仁义之心蕴于其中。人之所以看起来没有仁义之心，一方面在于放其良心，另一方面在于白天所为不善之事梏覆其心。经过这样两重摧折，天地气化流行所产生的有助于良知恢复的夜气就消弭不见了，人就好像失去了仁义之心。但实际上，天地气化未曾间断，而对仁义之心的养育亦未曾间断，只要人们不再戕贼它们，仁义之心的存在自然可以得到保障。这是从天地气化的角度说明仁义之心存在的必然性。

孟子提出，欲望是戕贼仁义之心的重要因素，故倡"寡欲"之论。他说："养心莫善于寡欲。其为人也寡欲，虽有不存焉者，寡矣；其为人也多欲，虽有存焉者，寡矣。"（《孟子·尽心下》）在他看来，寡欲是最好的养心办法。一个人如果能够做到寡欲，那么很少会出现失去本心的情况；相反，如果多欲，则很少能够保持本心。朱子言："欲如口鼻耳目四肢之欲，虽人之所不能无，然多而不节，未有不失其本心者，学者所当深戒也。"[①] 正是此义。孟子言："口之于味也，目之于色也，耳之于声也，鼻之于臭

---

① （宋）朱熹：《四书章句集注》，中华书局，1983，第374页。

也，四肢之于安佚也，性也，有命焉，君子不谓性也。"(《孟子·尽心下》)口嗜甘美之味，目好宜人之色，耳缘五音之和，鼻嗅芬香之气，四肢思安逸之乐，这些都是人先天就有的生理要求，可以称作人的本性。然而其中存在一定的限制，所以对于以身心修养为道的君子而言，它们并不是人真正的本质。参之以"牛山之喻"章可知，这里所谓的限制不仅仅指这些感官之怡乐不能如愿获得，更重要的原因在于它们有可能梏覆仁义之心的显露。天地之气化流行不息，然而由于欲望的戕贼，"夜气不足以存"，从而导致人们丧失本心而"违禽兽不远"。在这里，"夜气"这一与身体相关的概念出现在了孟子的言论中，不仅仅细化了儒家功夫修养体系，而且展示了孟子在这方面的特殊贡献。

（二）身心并重的功夫修养模式

孔子有"仁者寿"(《论语·雍也》)之言，在一定程度上指出了心性修养对于身体的意义。然而，在《论语》中，孔子并未过多地强调身体在修养功夫中的价值和地位。相反，为了突出仁义之道的重要意义，他还在不同的场合否定肉身的价值。《里仁》载："子曰：朝闻道，夕死可矣！"《卫灵公》载："子曰：志士仁人，无求生以害仁，有杀身以成仁。"明确将心性的修养置于身体之上。孟子则不然，他特别重视身体在心性修养功夫中的价值和意义，甚至将身体的转化置于和心性的提升一样重要的地位。

1. 根心生色、不言而喻

孟子曰：

> 广土众民，君子欲之，所乐不存焉；中天下而立，定四海之民，君子乐之，所性不存焉。君子所性，虽大行不加焉，虽穷居不损焉，分定故也。君子所性，仁、义、礼、智根于心，其生色也，睟然见于面，盎于背，施于四体，四体不言而喻。(《孟子·尽心上》)

这段话阐释了君子三个层面的追求，一是所欲之事，二是所乐之事，三是所性之事，这三个层面是递相深入的。广土众民，行道于一国，这是君子之所好，然而所乐不在此。君子所乐在于中天下而立，定四海之民，以行道于天下。所乐虽在此，然而所性也就是其本质规定并不在此。君子所性，虽大行天下不能有所增益,虽穷居在下不能有所减损,为其所禀受具有超越经验的先验性。这一所性之事又分为三个环节:一是仁、义、礼、智根于心的心性修养,二是表现于面、背、四体的生色过程,三是不言而喻的教化功效。

何谓"仁、义、礼、智根于心"呢?朱子以"本"释"根","仁、义、礼、智根于心"即心中本具仁、义、礼、智之德。[①] 这是从性具的角度言仁、义、礼、智的先验意义,与"人皆有不忍人之心"意义相同。然而,"仁、义、礼、智根于心"之后紧接着就是"睟然见于面,盎于背,施于四体"的生色过程,这显然不是未经心性修养的人所能够做到的。因此,"仁、义、礼、智根于心"这句话必然包含着功夫修炼的要求。人心本具仁、义、礼、智之德,并不意味着就可以一心而运仁、义、礼、智,使物欲尽除、百体从命。只有性具之仁、义、礼、智之德充斥于一身之中,无物可以动摇,方算得上"仁、义、礼、智根于心"。《论语·里仁》载:"子曰:士志于道,而耻恶衣恶食者,未足与议也。"君子求道之心当重于衣食。又《里仁》载:"君子无终食之间违仁,造次必于是,颠沛必于是。"造次、颠沛无违于仁,正是仁道在心中生根的境界。《中庸》载孔子赞颜回之语:"回之为人也,择乎中庸,得一善,则拳拳服膺而弗失之矣。"又赞君子:"故君子和而不流,强哉矫!中立而不倚,强哉矫!国有道,不变塞焉,强哉矫!国无道,至死不变,强哉矫!"皆是注重于死守善道而不变的特征。孟子曰:"尊德乐义,则可以嚣嚣矣。故士穷不失义,达不离道。穷不失义,故士得己焉;达不离道,故民不失望焉。古之人,得志,泽加于民;不得志,修身见于世。穷则独善其身,达则兼善天下。"(《孟子·尽心上》)君子之志不以贫贱而移,不以富贵而淫。这种坚持道义的一贯性,是德性修养的必然要求。孟子对"大丈夫"的定义至今令人感佩不已:"居天下之广居,立天下之正位,行天下之大道。得志,与民由之;不得志,独行其道。富贵不能淫,贫贱不能移,威武不能屈,此之谓大丈夫。"(《孟子·滕文公下》)大丈夫的这种品德,方是真正的"仁、义、礼、智根于心"。

按照孟子的说法,一旦"仁、义、礼、智根于心",那么紧接着就会出现"睟然见于面,盎于背,施于四体"的"生色"现象,即面、背以及四肢都会随着心灵的变化而产生相应的变化。这是说内在的心性修养表现在

---

① (宋)朱熹:《四书章句集注》,中华书局,1983,第355页。

身体上，面部有清和润泽之貌，又充实于其后，盎盎然见于背，流通乎上下四体。由心灵的修炼而及于身体的变化，在儒家学说中并不少见。孟子言："可欲之谓善，有诸己之谓信，充实之谓美，充实而有光辉之谓大，大而化之之谓圣，圣而不可知之之谓神。"（《孟子·尽心下》）其中由信而到充实，就有由心灵而及于身体的意味。又言："形色，天性也；惟圣人然后可以践形。"（《孟子·尽心上》）在孟子看来，形色这些身体要素不但是不可忽略的，甚至它们也和本心一样，乃是人所本具的天性。这显然说明了孟子对于身体的重视，以及对于功夫修养过程中身体转化的肯定。《周易·坤·文言》曰："君子黄中通理，正位居体，美在其中，而畅于四支，发于事业，美之至也。"内在之理居于身中，身体四肢皆有所表现。荀子言："君子之学也，入乎耳，着乎心，布乎四体，形乎动静。"（《荀子·劝学》）亦有由心而达于四肢的表述。

不惟儒家有这样一个次第，道教内丹学修炼亦有相似的模式。《参同契·关键三宝章》载："三者既关键，缓体处空房。委志归虚无，无念以为常。证难以推移，心专不纵横。寝寐神相抱，觉悟候存亡。颜色浸以润，骨节益坚强。排却众阴邪，然后立正阳。修之不辍休，庶炁云雨行。淫淫若春泽，液液象解冰，从头流达足，究竟复上升，往来洞无极，怫怫被容中。"耳目口三宝关闭，于空房静坐，心灵进入无念的境界，寤寐不忘，久而久之身体自然发生变化：颜色浸润，骨节坚强，更有一气流行于身中，周流而不滞。前面我们反复提及，在佛教奢摩他的修行过程中，证到心一境性后，逐渐会有轻安的出现。轻安分为两种，一种是心轻安，一种是身轻安。心轻安即心灵获得某种自在，身轻安即身体转化而获得某种自在，证得心轻安后身轻安才会生起。足证心灵的提升会促使身体发生相应的变化，乃是儒佛道三家功夫修炼共同承认的事实。

孟子这段话的最后一句是"四体不言而喻"，朱子说："言四体不待吾言，而自能晓吾意也。盖气禀清明，无物欲之累，则性之四德根本于心，其积之盛，则发而著见于外者，不待言而无不顺也。"[1] "不言"指主体不言，"喻"指四肢晓喻本心之命，这句话是说气禀、物欲无不听命于本心。除此之外，尚有一种解释，赵岐注曰："四体有匡国之纲，虽口不言，人自

---

[1] （宋）朱熹：《四书章句集注》，中华书局，1983，第355页。

晓喻而知也。"① 这是说主体之外的其他人，不需主体的谆谆之言，仅仅通过主体表现于外的四肢身体，就可以明白教化之义。从儒家的整个思想体系看，后一种解释更为合理。

比如我们前面引用的《周易·坤·文言》，"畅于四支"之后就是"发于事业"，也就是外在的教化之业。儒家功夫修炼的目的不是个人的解脱，而是化成天下，即通过教化以平治天下。教化有很多层面，人格的感染是其中之一。孔子言："为政以德，譬如北辰，居其所而众星共之。"（《论语·为政》）为政者怎么样才能够像北辰一样为众星所拱卫呢？《论语·子路》载："子曰：其身正，不令而行；其身不正，虽令不从。"又载："子曰：苟正其身矣，于从政乎何有？"（《论语·子路》）己身正自然能够做到使百官从令。这不仅仅是法令的要求，更重要的是人格的感染。孔子的一个弟子子禽问子贡一个问题：夫子到一个国家后，一定能够掌握这个国家的政治状况，他老人家是怎么做到的呢？是求来的？还是别人主动告诉他的？子贡说："夫子温、良、恭、俭、让以得之。夫子之求之也，其诸异乎人之求之与！"（《论语·学而》）夫子是依靠温、良、恭、俭、让的人格魅力获得这些消息的。

《孟子·公孙丑上》中提出霸道和王道的区别："以力假仁者霸"，霸道是使用武力而假借仁义；"以德行仁者王"，王道则是以德为据而行于仁义。以德行仁则人人宾服："以德服人者，中心悦而诚服也。"自然而然就可以达到教化的目的。孟子肯定德性修养的人格力量在政治治理中的价值。在他看来，"仁言不如仁声之入人深也"。（《孟子·尽心上》）"仁言"即加于民上的仁厚之言，"仁声"即基于仁之事实的描述之言，后者感人尤深。他认为圣人是百世之师，伯夷、柳下惠这些人作为圣人，具有人格教化的价值。比如听闻了伯夷之事，"顽夫廉，懦夫有立志"；听闻了柳下惠之事，"薄夫敦，鄙夫宽"。这些伟大的人格出现在百世之上，然而百世之下的人，一旦听闻了他们的事迹，"莫不兴起也"，更不要说那些亲炙于圣人的人了。（《孟子·尽心下》）这都说明了"不言而喻"这句话所蕴含的教化维度。

2. 修心与养气

余英时先生指出，约在公元前 4 世纪中国人兴起了一种新的宇宙论。

---

① （清）焦循：《孟子正义》下册，沈文倬点校，中华书局，1987，第 906 页。

"根据这个新宇宙论,有一股名叫做'气'的原始而又混然为一的生命力满布在整个宇宙。'气'无时无刻不在运动之中,而当其分殊、个体化之后,世间万物遂得生成。……正是在气化宇宙论的基础上,不同流派的思想家发展出自己关于'天人合一'的新观点。"① 实际上,在礼乐传统中早已经引入了"气"的概念,用以表达身体内在的组成因素。《左传·昭公十一年》载:单子与韩宣子相会于戚,单子"视下言徐"。即视线下垂,言语未能合于步伐之节奏。叔向断其将死,"单子其将死乎"。其理由是:"今单子为王官伯,而命事于会,视不登带,言不过步,貌不道容,而言不昭矣。不道,不共;不昭,不从。无守气矣。"在叔向看来,容貌、言语的这些不合于礼的举动,说明单子无守身之气,无气则死。"气"在这里不再是与自然之物相关的"六气",而是身体之构成。昭公十一年是公元前531年,早于孟子出生一百多年。基于这些传统背景,孟子提出了有关"浩然之气"的思想,为儒家心性修养功夫注入了新的内容。在《孟子》一书中,除了"浩然之气"外,尚有"夜气""平旦之气"等概念,这些种类的"气"都在天地气化的意义上与心性修养联系了起来。②

孟子自称"善养吾浩然之气"。他说:

> 其为气也,至大至刚,以直养而无害,则塞于天地之间。其为气也,配义与道;无是,馁也。是集义所生者,非义袭而取之也。行有不慊于心,则馁矣。我故曰,告子未尝知义,以其外之也。必有事焉,而勿正,心勿忘,勿助长也。无若宋人然:宋人有闵其苗之不长而揠之者,芒芒然归。谓其人曰:今日病矣!予助苗长矣!其子趋而往视之,苗则槁矣。天下之不助苗长者寡矣。以为无益而舍之者,不耘苗者也;助之长者,揠苗者也,非徒无益,而又害之。(《孟子·公孙丑上》)

---

① 〔美〕余英时:《论天人之际——中国古代思想起源试探》,联经出版事业股份有限公司,2014,第137—138页。
② 小野泽精一曾对《孟子》一书中的"气"概念做出考察,指出"浩然之气""夜气""平旦之气"在《孟子》一书中的出现是非常有特色的,它们的出现显然深受齐地文化的影响。他进一步指出,气"比起心本身来,不如说是以对存在于心底层的下意识之中使心得以成立之物;或者说是使包含心在内的身体得以成立之物的关心为特征的"。(〔日〕小野泽精一等编著《气的思想》,上海人民出版社,1990,第37—40页)这一界定突出了"气"作为"心"的存在基础的物质性特征。

这段话可分为以下四个方面。第一，浩然之气的特征：至大至刚，塞于天地之间。第二，长养浩然之气的方法：集义所生，直养无害。第三，长养浩然之气过程中的注意事项：勿忘勿助长。第四，浩然之气的作用：配义与道。关于这四个方面，第一条可与第四条合言，以浩然之气的特征言其在实际中的效验；第二条可与第三条合言，详述培养浩然之气的方法和注意事项。

孟子称浩然之气"至大至刚"，"至大"言其量无所限制，充塞于天地之间；"至刚"言其质不屈不挠，在天地之间百折不回。"气"本是宇宙论的概念，在此显然具有了价值的意味。为什么要对浩然之气做这种界定呢？这与儒家心性修养同家国天下相联系的特征密切相关。关于浩然之气的论述是从"不动心"开始的。公孙丑问孟子：假如您拥有了齐国卿相之位，大道得以实行，从而平治天下，面对如此功业您是否动心？孟子直接回答：不，我四十岁时就达到了不动心的境界。

在孟子看来，不动心并不是多么了不起的境界，告子就先于他而不动心。不过，不动心名称虽一而内涵多端，达到不动心的路径也有多条。比如有人以"勇"而得不动心，北宫黝、孟施舍之类，以血气之勇支撑不动心的境界。有人以"理"而得不动心，曾子言："吾尝闻大勇于夫子矣：自反而不缩，虽褐宽博，吾不惴焉；自反而缩，虽千万人，吾往矣。""缩"即直，"自反而缩"是说反躬自问，道理在己。由"自反而缩"亦能达到"虽千万人，吾往矣"的不动心境界，这是以理而支撑不动心的境界。

孟子不动心的办法可以说是在曾子"自反"的基础上加上浩然之气，借助浩然之气至大至刚的秉性，在道义的坚持上一往无前，无所畏惧。所以孟子言："其为气也，配义与道；无是，馁也。"朱子说："人能养成此气，则其气合乎道义而为之助，使其行之勇决，无所疑惮；若无此气，则其一时所为虽未必不出于道义，然其体有所不充，则亦不免于疑惧，而不足以有为矣。"[①]在朱子看来，浩然之气具有莫大的力量，具备这种气则可以"左右逢其原"；若缺乏这种气，则"馁也"，也就是虽然开头出于道义，然而常常中道而返，"不足以有为矣"。

前面我们谈到，一旦"仁、义、礼、智根于心"，则自然会有"睟然见于面，盎于背，施于四体"的"生色"过程。同样，浩然之气这样一种偏

[①] （宋）朱熹：《四书章句集注》，中华书局，1983，第231页。

第一章 德性本体与通往上天的密道

重于物质性因素的生发,亦是心性修养所导致的结果。浩然之气是集义所生,即事事皆出于义。这是一个缓慢而悠长的功夫过程,并不能指望行为偶尔合于义就可以达成,"非义袭而取之也"。在浩然之气渐生渐长以至于塞于天地之间的过程中,"直养无害"是一个极为重要的要求。"直养"非常难以理解,"直"可以说是一种方法,而"直养"则意味着有个需要养护的对象已经先在。孔子有"以直报怨"(《论语·宪问》)之言,"直"有摒除一切偏见、纯任事物当然之理的含义;而"直养"的对象则是由心性修养所产生的与感官生理相关的内心觉受,也就是孟子所说的浩然之气的萌芽。

心性修养可以导致浩然之气的产生,但是心性修养本身的存在并不是为了浩然之气。孟子言:"尧舜,性者也;汤武,反之也。动容周旋中礼者,盛德之至也。哭死而哀,非为生者也。经德不回,非以干禄也。言语必信,非以正行也。君子行法,以俟命而已矣。"(《孟子·尽心下》)尧舜之德出于天性,无为而成;汤武之德出于返还之功,由有为而无为。无为而成,乃是心性修养的根本原则。一个人德行达到顶点,自然动容周旋中礼,不需刻意雕饰;临丧自然悲哀,也不是做给活着的人看;德性修养百折不回,这是出于道德本身的要求,并不是为了获得禄位;君子言语必信,这是自身的要求,亦不是为了让人知晓自己行为端方。君子所为都是出于自心的准则,以俟天命之降临而已。在孟子看来,心性修养是极为纯粹的事情,它不出于任何其他原因,也不服务于任何其他目的。至于心性修养具备经世之功,乃至具备产生、养护浩然之气之效,也不是有意为之。

为了进一步说明这一点,孟子又说:"必有事焉,而勿正,心勿忘,勿助长也。"所谓"必有事焉"并不仅仅指"有所事","事"应当指浩然之气的萌芽。"必有事焉"与"有诸己之谓信"语脉一致,指心中已有浩然之气的独特感受。一般情况下,如果有了某种标志效验的特殊感受,人们往往会有所预期。这一点恰恰为孟子所反对,"勿正"即警告不要做出某种预期。在孟子看来,正确的原则应该是勿忘、勿助长。勿忘是说心灵要对浩然之气时时有所觉知,不要无心而忽略;勿助长是说心灵对浩然之气觉知之时不要试图助其生长,即不要有人为加于其上,仅仅保持静观即可。在这样的养护功夫之下,浩然之气自然增长,直至塞于天地之间。

孟子对浩然之气的理解涉及功夫论上一个极为重大的问题,也就是心气关系。① 在佛教思想体系中,"禅定"是一个非常重要的概念。这一概念的原初含义即"相应",主要是心与种种"禅相"的相应。这些禅相包括不净之相、慈愍之相、缘起之相、差别之相等,它们都是意识的表象化。心与这些禅相应,即意识与意识对象合在一起。除了这些种类的相应之物外,还有安那般那所缘的气息。气息与身体密切相关,心与气息相应就意味着身心之间的相应,这在佛教中是一个非常殊胜的禅定法门。关于心与气息相应的修炼,涉及一个非常重要的原理——心气不二。张澄基先生说:"心气无二亦就是说,一切世、出世法皆由明觉之心和其无限之动能所投射变现而成。"② 明觉之心和无限动能即是心和气。由这一原则分化出另一项基本原则:"心和气必定为同类相应者。这就是说有何种性质之心即会产生何种性质之气,反之亦如是。"③ "凡俗之心必有凡俗之气随之,智慧之心、超越之心,亦必有智慧之气和超越之气随之,反之亦如是。"④ 心气关系在道教中亦有详细的讨论,内丹家主张性命双修,性命与神气密切相关。

孟子有"志壹则动气,气壹则动志"之论,这显然是心气相应原则的集中表达。孟子提出浩然之气需经集义的刻苦功夫方能产生,并不是寻常的心理就可以获得。这说明孟子已经意识到了"有何种性质之心即会产生何种性质之气"的原则。孟子在心气关系上的见解,丰富和深化了儒家的功夫修养理论。

(三)贯通天人的终极要求

与孔子一样,孟子依然将天人之间的贯通作为心性修养功夫的最高追求。不过,相比于孔子,孟子在天人贯通的功夫历程中展现了两个不同的维度。一是由心性修养直接贯通天人,一是以气为媒介而贯通天人。这与孟子重视身体和气息的功夫理论相关。

1. 知天与事天

徐复观先生认为思孟一系的主要特征是:"顺着天命由上向下落,由外

---

① 关于孟子心气关系的论述,可参见拙文《孟子心气关系论》,《甘肃社会科学》2017年第2期。
② 〔美〕张澄基:《佛学今诠》(上),慧炬出版社,1973,第296页。
③ 〔美〕张澄基:《佛学今诠》(上),慧炬出版社,1973,第296页。
④ 〔美〕张澄基:《佛学今诠》(上),慧炬出版社,1973,第296—297页。

向内收；下落到自己的心上，内收到自己的心上，由心所证验的善端以言性善。更由尽心，即由扩充心的善端而向上升，向外发，在向上的极限处而重新肯定天命；在向外的过程中而肯定天下国家。"① 孟子较少谈到天命向下落而赋予人之性的一面，主要强调由尽心向上升而肯定天命的功夫过程。《孟子·尽心上》载："尽其心者，知其性也。知其性，则知天矣。"由尽心而知性，由知性而知天。朱子说："心者，人之神明，所以具众理而应万事者也。性则心之所具之理，而天又理之所从以出者也。人有是心，莫非全体，然不穷理，则有所蔽而无以尽乎此心之量。故能极其心之全体而无不尽者，必其能穷夫理而无不知者也。既知其理，则其所从出。亦不外是矣。"② 心具众理，心之理即是性，而理又从天出，故尽心则可知性，知性则可知天。朱子的注解看起来非常精严，然而有学者就其中的逻辑问题提出了尖锐的批评。劳思光说："盖若以'性'出于'天'，则'性'比'天'小；换言之，以'天'为一形上实体，则'性'只能为此实体之部分显现；由'天'出者，不只是'性'。如此，则何以能说'知其性'则'知天'乎？"③ 这一说法在一定意义上切中了此注的问题。然而劳思光所举出的这个问题，与其说是朱子乃至孟子的问题，不如说是他未能区别本体论的表述和功夫实证的差别。从本体论的角度看，心、性、天分别代表不同的实体，它们之间可能会存在量的差异；然而，从功夫修炼的实证角度看，性乃至天未必具有实体的意义，它们很有可能只是一个虚指，仅仅表征功夫的进境而已。

孟子说："耳目之官不思，而蔽于物。物交物，则引之而已矣。心之官则思，思则得之，不思则不得也。此天之所与我者。"（《孟子·告子上》）"思"不是知性思维，而是意志抉择。耳目之官缺乏这种抉择，它们陷溺于对象之中而被其奴役。心之官则具备意志抉择的能力，从而可以摆脱物欲而遵循本心。因此，"尽心"应当包含两方面内容：一是保持本心的纯粹性，即从人心的诸般发用中点出天所赋予的那一点良知；二是扩充本心之端于事事物物，将本心展现在自身生命乃至家国天下的方方面面。前面我

---

① 徐复观：《中国人性论史·先秦篇》，上海三联书店，2001，第173页。
② （宋）朱熹：《四书章句集注》，中华书局，1983，第349页。
③ 劳思光：《新编中国哲学史》第1卷，广西师范大学出版社，2005，第144页。

们引过孟子的这句话："君子所性，仁、义、礼、智根于心，其生色也，睟然见于面，盎于背，施于四体，四体不言而喻。"(《孟子·尽心上》)"尽心"与"所性"的内容是一致的。这样看来，"尽其心者，知其性也"，并不是说性在心之上，而是说人之本性的内容就体现在"尽心"的功夫过程中。至于此处"天"的概念，其含义可以从孟子对人生两种追求的区别中推测出来。孟子说："求则得之，舍则失之，是求有益于得也，求在我者也。求之有道，得之有命，是求无益于得也，求在外者也。"(《孟子·尽心上》)人的两种追求，一种所求如愿，另一种则依赖主体所不能完全把握的外在条件。仁义礼智为本性所有，故所求如愿；富贵利达则依赖于外在条件，故得之有命。孟子又把这两样东西分别称为天爵和人爵："有天爵者，有人爵者。仁义忠信，乐善不倦，此天爵也；公卿大夫，此人爵也。"(《孟子·告子上》)天爵乃天之位，人爵乃人之位。仁义忠信，乐善不倦，乃是获得天之位的充要条件。这样看来，所谓"知天"，即明白天的规定性亦包含在"尽心"的功夫践履中。刘殿爵说："由此一来，孟子已打破了天人之隔以及天命与人性之间的藩篱。由人心深处有一密道可以上通于天，而所属于天者已非外在于人，反而变成是属于人的最真实的本性了。"[①] 人心不仅是通往上天的密道，甚至天道早已被拉进了人心中。

紧接着尽心、知性、知天，孟子言："存其心，养其性，所以事天也。夭寿不贰，修身以俟之，所以立命也。"(《孟子·尽心上》)"存心""养性""事天"都是新概念，又加上一个"立命"，问题顿时复杂起来。按照朱子的注解："存，谓操而不舍；养，谓顺而不害。"[②] 存心、养性与尽心、知性内容相类。"事天"之"事"有侍奉、敬奉之义，存心、养性是侍奉上天的条件和方法。按照前面的解读，天道已经被拉进人心中，为什么又出现一个具有宗教意味的"事天"呢？而且紧接着又言"立命"呢？孟子曰："莫之为而为者，天也；莫之致而至者，命也。"(《孟子·万章上》)此处的天显然不是收归于人心的具有德性意义的天，而是神秘莫测、具有限定意义的命运之天。郭店楚简《性自命出》载："命自天降。"[③] "命"的限定

---

① 转引自〔美〕余英时《论天人之际——中国古代思想起源试探》，联经出版事业股份有限公司，2014，第131页。
② （宋）朱熹：《四书章句集注》，中华书局，1983，第349页。
③ 李零：《郭店楚简校读记》（增订本），中国人民大学出版社，2007，第136页。

意义来源于"天"。足证孟子将"事天"和"立命"连在一起,就是为了说明此处"天"概念的命限义。牟宗三先生说:"命是个体生命与气化方面相顺或不相顺的一个'内在的限制'之虚概念。"又指出:"气化当然是无穷的复杂,经验知识无论如何多如何进步也不能穷得尽。……它(命)落在'个体生命与无穷复杂的气化之相顺或不相顺'之分际上。"[①]"事天"的问题实际上就是面对无穷复杂的外在限定性,主体如何自处的问题。孟子的自处之道非常明确:"夭寿不贰,修身以俟之。"无论寿命长短,无论上天的眷顾何时到来,君子都要保持一贯的修身状态。

"俟"是君子面对命限的态度,其中包含两重意义:修身自有其价值,命限可能会被打破;但是何时被打破,这是不确定的。如果死亡到来前命限还没有被打破,那么希望就会落实在后世子孙身上。在所有的命限中,政权的赐授应该是最重要的。命限意义的天虽然具有"莫之为而为"的神秘性,但孟子认为从政权赐授的角度看还是有一定规律的。《孟子·公孙丑下》载:"五百年必有王者兴,其间必有名世者。由周而来,七百有余岁矣;以其数则过矣,以其时考之则可矣。""五百年"似乎是孟子及当时人所认可的政权赐授的节点。除此之外,孟子还强调修德与政权的关系。《孟子·梁惠王下》记载了几则孟子和滕文公的对话,这些对话都是以滕国的安危存亡为背景。滕国南有楚、北有齐,齐、楚都是大国,而滕国是小国。在战国这样的大争之世,滕国这样的小国如何自存呢?孟子提供了两条方案。第一,增强自卫能力:"凿斯池也,筑斯城也,与民守之,效死而民弗去。"第二,效法周之太王,择地避难,阴行善事,以待天命:"昔者大王居邠,狄人侵之,去之岐山之下居焉。非择而取之,不得已也。苟为善,后世子孙必有王者矣。君子创业垂统,为可继也。若夫成功,则天也。君如彼何哉?强为善而已矣。"孟子认为,祖父造基于前,子孙垂统于后,代代不失其正,后世必定会拥有天命。由此可以看出,孟子认为在德和位之间还是存在某种必然联系,只是这种联系往往以一种较为曲折的方式实现。德性修养还是具有打破天之命限的可能,心性修养功夫的意义在孟子这里得到了极大的彰显。

[①] 《圆善论》,载《牟宗三先生全集》22,联经出版事业有限公司,2003,第139—140页。

2. 万物皆备于我与过化存神

除了通过心性修养功夫直接贯通天人的理路，孟子还强调浩然之气在天人关系中的价值和意义。前面提到，浩然之气原本是因道德的践履而触发的某种觉受，这种觉受与身体相关，可以说是蕴蓄于身内的精微之气。这种气虽在身内，但随着主体有意识地培养，却可以超出身体。在"牛山之喻"章孟子指出，天地之间原本就流通着养育万物包括人之本心的气息，夜气、平旦之气等都是这种"日夜之所息"的天地之气的表现。从这个角度看，孟子称浩然之气"以直养而无害，则塞于天地之间"，塞于天地之间的浩然之气并不完全是主体自身那一点气息的扩展，而是超出身外的自身之气与天地大化之气的契合。在气的意义上，人和天地实现了贯通。

至于贯通的意义，前面已有所提及，即提供给主体践行道义的勇气和力量。除此之外，由于人和天地通过气联系在了一起，那么人在某种意义上就具有了天地涵容万物的感受。孟子言："万物皆备于我，反身而诚，乐莫大焉。"（《孟子·尽心上》）就"万物皆备于我"这句话而言，我们可以从哲学史上找出无数与之相类似的表达。从古希腊智者学派普罗泰戈拉"人是万物的尺度"到康德"人为自然立法"，从庄子"天地与我并生，而万物与我为一"到程子"仁者浑然与物同体"，从慧能"不是风动，不是幡动，仁者心动"到王阳明"心外无物"，皆是这种论调。然而在我们看来，这句话与下面"反身而诚，乐莫大焉"联系在一起，其意义方凸显出来。这是因为，从认知的角度看，心外无物是一个常识，并不具有多么大的价值。只有从存在的角度将这种心外无物的认识实证出来，才会彰显出其特殊性。

朱子曰："万物皆备于我矣。此言理之本然也。大则君臣父子，小则事物细微，其当然之理，无一不具于性分之内也。"[1] 这是从认知的角度肯定人心如同天地一般包含万物之理。又言"反身而诚，乐莫大焉"，则是"言反诸身，而所备之理，皆如恶恶臭、好好色之实然，则其行之不待勉强而无不利矣，其为乐孰大于是"[2]。这是从功夫的角度实证万物之理存在于人心之中，从而将认知意义的"万物皆备于我"转化为现量境界。从认知的角度，我们很容易明白世界依赖我们的心知而展开，很容易明白万物的差

---

[1] （宋）朱熹：《四书章句集注》，中华书局，1983，第350页。
[2] （宋）朱熹：《四书章句集注》，中华书局，1983，第350页。

别与我们的感官相关。但是，一旦脱离这种反思的视角，万物便从心中逸走，世界依然处在人外。其中的关键在于自我和万物相隔离的根深蒂固的观念，在这种观念之下，"万物皆备于我"的认知永远不可能转化为现量境界。无论孟子是提倡不忍人之心还是提倡欲求的扩展，都是基于人和人之间乃至人和万物之间的共通感。而心性修养不外是坚固这种共通感，以至于达到"仁、义、礼、智根于心"，破除掉隔离自我和他者的障碍。通过这种动心忍性的艰苦功夫，"万物皆备于我"的境界才可以真实地呈现出来。

以上我们试图说明，"万物皆备于我"不仅仅是一种认知，它还是一种现量境界。这种境界不仅仅表现为某种特殊的觉受，还具有真实而具体的内容。前面在讨论"天下归仁"时曾提及：对于一个与天道相合的"得一"者而言，自然便是天下皆被涵融于自己的仁德之内，自然便是浑然与物同体。同时，由于人的行为与天道相合，那么其行为本身便具有了天道的意义。也就是说，在一定意义上个人具有了参赞天地化育的功能。孟子说："霸者之民驩虞如也，王者之民皞皞如也。杀之而不怨，利之而不庸，民日迁善而不知为之者。"（《孟子·尽心上》）朱子说："驩虞，与欢娱同。皞皞，广大自得之貌。"① 又引程子之言曰："驩虞，有所造为而然，岂能久也？耕田凿井，帝力何有于我？如天之自然，乃王者之政。"② 孟子在这里列举了两种为政方式下民众的表现情况，一种是霸者之民的欢娱状，一种是王者之民的自得貌。霸者之民的欢娱状出于有为，王者之民的自得貌出于无为。

如何理解这种出于自然、民日迁善而不知谁之所为的境界呢？《黄帝内经》有"上医治未病"之说："是故圣人不治已病治未病，不治已乱治未乱，此之谓也。夫病已成而后药之，乱已成而后治之，譬犹渴而穿井，斗而铸锥，不亦晚乎！"所谓"治未病"，是指在病情发作之前就能根除病因。由于未曾见到症状，所以人们认为自己未尝有病，而没有治病的需求，自然也不会对医者有感恩之心。《孙子兵法》有"不战而屈人之兵"之论，亦与"上医治未病"同一曲调。《孟子·滕文公上》因孔子之言曰："大哉尧之为君！惟天为大，惟尧则之，荡荡乎民无能名焉！"尧有效法天地之德，虽有大功于民，然民不知其故而无以形容。孟子言："所恶于智者，为其凿

---

① （宋）朱熹：《四书章句集注》，中华书局，1983，第352页。
② （宋）朱熹：《四书章句集注》，中华书局，1983，第352页。

也。如智者若禹之行水也,则无恶于智矣,禹之行水也,行其所无事也。"(《孟子·离娄下》)智者被人所恶,在于以其智改变万物的本性;大禹被人称道,在于行其所无事。所谓行其所无事,即不自私任智而顺应万物的本性。这种顺应万物本性的治水方法虽有巨大的功效,却好像没有改变什么。

上古的圣王既有德又有位,然而今日的君子往往有德而无位,那么他们又是怎么影响世间的呢?孟子说:"夫君子所过者化,所存者神,上下与天地同流,岂曰小补之哉!"(《孟子·尽心上》)君子虽然无位,没有办法将其仁心发为仁政,但依然起着斡旋天地、倒转乾坤的伟大作用。其所经历之处人们无不受其教化,其心所存主处无不神妙不测,如王者之治一样,"民日迁善而不知为之者"。君子之所以能够做到这一点,在于他们"上下与天地同流",与天地之化同运并行。这种境界类似于《中庸》"参赞天地之化育"。《中庸》曰:"唯天下至诚,为能尽其性;能尽其性,则能尽人之性;能尽人之性,则能尽物之性;能尽物之性,则可以赞天地之化育;可以赞天地之化育,则可以与天地参矣。"天道无所不包,无一物不在其涵盖之中,体察天道的君子需要把握的对象亦不是某一事物甚至某些事物,而是所有的事物。君子应当以至诚之心尽己、人乃至物之性,这样就可以曲尽万物的本性而赞天地之化育,人之行为从而也就具有了天地的意义。由于君子曲尽了万物的本性,所以对事物的生住坏灭了了分明,在萌芽处做出一点改变就可以造成未来极大的后果。所以,君子即便未尝有位,其作用依然不可小觑。孟子称"岂曰小补之哉",朱子说:"是其德业之盛,乃与天地之化同运并行,举一世而甄陶之,非如霸者但小小补塞其罅漏而已。"[1] 这是人与天道相关联后的必然要求,也是君子人格圆满成就的需要。

总之,孟子在孔子的基础上,将儒家心性修养功夫向前推进了一步。孟子脱离了礼乐框架谈心性修养,他更注重人之欲求的推扩以及道德本心的点醒。他不再单纯讨论心性修养,而是将其与身体联系在一起,将心性的提升与身体的转化视为一个整体的不同环节。基于这种背景,他在功夫体系中引入了"气"这样一个与身体相关的概念,并将浩然之气视为心性功夫的物质保障。孟子注重人与天道的贯通,依然将人心的德性层面视为通往上天的密道。除了这种居于人心的具有德性意味的天外,他还在功夫

---

[1] (宋)朱熹:《四书章句集注》,中华书局,1983,第352—353页。

修养体系中突出命限之天的地位，同时指出了打破命限的可能性。更有意义的是，孟子还认为浩然之气具有沟通天人的媒介价值，这是不同于以往儒家思想的一个独特观念。

四 宋明儒家功夫体系的三个维度

先秦之后直至唐末五代，儒家虽然再无孔孟这样的大家出世，但总体上依然薪火不绝。不过，宋明儒家往往无视这一现象，而将先秦儒家作为其直接的源头。后世研究者也往往将先秦儒家与宋明儒家并立，分别称作儒学的第一期形态与第二期形态。这之间固然有诸多历史因素，但一个根本的原因是宋明儒家继承了先秦儒家的内圣之学，在探究性与天道的关系上卓有建树。内圣之学与心性修养的实践功夫密切相关，宋明儒家在这一点上更是多有推进。他们开始提出"工夫"概念，以概括整个儒家身心修养体系。他们留下大量著作，剖析自身的功夫修养历程，以至于如剥茧抽丝、无微不至。他们甚至提出"心无本体，工夫所至即其本体"的口号，将功夫作为其全幅学问的承载者。然而，宋明儒学是一个极为庞大复杂的体系，有理学、心学、气学等分派的问题，有涵养、察识等孰前孰后的次第问题，有心即理还是性即理的本体论问题，如此等等，不一而足。与此相应，宋明儒家功夫体系也是异常复杂，几乎每一位大儒都是一个鲜活而具体的个案。因此，将宋明儒家视为一个整体而言其功夫是相当困难的。不过，如果我们结合时代特征，紧扣内在超越的思想核心，还是能够总结出宋明儒家功夫体系方面的几个维度。①

---

① 我们结合宋明儒家的时代特征，紧扣内在超越的思想核心，提出了其功夫体系方面的三个维度：（1）静坐养心的功夫形式；（2）心体呈现的功夫境界；（3）动静一如的功夫目的。这三个方面对于宋明儒家的全幅功夫体系而言，显然是不完整的。但是，本书紧扣内在超越这一主题，主要关注以下几个节点：（1）儒家功夫行为的始点问题；（2）儒家功夫体系的终点问题；（3）内在性的种类问题；（4）超越性的证成和效验问题。本书将这几个节点融入"功夫"概念的建构中，提出功夫的本质在于运用一定的身心行为，将理论学说转化为内证体验，实现生命境界的提升，达到贯通天人的终极目的。这一定义包含了三个维度：承载功夫的行为模式、主体身心的内证体验，以及贯通天人的终极境界。宋明儒家功夫体系的三个维度，实际上是功夫概念三个环节的具体化。"静坐养心"对应"承载功夫的行为模式"，"心体呈现"对应"主体身心的内证体验"，"动静一如"对应"贯通天人的终极境界"。

（一）静坐养心的功夫形式

在宋明儒家功夫体系中，"见体"也就是明见心体是非常关键的。"见体"功夫是下学而上达的枢纽，基本上为大多数宋明儒家所认可。宋明儒家的功夫形式多种多样，涵养、察识、居敬、穷理、读书、静坐等，不一而足。"见体"功夫重点有赖于心灵的静定，而静坐是达到深层次静定的主要方式。在这个意义上，静坐成为大多数宋明儒家推崇和采纳的功夫修养方法。

1. 宋明儒家对静坐的重视

周敦颐在《太极图说》中有"主静"以"立人极"之说。《宋元学案·濂溪学案》载："《性学指要》谓：元公初与东林总游，久之无所入，总教之静坐，月余忽有得，以诗呈曰：'书堂兀坐万机休，日暖风和草自幽。谁道二千年远事，而今只在眼睛头。'总肯之，即与结青松社。"[1] 周敦颐虽为宋明儒学开山人物，但其所学甚广，既有道教内丹学方面的传承，又有与禅僧交往的经历。其学问与静坐功夫有关，而静坐一法则受学于东林总。程门弟子称程颢终日静坐如泥塑人，其文集中载有不少关于静坐的论述。程颢曰："静后见万物皆有春意，学者只要静个心，此上头便有进步。"[2] 周敦颐不除窗前青草，以观天地生物气相。二程曾从周子游，当熟知这段公案。程颢在教弟子之时，强调静心可见万物之生机。又有资料载："程伯子在扶沟时，谢游诸公侍侧问学。程子曰：诸公在此，只是学其说话，何不去行。诸公云：某等无可行者。程子曰：无可行时，且去静坐。"[3] 儒家强调力行，程颢在教导弟子时责问何不力行？诸弟子回答没有可行之处，程颢指出此时当去静坐。在程颢看来，人心如水，只有在静中方可清净无物。伊川亦重静坐，常危坐如老僧入定，"见人静坐，便叹其善学"[4]。又记载："和靖、孟敦夫、张思叙侍。伊川指面前水盆语曰：清静中一物不可着，才着物便摇动。"[5] 张载非常重视读书穷理："读书少，则无由考校得

---

[1] （清）黄宗羲撰，（清）全祖望等补修《宋元学案》卷十二，中华书局，1986，第524页。
[2] （宋）程颢、程颐：《二程集》第1册，王孝鱼点校，中华书局，1981，第84页。
[3] （宋）黎靖德编《朱子语类》卷九十六，中华书局，1986，第2472页。
[4] （宋）程颢、程颐：《二程集》第2册，中华书局，1981，第432页。
[5] （宋）程颢、程颐：《二程集》第1册，中华书局，1981，第430页。

义精。盖书以维持此心，一时放下，则一时德性有懈。读书，则此心常在，不读书则终看义理不见。"读书不仅是为了获得知识，而且含有心性修养的功夫意蕴。读书又需静思，"精思多在夜中，或静坐得之"①。《横渠先生行状》言张载："终日危坐一室，左右简编，俯而读，仰而思，有得则识之。"②静坐是张载获得书中义理的一大法门。朱熹少从李侗游，李侗主默坐澄心之学，故非常重视静坐。李侗师事罗从彦，从彦教李侗静中观"喜怒哀乐之未发之中"，李侗亦以此教朱子。虽然朱子并未在李侗门下深有所得，但受其影响，一生之中都非常重视静坐。朱熹云："始学工夫，须是静坐。静坐则本原定，虽不免逐物，及收归来，也有个安顿处。"③静坐可以安定精神，可以固守本原，是功夫修养的下手之处。

象山以发明本心为学问关键，但依然重视静坐这一功夫形式。他自幼即"常自洒扫林下，宴坐终日"④。象山亦以静坐教弟子，《宋元学案·槐堂诸儒学案》载詹阜民跟随陆象山学习，象山对其说："学者能常闭目亦佳。"受这句话启发，詹阜民遂学静坐，"夜以继日，如此者半月"。一天下楼之时，"忽觉此心已复澄莹中立"。他以此请教象山，"象山曰：'子何以束缚如此？'乃自吟曰：'翼乎如鸿毛遇顺风，沛乎若巨鱼纵大壑，岂不快哉！'先生释然"⑤。詹阜民受学于象山，象山教其静坐。于静坐中解缠去缚，窥见心体。阳明亦有深厚的静坐功夫，曾于龙场静坐，"日夜端居澄默，以求静，久之胸中洒洒"⑥。他以高明的见识，于静坐一法有着极为圆融的见解。《传习录》载："一日，论为学工夫。先生曰：教人为学，不可执一偏，初学时心猿意马，拴缚不定，其所思虑多是人欲一边，姑教之静坐、息思虑。"⑦鉴于这种情况，他在教导初入门的弟子时，多授之以静坐："吾昔居滁时，见诸生多务知解，口耳异同，无益于得，姑教之静坐。一时窥见光景，颇收近效。"⑧然而，这并不是了义之法。阳明继而曰："久之，渐有喜

---

① （宋）朱熹编，（清）张伯行集解《近思录》，中华书局，1985，第127页。
② 《张载集》，中华书局，1978，第383页。
③ （宋）黎靖德编《朱子语类》卷十二，中华书局，1986，第217页。
④ 《陆九渊集》卷三十六，钟哲点校，中华书局，1980，第481页。
⑤ （清）黄宗羲撰，（清）全祖望等补修《宋元学案》卷七十七，中华书局，1986，第2575页。
⑥ 《王阳明全集》，上海古籍出版社，1992，第1228页。
⑦ 《王阳明全集》，上海古籍出版社，1992，第16页。
⑧ 《王阳明全集》，上海古籍出版社，1992，第104—105页。

静厌动，流入枯槁之病。或务为玄解妙觉，动人听闻。故迩来说致良知。良知明白，随你去静处体悟也好，随你去事上磨炼也好，良知本体原是无动无静的。"① 若一味静坐，弟子们常常陷入喜静厌动的枯槁之病中，故又提倡致良知。致良知并不是静坐的反面，而是获得无动无静之体。也就是说，超越了动和静的对待，进入了无动无静而又动静皆可的境界。实现了这种超越，主体就在静坐上就获得了自由。②

2. 静坐功夫的基本原理

陈立胜教授指出，儒家静坐在修身学中的意义大致可从四个方面去理解："（1）静坐乃修身工夫之入处，可借之而观未发前气象、默识仁体、养出端倪、见性、悟道。（2）静坐可收敛身心，澄息思虑，而与读书观理成为工夫两轮之一轮，或补小学收放心一段工夫。（3）静中可观天地生物气象，而见天心、天地生物之心。（4）静坐可作为省过、忏悔之有力手段。"③ 陈立胜教授的总结极为完备，据此可以说静坐贯穿于儒家修养功夫的整个历程中。严格讲，这四个方面实际上可以进一步归纳为具有递进关系的两个层面：一是收敛身心，澄息思虑；二是在此基础上观己心、观天心，从而默识仁体、见天地之心等。至于省过、忏悔，不过是收敛身心、澄息思虑的前行。简言之，儒家静坐功夫体现在静定与静观两个方面。当然，这两个方面往往纠缠在一起。比如静定以默识仁体，而仁体的呈现往往又是静定的根本保证。再比如观未发前气象，而未发恰恰又是静观所以可能的必要条件。静坐为什么可以获得如此功效呢？这要从静坐的基本原理入手

---

① 《王阳明全集》，上海古籍出版社，1992，第105页。
② 钱德洪与何迁的对话充分展示了阳明对于静坐的态度："何迁问曰：'闻师门禁学者静坐，虑学者偏静沦枯槁也，似也。今学者初入门，此心久濡俗习，沧浃肤髓，若不使求密室，耳目与物无所睹闻，澄思绝虑，深入玄漠，何时得见真面目乎？师门亦尝言之，假此一段以补小学之功。'又云：'心罹疾痼，如镜面斑垢，必先磨去，明体乃见，然后可使一尘不容。今禁此一法，恐令人终无所入。'洪对曰：'师门未尝禁学者静坐，亦未尝立静坐法以入人。'曰：'舍此有何法可入？'曰：'只教致良知。良知即是真面目。良知明，自能辨是与非，自能时静时动，不偏于静。'曰：'何言师门不禁静坐？'曰：'程门叹学者静坐为善学，师门亦然。但见得良知头脑明白，更求静处精炼，使全体著察，一滓不留；又在事上精炼，使全体著察，一念不欺。此正见吾体动而无动，静而无静，时动时静，不见其端，为阴为阳，莫知其始：斯之谓动静皆定之学……'"（《王阳明全集》卷三十六，上海古籍出版社，1992，第1340—1341页）
③ 陈立胜：《静坐在儒家修身学中的意义》，《广西大学学报》（哲学社会科学版）2014年第4期。

进行解释。

儒家静坐可以见仁体，可以观天心，但这些玄妙境界的达成需以身心的凝定为前提。对于某些大儒而言，身心凝定或可当下呈现。但对于多数人而言，最初的功夫当以调身调息为主。儒家静坐的形式，或危坐，或跪坐，或趺坐，或立或卧，不一而足，总以不动不摇、身体舒适为要。朱子作《调息箴》，详述其静坐中调息的基本原则，以及由此所获得的身体内在机能的开发。全文如下："鼻端有白，我其观之。随时随处，容与猗移。静极而嘘，如春沼鱼。动极而翕，如百虫蛰。氤氲开阖，其妙无穷。谁其尸之，不宰之功。云卧天行，非予敢议。守一处和，千二百岁。"①"鼻端有白"出自佛教禅定。《楞严经》载："孙陀罗难陀……而白佛言：我初出家，从佛入道，虽具戒律，于三摩提，心常散动，未获无漏。世尊教我及俱絺罗，观鼻端白。我初谛观，经三七日，见鼻中气出入如烟，身心内明，圆洞世界，遍成虚净，犹如琉璃。烟相渐销，鼻息成白。"佛教所谓观鼻端白不是想象鼻端有白色，也不是指鼻尖一点亮光，而是说经过一定的禅定训练，鼻中出入息化为白相。朱子所言"鼻端有白，我其观之"，当是借助这个典故而说明存心于鼻息出入之处。"容与"言舒适自在，"猗移"言柔顺和乐，这都是静坐调身之效。身体舒适，而心与呼吸之息相合，这样身心就会渐渐安静下来。一旦静到极点，身体内在的机能就会发动，像春天的鱼儿浮出水面嘘气；身体内在机能动到极点，就会慢慢安静下来，像冬天的虫儿伏在土里翕气。一嘘一翕，引起气息氤氲开阖，在这中间并没有谁在主宰。朱子言：高卧云上以朝玉京的境界非我所敢想象，我只是如广成子一样守一处和而寿千二百岁。后面这四句展示出朱子对于气息开阖境界的陶醉。《调息箴》既有佛教禅定的色彩，又受道教练气之法的影响。但是，儒家静坐的目的不在解脱生死，也不在长生不老，而在通过内在机能的开发以修养身心，在身心凝定的基础上见仁体、观天心。

静坐调息可以通过开发身体内在的机能，从而起到凝定身心的效果，这为宋明儒者所普遍认可。张载《正蒙》载："人之有息，刚柔相摩，乾坤

---

① （宋）朱熹：《晦庵先生朱文公文集》卷八十五，载朱杰人等主编《朱子全书》第24册，上海古籍出版社、安徽教育出版社，2002，第3997页。

阖辟之象也。"① 王龙溪曾据此而言其静坐之说。他强调静坐需从调息入手,"子欲静坐,且从调息起手"。"静坐以调息"可以使身体康宁,亦含有儒家圣人之道。在他看来,首先应该区别调息与数息。数息是以心计算息之出入的次数,故称"数息有意"。调息乃是不调之调,故称"调息无意"。具体而言,待身心略有静定,呼吸之息"绵绵密密,若存若亡"之时,不以心控制气息,而是以气息系心,"息之出入,心亦随之"。这样息调神返,神返息定,心息相依而又互相增上,自然心息大定,返本还源,而为入道初机。阳明之学强调致良知,王龙溪在此处则大谈调息。一重心,一重身。为了消除人们的误解,他特别指出,调息之法不是致良知之外的另一种功夫,"非致知之外另有此一段功夫",而是与静中自然出现的机窍相关。他只是"于静中指出机窍",以作为行持的依据。这一机窍乃是心息返本还源之处,不在身体之五脏四肢之中,"非脏腑身心见成所有之物"。但亦不在身体之外,"亦非外此别有他求"。主体如果能够做到"栖心无寄",自然而然之中,可以默识这种境界。"要之,无中生有,一言尽之",机窍乃是无中生有,超越现有身体的一种存在。默会这个机窍,不仅具有卫生之效,还是入道之门,"圣道亦不外此"。②足见王龙溪对调息以养神的重视。

有人问龙溪:阳明先生在军中曾经四十日夜未尝入睡,有没有这回事?龙溪回答:"然。此原是圣学。"王龙溪明确肯定阳明有这样一个经历,并且说这原本就是儒家学问的体现。他区别两种休息的办法:一种是入睡之法,一种是燕息之法。并称:"古人有息无睡,故曰:向晦入燕息。"他不否认睡眠的功效,"世人终日扰扰",全赖夜间一觉熟睡,方能取得休息的效果。为什么睡眠有这样的功效呢?这在于入睡之时阳陷阴中,神被阴浊之气所养,"不知此一觉熟睡,阳光尽为阴浊所陷"。但他同时指出,此时"如死人一般",睡眠而养神并不值得推崇。燕息之法则不然,燕息之时,耳无所闻,目无所见,口闭而无吐纳,鼻端亦无呼吸,手足无有动静,甚至心中亦无私累。在这种情况下,元神与先天清气相抱,"一点元神,与先天清气相依相息"。就像炉中火种,得到极好的养护和维持。"比之后天昏

---

① 《张载集》,中华书局,1978,第20页。
② 《王畿集》,吴震编校整理,凤凰出版社,2007,第118页。

气所养,奚啻什百?"① 调息以养神的意义可见一斑。

静坐可以观未发前气象、默识仁体、养出端倪、见性、悟道,可以观天地生物气象,可以见天心、天地生物之心,这是宋明儒家的共识。静坐之所以具备如此功效,在于这一形式具有凝定身心、壮大心神的作用。身心之所以能够凝定,心神之所以能够壮大,固然有多种解释途径,但是锻炼气息以及调整息与心的关系显然是一个重要因素。

(二) 心体呈现的功夫境界

牟宗三先生将儒家的内圣之学又称为"成德之教","成德"不仅仅体现为追求道德上的完人,"其真实意义则在于个人有限之生命中取得一无限而圆满之意义"②。为什么有限的道德行为可以触及无限而圆满的意义呢?牟宗三先生指出,道德行为虽然有限,"而道德行为所依据之实体以成其为道德行为者则无限"③。因此,道德行为的践履中,就包含着通往无限和圆满的契机。这一无限而圆满的境界,既可以说是天道的体现,同时又是人心的本体。宋明儒家无论是哪一派,都将心体的呈现作为身心修养功夫的关键。

1. 心体呈现的境界表述

宋明儒家普遍认为,心之本体与天道是同一的,故而具有无限而圆满的意义。这一意义落实在主体的功夫上,那就是心含万物的一体之感。关于这种一体之感,早期的宋明儒家常从理上做简洁明快的论述,后期儒者则喜好从个人的修持经验上做亲切详尽的描述。程颢为早期言物我一体的代表人物,他著有《识仁篇》,提倡仁者浑然与物同体之义,将体认这一境界作为儒者的首要功夫,由此奠定了宋明儒学将万物一体感视作心体呈现的基调。张载"民胞物与"之论,朱子物之表里精粗与心之全体大用的相合,象山"宇宙即吾心,吾心即宇宙"之言,等等,或与之相似,或与之有关。

《识仁篇》开篇点题,提出"学者须先识仁",将"识仁"作为功夫之

---

① 《王畿集》,凤凰出版社,2007,第13页。
② 牟宗三:《心体与性体》上,上海古籍出版社,1999,第5页。
③ 牟宗三:《心体与性体》上,上海古籍出版社,1999,第5页。

关键。程颢认为，仁有两个基本规定：第一，"浑然与物同体"，即仁者一定有与万物一体的主观感受；第二，"义礼智信皆仁也"，即仁包含义礼智信等德目。学者一旦识仁之后，其功夫便在于存养，即"以诚敬存之而已"。所谓"以诚敬存之"，不是说仁之外另有一个诚和敬，而是指将诚敬的态度贯穿于存仁的过程中。由于以诚敬之心存仁，故无走失之患而"不须防检"。由于已识仁体，存久自然大放光明，故"不须穷索"。仁体无量，不与物相对，"大不足以明之"。这种包容万物的无量仁体同时即在己身中，所以"天地之用，皆我之用"。此种境界稍一反身即可呈现，就像孟子所说"万物皆备于我"，当下即可现证。如果"反身未诚"，那么则是未能真正明白"浑然与物同体"的含义，"犹是二物有对"，所谓的功夫也是"以己合彼，终未有得"。存仁虽然至简至易，但亦有一定的原则。这一原则就如孟子所言，"必有事焉而勿正"，静观其存而不加干涉，也就是"心勿忘，勿助长"。除此之外，"未尝致纤毫之力"。既然已识仁体，为什么依然要有存仁这样的功夫过程呢？程颢认为，虽然"良知良能元不丧失"，但是由于"昔日习心未除"，所以需要存仁的过程，以夺旧习。"此理至约，惟患不能守"，这一功夫道理极为简约，关键在于能否存受仁体。"既能体之而乐，亦不患不能守也"，不过一旦对仁体有所体证，身心就会产生悦乐，这是存守此心的动力。①

程颢"仁者浑然与物同体"之论，虽然是以理性的表述为主，但其中还包含神秘体验，即个体与天地万物合而为一的主观感受。这种"仁者浑然与物同体"的功夫体验影响非常大，后世儒者凡有证悟，总要道说出相似的话语。明儒罗洪先曾言其入山静坐，"每日块坐一榻，更不展卷，如是者三越月而旋以病废"。虽然最终因病而结束静坐，但在这三个月中，他体验到了万物一体的境界："当极静时恍然觉吾此心虚寂无物，贯通无穷，如气之行空无有止极。无内外可指、动静可分，上下四方、往古来今浑成一片，所谓无在而无不在。"静极之中心灵虚通无物，从而贯于万物之中而无所障碍，由此打破了时间和空间的限制，上下四方、往来古今成为一片，都成了主体当下的现量境界。不仅如此，我与天地万物也合为一体："吾之一身乃其发窍，固非形资所能限也。是故纵吾之目而天地不满于吾视，倾

---

① （宋）程颢、程颐：《二程集》第1册，中华书局，1981，第17页。

吾之耳而天地不出于吾听，冥吾之心而天地不逃于吾思。"人之一身成为天地万物的发窍之处，不再是与万物隔离的个体小我。我之目即天地之目，我之耳即天地之耳，我之心即天地之心。我与天地万物合为一个鲜活而具有生命力的同一体。基于这样的感受，往古之人虽然与我们因悠远之时间而有间隔，但"闻其行事而能憬然愤然"的感受将彼之精神与我们联系在了一起；四海之外虽然与我们因辽阔之空间而有距离，但"闻其患难而能恻然蠢然"的反应将彼之疾痛与我们联系在了一起。

这种身心的真实体验，为儒家的伦理提供了坚实的根基。《孟子·告子上》有"亲亲而仁民，仁民而爱物"之说，亲亲、仁民与爱物是三种伦理层次：亲亲属于血缘关系这一层次，仁民属于社会关系这一层次，爱物则属于物我关系这一层次。血缘关系有亲有疏，社会关系有等有差，物我关系有近有远，然而罗洪先统统将其建立在"感"之上，从而消弭它们之间的差别。"是故感于亲而为亲焉"，在这过程中不区别孰亲孰疏，因为"有分于吾与亲斯不亲矣"。"感于民而为仁焉"，在这过程中亦不区别孰等孰差，因为"有分于吾与民斯不仁矣"。"感于物而为爱焉"，同样不区别孰近孰远，因为"有分于吾与物斯不爱矣"。同时，由于这三个层次都以"感"为根据，联系起来看，甚至亲、民与物之间的差别都被超越。这种我与所亲、四海之民乃至万物之间高度一体感的达成即配天，"是乃得之于天者固然如是，而后可以配天也"。

罗洪先强调，这种万物一体的境界不仅仅是其独特的体验，还有着经典的依据。他首先拈出"仁者浑然与物同体"之言，认为这句话即在说"合吾与物而同为一体"。他所提到的"虚寂而能贯通，浑上下四方往古来今内外动静而一之者也"，即与"仁者浑然与物同体"含义一致。《中庸》有"视不见，听不闻，而体物不遗"的说法，罗洪先认为，所谓"体物不遗"，是说"与之为一体故也"。《中庸》还有"诚者非自成己而已"之说，罗洪先认为，这是基于物我一体之说，强调尽己之性之中亦包含尽人之性、尽物之性。罗洪先以非常亲切的语气言其万物一体的证悟境界，并将儒家的道德伦理融入这种境界之中，认为这种境界是儒家的精神命脉和一贯之道。[①]

[①]（明）罗洪先：《念庵文集》，载《四库明人文集丛刊》，上海古籍出版社，1993，第75—82页。

2. 心体呈现的功夫历程

为什么会有万物一体的感受呢？这和感官以及意识的内摄相关。从认识论的角度看，人所认知之物皆是心中之物，这几乎是现代哲学的一个共识。实际上，这样一种认知在中国古代哲学中，亦是人所习见的常识。那么，我们为什么又会将认知意义上的心中之物视为外在的呢？这一问题当然非常复杂，简单而言，这与我们的意识所依赖的身体密切相关。意识虽然可以涵摄对象，身体却以一种直接的形式与外物相区别。因此，意识自身虽然坚持万物一体，但是它与身体的相关性又往往使这种坚持只能存在于反思中。所以我们可以看到，儒家的功夫实践，无不要求把注意力集中在内心，去体察无私无情无欲无念的纯粹心灵状态。一旦能够成功地进入这种体验中，主体往往会获得一种与外物融为一体的浑然感受。

邵子有以物观物的说法，与此相类，在儒家见体的修证功夫中有以心观心的法门，此种法门对心体的体认最为直接。不过，对于这一法门，儒家内部是有争论的。朱子曾作《观心说》，言以心观心的谬误。他首先在文章中指出人心的主动地位，"夫心者，人之所以主乎身者也"。心不仅为一身之主，而且"命物而不命于物"，在物我对待的认知格局中，亦是心为主而物为从。这样自然形成了"以心观物，则物之理得"的认知模式。基于这种理解，朱子对"反观乎心"的认知模式特别不能理解，认为这种模式若要成立，需要在心外另立一心。以此一心而观彼之一心。他说："今复有物以反观乎心，则是此心之外复有一心，而能管乎此心也。"但是这样一来又有问题出现，"然则所谓心者为一耶？为二耶？为主耶？为客耶？为命物者耶？为命于物者耶？"在朱子看来，人有二心是不可理解的荒谬之事，"此亦不待教而审其言之谬矣"。[①] 朱子在这里是因湖湘学派而立论，力证以心观心之说是不成立的。

朱子在讨论中和问题时指出："人自有生，即有知识。事物交来，应接不暇。念念迁革，以至于死。其间初无顷刻停息，举世皆然也。"由此他对未发之中、寂然不动的本体之所指困惑不解，如果日用流行者为已发，那么是不是念头暂歇处为未发？他指出："尝试以此求之，则泯然无觉之中，邪暗郁塞，似非虚明应物之体，而几微之际一有觉焉，则又便为已发，而

---

① （宋）朱熹：《朱子文集》卷十三，中华书局，1985，第469—470页。

非寂然之谓。"后来他领悟到，日用之间，"则凡感之而通，触之而觉，盖有浑然全体，应物而不穷者，是乃天命流行生生不已之机，虽一日之间万起万灭，而其寂然之本体，则未尝不寂然也"①。按照朱子的说法，人之心分为两个层面，一个是应事接物、感而遂通的层面，一个是寂然不动、浑然全体的层面。这两个层面互不为碍，而共存于一心之中。朱子在此指出心灵存在两个层面，不知为何在《观心说》中没有意识到这一点。

在宋明诸儒中，李二曲对于观心之说有着明确的说明。二曲特别强调见体，认为只有在见体之后，人之认知和实践才具有真实的意义。他在教育弟子时指出，"因循"是学道之大障碍，"学道最怕因循，一涉因循，便成担阁，将来终无所见，终无所得，终无所成"。因循之病表现为三个方面：一是外入闻见之见，二是积累填塞之得，三是践迹义袭之成。与外入闻见之见相对的是豁然顿契、一彻尽彻之见，前一种见解来源于别人的道说，非主体的亲证境界；后者则是对对象表里精粗的彻底照见。积累填塞之得是基于外入闻见之见而对事物的把握，外入闻见之见是有限的零碎之见，随之而来的积累填塞之得亦如无源之水，而非原泉混混、自得之得。同理，基于闻见之见和填塞之得的主体行为亦陷于模拟仿效的窠臼之中，而非超凡入圣、浑然天成的创造性行为。他认为学者必须立志摆脱这些病痛："须勇猛奋励，立坚定课，每日静多于动，恭默寂坐，无思无虑，一念不生，则全体自现。至此，见方是真见，得方是真得。行住坐卧，终日钦钦，保而勿失，方是真成。勖哉小子，千万努力！"②摆脱这些病痛的关键在于"全体自现"，即与天地同体的心体完整地呈现出来。李二曲特别强调恭默寂坐之功，认为无思无虑、一念不生的境界是心体呈现的必要条件。一旦心体呈现出来，所见、所得、所成就有了无尽的源泉，"至此，见方是真见，得方是真得。行住坐卧，终日钦钦，保而勿失，方是真成"③。

无思无虑、一念不生亦不是如木石一般，而是以心观心的鲜活境界写照。李二曲说："学须屏耳目，一心志。"因为只有这样，才能于"无声无臭处立基"。二曲称之为"胸次悠然，一味养虚"。所谓"一味养虚"也不

---

① （宋）朱熹：《朱子文集》卷十三，中华书局，1985，第470页。
② （清）李颙：《二曲集》卷十六，陈俊民点校，中华书局，1996，第162页。
③ （清）李颙：《二曲集》卷十六，中华书局，1996，第162页。

是守着一个空空荡荡的境界,而是通过"以心观心,务使一念不生"。借朱子对已发和未发的区别,我们很容易理解"以心观心"不过是区别心灵的这两个层面,以心之用去照触心之体而使之呈现出来。心之用变化多端,而心之体寂然为一,所以不用屏息念头自然一念不生。但由于区别心灵的这两个层面并不是一件自然而然的事情,这有赖于主体心灵的敏锐,所以需有"屏耳目,一心志"的具体功夫。虽然用以心观心的语言描述心体的呈现,实际上并没有能观与所观的区别,而是主体自身的自明、自识,李二曲称为"静默返照"。一旦心体呈现出来,光明便会生起,万物一体之感也会产生:"久之,自虚室生白,天趣流盎,彻首彻尾,涣然莹然,性如朗月,心若澄水,身体轻松,浑是虚灵。"二曲曾以非常诗意的语言描述这一境界:"秦镜朗月,不足以喻其明;江汉秋阳,不足以拟其皓。"由于物我浑然一体,微尘可纳六合,瞬息即是千古:"行且微尘六合,瞬息千古。"这个时候,语言文字不足以拟其真。而有时不得不言,"则流于既溢,发于自然"。不需劳心焦思,不需费心安排,"言言天机,字字性灵"。这是说伴随着见体的觉受,主体自身的智慧也随之提升,自然而然产生"融透爽快,人己咸惬"的境界和效用。①

3. 心灵察照自身的现象学分析

以心观心是儒家照见心体的重要法门,而这一法门成立的关键在于心灵是否具备察照自身的能力。我们不妨从对意识的现象学分析入手,考察心灵是否具备这种能力。

关于意识的对象,有两种观点。一种观点认为,意识只能意识到它的对象,并不能意识到自身。就像是一把刀可以切东西而不能切自己,像是一个手指可以指他物而不能指自己。而另一种观点是,意识不仅能意识到它的对象,也同时能意识到它自己,就像一盏灯不仅照亮了别的东西,也照亮了自己。意识意识到自身的能力,牟宗三先生称之为"逆觉体证",耿宁则称为"自身意识"。

"自身意识"是指:"每一种心理作用,每一种意识活动,比如看、听、回忆、判断、希望等等,不但具有它的看见的、回忆到的对象,而且它也知道或者意识到它自己。……这种自知即知觉,不是一种特殊的心理活动,

---

① (清)李颙:《二曲集》卷十六,中华书局,1996,第145页。

不是一种特殊的反思,而是每一个心理活动都具有的成分,是所有意识作用的共同特征,即每个意识作用都同时知道自己。"① 耿宁曾运用"自身意识"这个概念考察良知的省察活动,我们不妨按照这个思路进行现象学的分析,以对心灵的两个层面的存在性做出论证。

我们把所有的心理活动或主观活动都称作意识或体验,这既包括相对低级的感官体验(视觉、听觉、嗅觉、味觉、触觉),也包括高级的精神活动(逻辑思维、判断推理、爱、恨、欲求、愿望等)。所有这些体验都有一个本质特征,那就是它们都能够被反思到,能够在我们的反思活动、反观活动中被把握。在反思活动中,我们的意识不再朝向外物(电视、书、花、手机等),意识的目光开始转向自身、观照自身。这种反思的能力、自我观照的能力,能够帮助我们认识我们的意识活动、我们的主观体验,弄清它们具有哪些特性、可以分为哪几类等。借助于对主观体验的反思,我们接下来谈一个基本的区分:所有的意识都可以分为主动意识和被动意识,被动意识总是伴随着主动意识,而且二者之间可以相互转化。

我们借用一个简单的例子来说明这一点。我盯着眼前新买的手机,欣赏着它的外形和色泽,此时,对手机的观赏构成了一种主动的视觉体验活动。而与此同时映入眼帘的还有承载着手机的桌子、手机旁边的台灯、一沓书、几支笔,等等,这些边缘性的视觉活动则构成了被动的意识,构成了我们观赏手机时的背景。当我们观赏手机时,顺带着也瞧见了手机旁的物件。尽管如此,此时我们的注意力只是放在了手机上,而不在其他物件上。主动性的体验和被动性的体验之间的区别正在于是否抢获了注意力、是否"抢眼"。

在一个确定的时间点,我们的注意力可以投向一个事物,还是多个事物呢?胡塞尔的答案或许是只能投向一个。但注意力所关注的这一个事物不一定是一个单一的、简单的对象,比如一本书、一支笔;而很可能是一个复合对象,比如我关注的不是手机,不是桌子,而是手机和桌子之间的空间关系,即手机在桌子之上。

但随着时间的转变,我们的注意力也会改变。比如我观看手机时,突

---

① 〔瑞士〕耿宁:《心的现象——耿宁心性现象学研究文集》,倪梁康等译,商务印书馆,2012,第127页。

然觉得房间不够明亮，此刻我的注意力转移到了手机旁边的台灯，我尝试去调节台灯的亮度。在我关注台灯之时，手机或许只是被我眼睛的余光所看到，我不再注视手机。这时，对手机的看变成了一种被动的、边缘性的体验；而对台灯的看则从被动的体验上升为主动的体验，因为它获得了我的注意。胡塞尔认为，主动体验与被动体验之间的转变在本质上是可能的。所有主动性的体验都有可能降为边缘性的被动体验；相反，所有被动性的体验都有可能占据意识中的"焦点"，成为主动的、活泼的体验。

接下来的问题是，我们的意识活动能不能完全是主动性的意识活动，而不包含任何边缘性的被动意识呢？胡塞尔倾向于认为不能。而反过来，我们的意识活动能不能完全是被动性的意识活动，而不包含任何主动性的、有着注意力参与的活动呢？胡塞尔似乎认为，这是可能的。

单就主动性的、时兴的体验来讲，我们还可以进行进一步的分类。这些主动性的体验，在其发生过程中，其自身是否被明确地、现实地意识到、反思到呢？如果是这样，那么这些主动性的体验就是一种带有反思性的、反观着自身的体验；如果不是这样，那么这些体验就不带有对其自身的反观，它们发生着、进行着，但没有明确意识到自身在进行，没有在反思中把自己当成对象来观照。

我们先来看这种不带有反思活动的主动体验活动。当我观看科幻大片的时候，我完全沉湎于影片所带给我的视觉体验，随着故事情节的推进，我的心理世界或许也经历着惊慌、期待、好奇、失落、高亢等一系列转变。在这一过程中，每一个主动性的、以一种突出的样式呈现的情绪都在一定的时段出现着、生发着。但在此过程中，我的心绪始终是朝向这部影片的。可以说，影片中的情景完全俘获着、占据着我的心，我完全沉浸于影片所编织的"世界"里。这时，我的意识完全没有从影片中脱离出来，没能转而朝向自身、反观自身。因此，这些心理体验是一种缺乏自我反思的体验，这些体验的对象只是影片中的生动情节，而不是它们自己。

与之相反，在我们的意识世界中，还可以发现带有自我反思的体验活动。比如，在晚上失眠的情况下，我们或许沉溺于失眠所带来的焦躁不安的情绪之中。但此时，我们尝试去反观自身所处的心理状态，明确地告知自己，我现在正处在失眠状态，正处在失眠所带来的坏情绪当中。也就是说，我们尝试把这种焦躁不安的情绪当成对象来观照，我们明确地以一种对象化的方式来反思我们的这些情绪。但我们此时也还并未试图去克服和摆脱这些情绪，并未用一种情绪化的态度来对待这些情绪，并不厌恶它们或希望它们早些消失。我们只是在反思中、在反观我们的心理状态过程中，明确地意识到，我们正处在这样一种由失眠而带来的坏情绪中。而这时，处在意识世界中心地位的不再是对失眠的厌烦情绪，而是对这些情绪的反思。也就是说，此时，反思活动构成了主动性的、以突出的样式进行的意识活动；而那些负面的情绪被挤推到了边缘性的意识之中、挤推到了意识的背景之中。当然，很有可能，之后这些焦躁的情绪"势力又壮大了"，又把对它们的反思活动排挤出去，重新回到了意识的中心区，此刻，我们又开始被这些坏情绪俘获了、占据了。这种带有自我反思特征的体验活动其实是一种原本的主动性意识与反思性意识之间不断转变、不断对换的混合型体验活动。

在带有自我反思特征的体验活动中，意识对其自身的反思现实地发生着，意识现实地将其自身对象化，将其自身当成对象来反观。而在不带有自我反思特征的体验活动中，则不存在这种现实化的反思活动，意识并未现实地反观其自身，而是沉湎于它的对象，比如正在放映的科幻大片。但需要补充说明的是，在这种不与反思活动相交融的、单纯的原生意识中，意识回返自身、反观自身的可能性在本质上也是存在的，尽管这些反思活动还未现实地发生。

经过以上分析，我们从现象学上对意识在活动的同时具备反思自身的能力进行了说明，这为以心观心法门的可能性做了一些理论上的说明。

（三）动静一如的功夫目的

儒家既注重个人的心性修养，又注重家国天下的治理，即秉承内圣外王之道。内圣一面经由先秦儒家开创，再由宋明儒家弘扬，已达到完整而深刻的境地。但是，外王一面始终未能建立起来。外王本来与礼乐制度相关，但孔子之时就已经礼崩乐坏，外王失去了实现的制度支持。孟子言必称王道，并以仁政与王道相配，但仅仅流于想法而未曾在现实中实现和发挥力量。宋明儒家更是极少谈到政治思想，只是以尧舜禹三代之治寄托其想法。在这个背景下，儒家的外王之学就由对王道政治的探索转变为对个体日用常行是否恰当的研究，"内圣外王"这一概念所蕴含的心性修养和王道政治之间的关系，转变为心性修养在动与静两种状态下能否相合的问题。

1. 礼乐传统下功夫和日用的合一

礼乐最初与祭祀相关，可以说是祭祀的仪式和娱神的手段。西周建立以后，作为祭祀仪式的礼乐被扩展到政治、生活、文化等方方面面。后人将西周礼乐总结为五礼，即吉礼、凶礼、军礼、宾礼、嘉礼。吉礼为祭祀之礼，凶礼是跟凶丧有关的一系列礼节，军礼是军事活动方面的礼节仪式，宾礼用于朝聘会同，嘉礼是饮宴婚冠、节庆活动方面的礼节。嘉礼又包括六个方面：一曰饮食，二曰婚冠，三曰宾射，四曰飨燕，五曰脤膰，六曰庆贺。五礼既是个人行为的规定，又是交往的媒介，亦是治国的原则，还是沟通天人的仪式。《礼记·曲礼上》曰："夫礼者，所以定亲疏、决嫌疑、别同异、明是非也……道德仁义，非礼不成；教训正俗，非礼不备；分争辨讼，非礼不决；君臣、上下、父子、兄弟，非礼不定；宦学事师，非礼不亲；班朝治军，莅官行法，非礼威严不行；祷祠祭祀，供给鬼神，非礼不诚不庄。"个人的心性道德修养要在礼乐中成就，家国天下的教化要通过礼乐方能完成，人们之间冲突的解决要以礼乐为判据，君臣父子等伦理规定亦以礼乐为标准，朝廷之中、大军之内亦遵从礼乐的规定，甚至敬事鬼神也离不开礼乐仪式。足见在礼乐传统下，个人乃至团体的行为都以此为典范。周代贵族的小学教育以礼乐行为的学习和实践为主，而大学教育则注重对礼乐之道的领悟和把握。在这种情况下，所学即所用，个人的修养之道与家国天下的外在事功并不存在难以调和的张力。

春秋时期虽然已经礼崩乐坏，但孔子对于礼乐依然抱有极大的敬意。他个人的修养功夫以及对弟子的教导，都是通过礼乐完成的，这在前面已经有所论及。孔子对礼乐的推崇，固然在于礼乐对于个人修养具有重大的意义，同时还在于礼乐规定亦是当时的社会通则。比如诗歌表达不仅仅与艺术相关，赋诗甚至是国家外交的重要方式。《左传·襄公十四年》载："将执戎子驹支，范宣子亲数诸朝，曰：来！姜戎氏！昔秦人迫逐乃祖吾离于瓜州，乃祖吾离被苫盖、蒙荆棘以来归我先君，我先君惠公有不腆之田，与女剖分而食之。今诸侯之事我寡君不如昔者，盖言语漏泄，则职女之由。诘朝之事，尔无与焉。与，将执女。对曰：昔秦人负恃其众，贪于土地，逐我诸戎。惠公蠲其大德，谓我诸戎，是四岳之裔胄也，毋是翦弃。……赋《青蝇》而退。宣子辞焉，使即事于会，成恺悌也。"这是《左传》所载

"晋士匄责戎子驹支"之事。戎子驹支被晋拘捕，面对范宣子的指责，他进行了一系列的抗辩，最后通过赋《青蝇》之诗，解除了诘难。

《左传·襄公十六年》载："晋侯与诸侯宴于温，使诸大夫舞，曰：歌诗必类！齐高厚之诗不类。荀偃怒，且曰：诸侯有异志矣！使诸大夫盟高厚，高厚逃归。于是，叔孙豹、晋荀偃、宋向戌、卫宁殖、郑公孙虿、小邾之大夫盟曰：同讨不庭。"所谓"歌诗必类"，指唱诵的诗须与舞蹈的节奏相配合。晋侯以"齐高厚之诗不类"为借口，居然发动了一场彰显霸主地位的战争。一首诗可以免除一场与生死相关的责难，歌诗与舞蹈节奏的不合可以引发一场战争，足见礼乐传统下人们行为根据的特殊性。由此我们也可以理解孔子关于诗的一些言语，比如"不学诗，无以言""小子！何莫学夫诗？""人而不为《周南》《召南》，其犹正墙面而立也与！"诵诗直接与政治、外交关联起来，这对我们而言非常难以理解，但在当时的时代背景下确属理所当然。诗是这样，其他方面亦是如此。《论语·子路》载："子曰：诵诗三百，授之以政，不达；使于四方，不能专对；虽多，亦奚以为？"在孔子看来，学和用天然就应该是统一的。

2. 修用分离与动静一如的修持功夫

孟子时这种状况就发生了变化，此时礼崩乐坏已达到极点，礼乐不再是社会的通则，个人的礼乐修养已不能在国家层面的政治生活中发挥作用。孟子提倡仁政，希望自己的理想能够通过国家的政治力量发挥作用。除此之外，孟子主要强调自我的道德本心扩充在生命的每一环节。他说："凡有四端于我者，知皆扩而充之矣，若火之始然，泉之始达。苟能充之，足以保四海；苟不充之，不足以事父母。"（《孟子·公孙丑上》）孟子之后，扩充本心于事事物物就成为儒者不懈的追求。

在一些大儒看来，心体扩充到事事物物上去是一件非常容易的事。前引程颢《识仁篇》曰："盖良知良能，元不丧失。以昔日习心未除，却须存习此心，久则可夺旧习。此理至约，惟患不能守。"识得仁体后，只要存守此心，自然可以消尽旧习。他在《定性书》中说："天地之常，以其心普万物而无心；圣人之常，以其情顺万事而无情。故君子之学，莫若廓然而大公，物来而顺应。"[1] 只要能够做到心体不为旧习所染，自然如天地、圣人

---

[1] （宋）程颢、程颐：《二程集》第 2 册，中华书局，1981，第 460 页。

一般物来而顺应。程颐提出"体用一源，显微无间"的命题，力图打通本体和功夫。阳明倡知行合一，更在天泉证道时提出"即本体即工夫"的奥旨。

但对于大多数儒者而言，证悟本体之后将其展现于事事物物之中是一件非常困难的事情。李二曲每日三坐。第一坐在鸡鸣平旦之时，"须整衣危坐，无思无虑，澄心反观，令此心湛然莹然，了无一物，唯一念炯炯，清明广大；得此头绪，收摄继续，日间应事，庶不散乱"。① 由平旦之时的静坐养出本体，庶几可以保障日间应事不至散乱。第二坐在日中午未之时，"但此绪凝之甚难，散之甚易，自朝至午，未免纷于应感，宜仍坐一番以凝之"。② 心体呈现甚为艰难，但在应事接物之中又非常容易散去，故又需静坐存养。第三坐在夜间戌亥之时，"迨晚，默坐返观，日间果内外莹彻、脱洒不扰否？"③ 通过夜间静坐进一步省察本体是否还在。李二曲说："务日日体验，时时收摄，久而自熟，打成一片，寂而能照，应而恒寂，蔽之不能昧，扰之不能乱，已发恒若未发矣。"④ 只有经过艰辛的功夫过程，才能够在做到寂照的同时，打通已发和未发。

心体扩充具有两个较为明显的困难之处。首先，所谓扩充，即普遍性原理运用于具体事物，或者说将具体事物归属于普遍原理之下。从认识论上讲，牵涉判断力的运用问题，即需要对特定的具体对象有一个清晰而完整的理解。这种理解不仅仅是道德上的事情，主要包含对事物的自性、功用、趋向、配属乃至因果联系的认知。用孟子的话说，这些知识属于"求在外者"的范围。因此，充分而合理地扩充本心，并不是一个自然而然、一蹴而就的事情，这中间包含无数的知识和见解。其次，宋明儒家对于心之本体的证悟多在静中完成，即在感官不参与的情况之下，把注意力集中在内心，去感受无私无情无欲无念的纯粹心灵状态，从而产生与外界融为一体的浑然觉受。但是，主体一旦应事接物，感官必然对外界有所摄取，而外物也不可避免地进入心灵感受中来，这样静中所具有的能够感受纯粹心灵状态的场景就消失了，心体也会因此而消散。以上两点，即本心扩充

---

① （清）李颙：《二曲集》卷十六，中华书局，1996，第417页。
② （清）李颙：《二曲集》卷十六，中华书局，1996，第417页。
③ （清）李颙：《二曲集》卷十六，中华书局，1996，第417页。
④ （清）李颙：《二曲集》卷十六，中华书局，1996，第417页。

的主要困难，儒者在这一环节的努力也主要体现在这两个方面。

在明代大儒中，高攀龙特别重视静坐功夫。高攀龙（1562—1626），字存之，江苏无锡人，世称"景逸先生"，东林党领袖，有《高子遗书》12卷。其乡人丁福保云："儒家所讲静坐之法，以何家为最详？答曰：宋之程子、朱子，明之王阳明、陈白沙，皆讲静坐法。惟论静坐最详细者，莫如吾乡高忠宪公。"① 李卓亦言："高攀龙十分重视静坐工夫，他于静坐方法提揭之重，论说之详，在理学家中是非常少见的，故他的主静修养工夫，有较大的研究价值。"② 台湾学者杨儒宾特别推崇高攀龙的《复七规》，认为"他（高攀龙）的各种静坐法门最后汇聚于《复七规》，此法门可视为东林静坐论汇归之大壑"③。然而李卓认为："此说似有未安。《静坐说》晚于《复七规》15 年，《书静坐说后》则更晚，除非杨氏认为此二说毫无新义，否则其思想无论如何也不可能汇聚于之前的《复七规》当中。"④ 然而，《明儒学案》载其为学历程，其完整性超过以上著作。我们不妨依循这些资料，从其个人修证体验上看一下高氏是如何发现并处理这两个问题的。高氏的功夫历程可分为以下几个步骤：

第一，二十有五而志于学。高攀龙自称二十五岁时，听闻李元冲与顾泾阳讲学，受其感染，开始有志于学问。李元冲，又名宗诚，字复阳，江西丰城人，进士及第。顾泾阳即顾宪成，东林大儒。此时李元冲为县令，邀请顾泾阳讲学。这一事件对高攀龙非常关键，他从此萌生了学为圣人的志向，只是此时尚未知为学之方。

第二，自修知本功夫。自此之后，高攀龙广阅经典。在《大学或问》一书中，见"入道之要，莫如敬"之言，遂以居敬为修养之方。其具体表现为"肃恭收敛，持心方寸间"。但是这方面稍一操持，马上面临两难境地。如果用力持守，"但觉气郁身拘，大不自在"；如果将心放下，"又散漫如故"。程子在谈敬时曾提到"心要在腔子里"，高攀龙对这句话又起了疑情：腔子到底是什么？是不是人们常说的心脏方寸之地呢？他自称从与字

---

① 丁福保编《静坐法精义》，上海古籍出版社，1990，第 4 页。
② 李卓：《高攀龙的主静修养论——以静坐法为中心》，《世界宗教研究》2015 年第 5 期。
③ 杨儒宾：《明儒与静坐》，载钟振宇、廖钦彬主编《跨文化视野下的东亚宗教传统：个案探讨篇》，"中研院"中国文哲研究所，2012。
④ 李卓：《高攀龙的主静修养论——以静坐法为中心》，《世界宗教研究》2015 年第 5 期。

义训诂相关的小学之教中得到了答案,"腔子犹言身子耳",顿悟浑身是心之旨。此时又闻罗止庵讲李见罗修身为本之学,与他的猜测相合,从此便在这方面痛下功夫。这种功夫的主旨在于以心知身,从而"使身心相得,言动无谬",他将此谓之知本功夫。

第三,自言照见本体。高攀龙于万历十七年(1589)中己丑科进士,此时春风得意,"益觉此意津津"。后遇父丧归家,守孝期间读《易》与《礼》。壬辰(1592)赴吏部应选,在"筮仕"之时做了一个自我评价,明确承认自己尚未见道,只是依照自己的内心行事,间有未经谋虑的是非好恶之见,也只是上天启发。他认为自己此时,"略见本心,妄自担负,期于见义必为"。又于冬至在朝天宫学习礼仪,闲暇静坐,悟到了心之本体,自言"忽思'闲邪存诚'句,觉得当下无邪,浑然是诚,更不须觅诚,一时快然如脱缠缚"。在他看来,此时当已解脱一切烦恼,心性修养已入圣域。

第四,幻境猛醒。万历二十一年,高攀龙上疏参劾首辅王锡爵,被贬为广东揭阳典史。他自称:"癸巳,以言事谪官,颇不为念。"对于贬谪这样一件大事,他能够淡然于心。根据其语气,当是有感于修养功夫颇有进境。然而不久就感到世态炎凉,心中时有触动,再不能保持平静。万历二十二年秋赴揭阳上任,此时心中理欲交战,乱作一团。原来修养所得的心体,已然不翼而飞。途中经过武林,一友问其"本体何如?"高攀龙虽言"无声无臭",而自省只是出口入耳,非是真有所见。他又言:"将过江头,是夜明月如洗,坐六和塔畔,江山明媚,知己劝酬,为最适意时。然余忽忽不乐,如有所束。勉自鼓兴,而神不偕来。"江山美景尚不能改其忧心。他自问:"今日风景如彼,而余之情景如此,何也?"思来想去,穷究根底,猛然发现自己"于道全未有见,身心总无受用"。

第五,严立规程,痛下功夫。大事当前,顿悟半生所学尽是虚幻,身心毫无受用,这对高攀龙是一个极大的打击。但他并未灰心,而是重拾心情,打起精神,再做踏实功夫,"此行不彻此事,此生真负此心矣"。他做修养功夫的基本原则是半日静坐,半日读书,以静坐为修养主体,静坐中身心有不妥帖之处,在程朱之书中寻绎法门来解决。他静坐的方法主要有诚敬主静、观喜怒哀乐未发、默坐澄心、体认天理等。这些方法——照行,"立坐食息,念念不舍,夜不解衣,倦极而睡,睡觉复坐,于前诸法,反覆更互"。经过这样一番苦功,他觉得"心气清澄时,便有塞乎天地气象,第不能常"。身心在一定条件下开始有了一些与天地相应的气象。

第六，天人相合，原无一事。这样两月行程都在用功之中，其功夫进境有三点值得提出。其一，心不着境。高攀龙言："在路二月，幸无人事，而山水清美，主仆相依，寂寂静静。晚间命酒数行，停舟青山，徘徊碧涧，时坐磐石，溪声鸟韵，茂树修篁，种种悦心，而心不着境。""心不着境"是说天地万物虽然在前，然心体寂然而不为其所扰，这是真正见到了心体。其二，实无一事。路过汀州之时，在一旅社就宿。偶然见到明道先生的一段话，"百官万务，兵革百万之众，饮水曲肱，乐在其中。万变俱在人，其实无一事"。由于这段话非常贴合高攀龙此时的境遇，他突然有省，明白了"原来如此，实无一事"的道理。这较"心不着境"更为高明，因为前者可以说是养气功深，而后者则是洞悟了心中万事的本原。到达这一境界后，高攀龙自言顿觉缠绵于心的念头，倏忽不见。其三，天人无隔。在达到"万变俱在人，其实无一事"的境界后，他顿时感到"与大化融合无际，更无天人内外之隔"。此时明白心既在腔子中，又在方寸间，更充周于天地之内。天地之间雷动风行，山峙川流，而天地之体岿然不动。心体亦如天地之体，寂然不碍感通，感通依旧寂然。

高攀龙二十五岁时有志于学，这是他从事心性修养功夫的始点。贬谪之后心绪不宁，此时进行反思，意识到之前所谓的功夫在关键时刻根本不足恃。由此看出，所谓自见本体有可能只是光影，在世事的逼迫之下顿时冰消瓦解。高攀龙认为，世间有两种人。一种是具备大精神的圣贤，这种人在日用寻常之中即可静悟本体。另外一种人"神短气浮，须数十年静力，方得厚聚深培。而最受病处，在自幼无小学之教，浸染世俗，故俗根难拔"。他提出，对于这种人须通过两种方法进行磨炼。一是通过读书，"使义理浃洽，变易其俗骨俗肠"，这即穷理的功夫；二是通过静坐，澄神汰虑，"使妄尘消散，坚凝其正心正气"，这即静定养气的功夫。高攀龙认为，如果缺乏这么一大段功夫，即使对本体有"豁然之见"，也无益于身心。通过高攀龙的修证案例可知，浑然与物同体的境界固然是儒家修证功夫的关键，但并不是终点，此后尚包含无数穷理、养气的功夫，否则所认为的见体不过是玩弄光影。[①]

[①] （清）黄宗羲：《明儒学案》卷五十八，中华书局，1985，第1399—1402页。

关于穷理，朱子作《格物补传》，解释格物穷理之说。后人对朱子此说颇有疑问，焦点集中在缘何通过格物理可以悟明心理。换句话说，道德本心与事物之理有何关系？在《格物补传》中，朱子将格物穷理当作证悟心体之法，"是以大学始教，必使学者即凡天下之物，莫不因其已知之理而益穷之，以求至乎其极。至于用力之久，而一旦豁然贯通焉，则众物之表里精粗无不到，而吾心之全体大用无不明矣。此谓物格，此谓知之至也"①。他指望通过今日格一件、明日格一件的积累，洞悟本心的全体大用。这在逻辑上是说不通的，因为靠积累无论如何也不能够突破有限而触及无限。现实之中也难以行通，因为此处的格物穷理缺乏一个普遍的原则，难免陷入"支离"的境地。但是，如果我们将格物穷理视作洞悟心体后的功夫，那么一切就变得顺理成章。洞见心体后需要将其体现在事事物物之中，而这种体现需要对具体事物有一个清晰而完整的认知，所谓的格物穷理即这种功夫的体现。而此时的格物穷理由于有洞悟心体在前，也不会因为缺乏普遍性的根据而陷入"支离"之境。当然，朱子的格物穷理也并非没有实施的条件，那就是有高明的老师在旁边时时提点，不使格物穷理的功夫有所走作。至于养气，无疑和孟子的浩然之气密切相关。孟子通过养浩然之气而达到不动心的状态，这恰恰是宋明儒家所追求的境界。养气的方法和静坐密切相关，大体不外对本心的持续澄清和存养。

经过以上分析，我们大体澄清了宋明儒家功夫体系的三个维度。相对于先秦儒家，宋明儒家比较重视静坐。除此之外，宋明儒家还重视心体的呈现，将浑然与物同体的感受视作心体呈现的基本内容，这当然与儒家一贯的天人相通的大传统相关。儒家一直都不赞成独重个体的解脱之道，而以化成天下为根本目标。但是对于宋明儒家而言，他们在王道政治的思考上并无建树，因此紧接着内圣的外王事业转变为心体如何发用的问题。当然，这个"用"也仅仅局限在人伦日用上，治国平天下的具体技术上的内容很少触及。

本章主要阐述由道德本心以贯通天道的功夫模式。全章分为具有递进关系的四个部分：第一，从对西周礼乐传统的回顾入手，指出这一体系除了用以文饰宗法封建制度，还具有化约日常行为、检束身心以及沟通天人

---

① （宋）朱熹：《四书章句集注》，中华书局，1983，第7页。

的功用。第二，指出孔子针对礼崩乐坏的情况，并没有采取否定的态度，而是相信解决之道就藏在礼乐之中。他在礼乐传统的基础上大大推进了一步，建构了儒家功夫体系的完整模式。第三，指出孟子强调道德之心的发现和扩充，在谈论人心的同时，往往与气这一概念联系起来。第四，指出宋明儒家功夫体系的三个维度：以静坐为身心修养功夫的一种形式，重视心体的呈现，以动静如一为其功夫目的。这一功夫模式将人心的德性层面视为通往上天的密道，甚至认为上天就在人心德性之中。

第二章　如在与心体的超越向度

中国和世界各国一样，远古时代存在过原始巫术。殷周之际，政治、文化上发生了巨大的变革，政教风俗、典章制度取代了以巫术为中心的文化形态，人文精神开始弥漫。西周礼乐文化的人文主义特征固然冲淡了巫文化的影响，但这并不意味着巫文化就此销声匿迹。相反，它以一种微妙而精巧的形式渗透进了礼乐文化以及后起的诸子百家之中。巫文化的特征之一就是交通神明，即现实的巫充当人神交通的媒介，以获得神灵的启示。《庄子·天下》言及"古之道术"，其内容就包含"神何由降，明何由出"的追问，这显然与巫文化具有某种深层次的承递关系。交通神明的问题在礼乐传统中表现为"如在"的呈现问题，而如在的呈现又涉及心体及与之相关的天道。无论是如在，还是心体和天道，它们的证成都以身心的功夫实践为前提和条件。

一　从交通神明到如在的呈现

在礼乐传统中，祭祀先祖非常重要，而祭祀成功的标志在于先祖"来假来飨"（《诗·商颂·烈祖》），即先祖的影像呈现在祭祀者的感知场域中。占卜之术古已有之，《周易》占卜特别重视易象，易象不是卦象，也不是物象，而是占卜者意识中的影像。无论是先祖的影像还是易象之影像，我们都因其介于客观实在和意识构造之间而称其为"如在"[①]。如在具有和神明相关联的超越意义，同时又与净化、约束身心的功夫修炼相关。

[①] 杨儒宾先生曾对"如在"做过细致的分析：他首先指出"如在"之"如"不是关系字，而是同义反复的述词；其次，根据这种理解，他指出"如在"不是不在，而是只在祭祀时才有的在。见杨儒宾《恍惚的伦理——先秦儒家工夫论之源》，载王正主编《儒家工夫论》，华文出版社，2018，第29页。

(一) 巫术的通神行为

《礼记·表记》载:"夏道尊命,事鬼敬神而远之,近人而忠焉。……殷人尊神,率民以事神,先鬼而后礼。……周人尊礼尚施,事鬼敬神而远之,近人而忠焉。"由此可知,夏商周三代对待鬼神的态度虽有小同,但在相信鬼神存在且敬畏其权威上,显然是一致的。在上古时期,能够与鬼神交通者,通常被称作"巫"与"觋"。我们将"巫"与"觋"统称为"巫",交通神明是"巫"的根本任务。

1. 巫的产生方式

陈梦家先生在《商代的神话与巫术》一文中指出:"由巫而史,而为王者的行政官吏;王者自己虽为政治领袖,同时仍为群巫之长。"[①] 这是主张巫者在古代中国曾为执掌政权者。张光直先生说:"既然巫是智者、圣者,巫便应当是有通天通地本事的统治者的通称。"[②] 这是说巫者掌握祭祀等宗教大权。除此之外,尚有学者指出,巫者还是医药、技艺等知识的掌握者。由此可知,巫者在原始蒙昧时代是一个非常重要的人物类型,在政治统治、宗教信仰以及生产技术诸方面都有一定的价值和地位。

那么,巫者是如何产生的呢?有学者指出,巫者的产生通常有两种方式:一是神授法,二是人为选择法。就神授法而言,由于巫者通常不世袭,新巫的产生主要通过氏族祖神的选择,选择的对象通常是身患某种疾病者。疾病虽是选巫的条件,但并非所有身患某种疾病者皆有被选为巫者的可能,这还需要其他为巫的特质,比如经常眩晕、失神,有预见能力,或精神过敏。所谓人为选择法,即当氏族内的老巫死亡后,由人的意志选择聪明、能干的新巫的方法。其具体选择的方法不少,有公选、占卜与自我推荐等。[③] 由人为所选择的专业巫者不仅承担交通鬼神的任务,还需掌握运用法术操控自然的能力,故需多方面的训练。这些训练在某种意义上就包含了改变、提升身心的因素,比如孔子言:"南人有言曰:'人而无恒,不可以作巫医。'善夫!"(《论语·子路》)"恒"这一精神性要求,即成为巫者、

[①] 陈梦家:《商代的神话与巫术》,《燕京学报》第20期,1936。
[②] 张光直:《人类历史上的巫教的一个初步定义》,《台湾大学考古人类学刊》第49期,1994。
[③] 宋兆麟:《巫与巫术》,四川民族出版社,1989,第50—58页。

医者的必要条件。

2. 巫的通神行为

瞿兑之先生在《释巫》一文中言:"巫也者,处乎人神之间,而求以人之道,通于神明者也。"① 故知交通神明,乃是巫者的根本使命。巫者交通神明的方式多种多样,张光直先生在《人类历史上的巫教的一个初步定义》一文中认为,巫者的宗教观念与仪式行为之间彼此可以互相关联,于是将它们放入一个宗教系统之中,称为巫教。他列举了十三项巫教的特征,其中第六项借"世界之柱"之助,第七项借仗鸟兽的助力,第八项巫者与鸟兽互相转形,第九项巫者有目的地远行另外世界,第十项进入迷魂的状态,第十一项仪式中进入迷魂的状态,都算作交通神明的方式。

关于第六项,他说:"巫师上天入地要借一个'世界之柱(axis mundi)'之助。这所谓的世界之柱通常是一座山(称之为神山或宇宙之山),但亦可能是一株树(称为神树或宇宙之树),或甚至一根棒杖。从观念上说,这山或树或杖穿透不同世界之间的隔膜,巫师借他趴滑上下。"第七、第八两项与第六项相似,只是上天入地的媒介换成了鸟兽。关于第九项,他说:"巫师远行到另外世界去的目的通常是去宾见祖先、神鬼、精灵。去向他们索取有实用但在人间阙如的事物,如讯息、医药及防御恶灵、黑魔术或人间或超人间的仇敌的手段。"关于第十项,他说:"巫师上下远游通常要进入一种迷魂的状态(trance 或 ecstasy)。进入迷魂状态的手段可以包括心理力量,但更常见的手段是配合鼓点或其他乐器的节拍舞蹈到精疲力竭的状态,饮酒或使用其他兴奋剂及服用迷幻药剂。"第十一项是指这种迷魂状态是在仪式中达到的。②

由这些信息可知,巫者通过种种方式交通神明,从而求得现实之人的安然无恙。从现代科学的角度看,巫术不过是原始人类联想的误用。但是在那样一个人类能力极端低下的时代,巫术的出现鼓舞了人类改变事物的勇气。马林诺夫斯基说:"巫术底功能在使人底乐观仪式化,提高希望胜过恐惧的信仰。巫术表现给人的更大价值,是自信力胜过犹豫的价值,有恒

---

① 瞿兑之:《释巫》,《燕京学报》第 7 期,1930。
② 张光直:《人类历史上的巫教的一个初步定义》,《台湾大学考古人类学刊》第 49 期,1994。

胜过动摇的价值，乐观胜过悲观的价值。"① 列维-斯特劳斯（又译莱维-斯特劳斯）说："因此，没有理由怀疑某些巫术实践的实际效力。"② 更为重要的是，巫术中包含着某种思维方式，对中国思想史造成了极大的影响。前面提到张光直先生列举了十三项巫教的特征，其中第二项即"不同层次的宇宙"，"垂直地看来，宇宙要分为不同的层次。典型的分层是分为上层世界、中层世界与下层世界。上中下三层每层可再分为若干层。生人居于中层世界。巫教的宇宙至少要分为两层，即生人的世界与祖先和鬼神的世界"③。宇宙的多层区分与后世天人之间的区分有着某种对应关系，而巫者与神明的交通又蕴含着天人相通的最初形式。

交通神明是巫术的特征之一，这在原始蒙昧时期被视为智慧和力量的来源。在周代人文主义的映照下，巫术虽然不再占据政治、信仰乃至文化的主流，但是其中的一些特质却被保存下来。比如通过祭祀使先祖"来假来飨"，就与巫者通神极为相似。再比如，占筮中的易象亦渗透着巫术接受上天启示的意味。

（二）斋戒环节与如在的呈现

从礼乐的起源看，这一系统与祭祀有着密切的关系。西周礼乐包罗万象，涵盖了上至国家下至个人方方面面的事务，而祭祀依然是庞大礼乐体系的重要组成部分。一般来讲，祭祀的对象有天神、地祇和先祖。在周代这样一个以血缘宗法为主导的社会中，对先祖的祭祀更是重中之重。关于先祖的祭祀种类繁多，仪式形式也非常复杂，然而斋戒几乎贯穿在所有的祭祀先祖的仪式中。通过斋戒，祭祀的参与者就可以在祭祀之日使先祖"来假来飨"，以"如在"的形式在现实中显现出来。

1. "齐"的内涵

在礼乐传统中，逢大事皆祭先祖，而祭祖往往以斋为前提。先秦典籍中有不少因祭祖而斋的例子。（1）因迁庙或即位而斋。《大戴礼记·诸侯

---

① 〔英〕马林诺夫斯基：《巫术科学宗教与神话》，李安宅译，中国民间文艺出版社，1986，第77页。
② 〔法〕克洛德·莱维-斯特劳斯：《结构人类学》，谢维扬、俞宣孟译，上海译文出版社，1995，第178页。
③ 张光直：《人类历史上的巫教的一个初步定义》，《台湾大学考古人类学刊》第49期，1994。

迁庙》说:"成庙。将迁之新庙,君前徙三日齐,祝、宗人及从者皆齐。"(2)因巡守或战争而斋。《孔丛子·巡守篇》载天子巡守而返说:"归,反舍于外次,三日斋,亲告于祖祢,用特。"(3)因策命而斋。《礼记·祭统》载君王奖赏有功之臣,"必赐禄爵于大庙",礼毕,臣子"受书以归,而舍奠于其庙"。(4)因异象请旨而斋。晋文公出田,道遇大蛇,以为上天示警。刘向《新序·杂事二》则云:"还车反,宿斋三日请于庙。"(5)因疾病举祷而斋。如《史记·周本纪》记载武王病重:"周公乃祓斋,自为质,欲代武王,武王有瘳。"[①] 上古时期可谓无大事不祭,无大事不斋。除了日常的国家事务,在人的生命历程中的各个重要节点,如冠礼、婚礼,都需要祭祖——而祭往往不能离开斋。是故:"及时将祭,君子乃齐。齐之为言齐也。齐不齐以致齐者也。是以君子非有大事也,非有恭敬也,则不齐。"(《礼记·祭统》)此处的"齐"即斋。

关于"斋"字,《说文解字》卷一:"斋,戒洁也。从示,齐省声。"《说文解字注》:"戒洁也。《祭统》曰:'斋之为言齐也。齐不齐以致齐者也。'"在后世的文献中,"齐"与"斋"几乎是可以通用的。但是在先秦时期,据邱明波等考证,诸典籍中几乎惯用"齐",而不是"斋"。在汉代以后,基本不再用"齐"表"戒洁"义,而用"斋"字。[②] 这个说法基本上是可信的。越古老的文献使用"齐"的频率就越高。例如,《中庸》之中三次用到"齐"而无"斋",《诗经》《礼记》《周礼》等典籍的情况亦如此。"齐"与"斋"的使用存在一个由"齐"到"齐""斋"混用,再到"斋"的递嬗过程。《中庸》载:"鬼神之为德,其盛矣乎!视之而弗见,听之而弗闻,体物而不可遗。使天下之人齐明盛服,以承祭祀。洋洋乎!如在其上,如在其左右。"鬼神在日常生活中本距我们弥远,但是通过"齐",不可见的鬼神切近于"齐"者,如在其左右。可见,在《中庸》成文的年代,齐与祭祀相关。从这个角度看,"齐"这个字比我们今天所惯常理解的"斋"(饭食干净)的意涵要丰富得多。

在古典文献中,除了"洁"义,与祭祀相关的"齐"还有"一心"之义,通常与明相连,表示因心灵凝定而保有长久清明的境界。《礼记·祭

[①] 郑雯馨:《从祭祀类型谈东周的祭祖斋戒日程》,《政大中文学报》第27期,2017年。
[②] 邱明波等:《"齐"和"斋"用作"戒洁"义的断代界定》,《广西社会科学》2007年第12期。

义》有"定之之谓齐"之言,直接表明"齐"的"一心"之义。至于达到一心的过程,有"散齐"与"致齐"两个环节。散齐七日,"防其外之所惑",故曰"散齐七日以定之"。经过七日散齐,心灵摆脱了外物的干扰,具备了三日致齐的能力。致齐三日,"专其内之所思",达到心灵专一的境界。心灵专一往往与意识的清明相伴,故有《祭义》"齐者精明之至也"之言。《孝经》曰:"齐戒沐浴,明发不寐。"明与不寐相连,正凸显其与睡眠不同的清明之义。《国语·周语》有"其君齐明衷正",《荀子·修身》有"齐明而不竭",《中庸》有"齐明盛服",皆是齐与明连用,以表达心灵专一而清明的境界。

2. 斋戒中的禁忌

"齐"既然与心灵的凝定和清明相关,那么便需要一系列的禁忌以防止因身心走漏所导致的外邪入侵,这些要求多数包含在"散齐"与"致齐"的活动中。《论语·乡党》提出"齐必变食",其中一点就是不能茹荤。所谓"荤",指气味强烈的葱韭之属,这些东西容易刺激身心。除此之外,要保持饮食的纯净与无染,表现为"大羹不致,粢食不凿"(《左传·桓公二年》),即不调和五味,不追求精细。此外,还需要"食不语"等,这都与约束身心相关。

斋戒期间,斋戒者还会服下特殊的食物。《周礼·玉府》中记载天官有一项重要的工作就是为斋戒者提供可食之"玉"。《尚书·洪范》描述君王时说:"惟辟作福,惟辟作威,惟辟玉食。臣无有作福、作威、玉食。""食玉"是古代流行的一项传统。郑众认为"王齐当食玉屑"。"食玉"是王者斋戒时的一项特权。

此外,"齐"对于着装与处所也有具体的要求。其中对于着装,大概有玄衣与素服两种,以颜色对其进行区分。《周礼·司服》中提到:"大札、大荒、大灾,素服。……其齐服有玄端、素端。"在灾变与丧荒之中,执政者往往亦通过斋戒来应天。如《礼记·昏仪》提及日食与月食的时候,天子与后分别素服,修六官之职,重理天下阴阳之政教。此外,在丧礼之中,也一般着素服。与之相反,在祭礼之中,齐者一般着玄衣,即青黑色的衣服。例如在加冠礼中,所戴的帽子就是玄色,"玄冠单组缨,诸侯之齐冠也。玄冠綦组缨,士之齐冠也"(《礼记·玉藻》)。诸侯之齐冠与士之齐冠都是玄色。

至于处所，《祭义》称："致齐于内，散齐于外。""致齐"之时需处于内，也就是特定的斋戒处所。"散齐"之时则不需如此严格，不必处于特定的斋戒处所，而且还可以处理日常政务。在祭祀活动中，之所以强调要单设斋戒之处所，也就是所谓的"斋宫"或"斋室"，除了保持安静外，更根本的原因在于杜绝发生男女之事的可能。《礼记·内则》载："夫齐，则不入侧室之门。""侧室"是妻妾之寝室，"不入侧室之门"是说禁绝男女之事。礼乐传统不禁夫妇之道，但在斋戒的情况下，男女之事则在禁绝之列。这是因为，男女之事一方面使心灵散乱，另一方面使身中精气泄露，这都是不敬的体现。

除了禁绝男女之事外，《礼记·月令》还提出要"止声色"，即停止一切歌舞宴乐等扰乱心志之事。《祭统》载："及其将齐也，防其邪物，讫其嗜欲，耳不听乐，故《记》曰：齐者不乐。言不敢散其志也。"斋戒需要一其心志，外在之邪物与内在之嗜欲是干扰心志的主要因素，而声色乐舞有可能刺激主体而引发这些障碍，故"耳不听乐"。当然，斋戒之前必须沐浴更衣。《墨子·天志》称："天子有疾病祸祟，必斋戒沐浴。""齐"须沐浴更衣，因为唯有如此，才能体现对先祖的敬崇。

3. 如在的呈现

祭祀的对象是先祖，而斋戒则是前提和基本条件。斋戒包含着对心灵的要求，也包含着对身体行为的要求，甚至还包含着对衣物、食物以及居所的要求，这就和以身心修养与转化为内容的功夫实践联系了起来。

祭祀先祖的目的是与先祖相沟通。在祭祀者心中先祖是人世之外的鬼神，在这个意义上，祭祀实际上就是交通鬼神之道。《礼记·檀弓下》载："弁绖葛而葬，与神交之道也，有敬心焉。"弁是白色的祭冠，绖葛是在弁上扎上葛绖。葬礼之上戴着缠着葛绖的弁，这是和神明交往的方式。《礼记·郊特牲》载："笾豆之荐，水土之品也。不敢用常亵味而贵多品，所以交于神明之义也，非食味之道也。"这是说，祭祀时装盛在笾豆里的供品，也都是水中和土地上生长的。这些供品，不讲究可口的味道，也不追求品类繁多，原因在于它们是用来供奉神明的，其价值不在于迎合人的口味。又《礼记·杂记下》载："衅屋者，交神明之道也。"《礼记·祭统》载："诏祝于室而出于祊，此交神明之道也。"这都是在强调祭祀的规定皆在于交通神明。

第二章 如在与心体的超越向度

那么,在祭祀中,已逝的先祖以一种什么样的方式与人产生关联呢?《礼记·祭义》载:

> 致齐于内,散齐于外。齐之日,思其居处,思其笑语,思其志意,思其所乐,思其所嗜,齐三日,乃见其所为齐者。祭之日,入室僾然必有见乎其位;周还出户,肃然必有闻乎其容声;出户而听,忾然必有闻乎其叹息之声。是故先王之孝也,色不忘乎目,声不绝乎耳,心志嗜欲不忘乎心。致爱则存,致悫则著。著存不忘乎心,夫安得不敬乎?

首先经过七日"散齐",然后在"致齐"的三日内,昼夜居于室内,存思五事:(1)死者生前的起居之处,"思其居处";(2)死者生前的笑貌言语,"思其笑语";(3)死者生前的所思所念,"思其志意";(4)死者生前的好乐之物,"思其所乐";(5)死者生前的习性执着,"思其所嗜"。一般认为,这五个方面不是随意排列,而是遵从由浅入深的次序。经过三昼夜的存思,眼前真的会出现所要祭祀的先祖了。到了祭祀那一天,进入室内,恍惚之间便见到先祖居于神位之上;荐馔之时,祭祀者行步周旋或转身出户,心中憭然,仿佛听到先祖的音声;设荐结束之后,祭祀者出户静听,似乎还可听见先祖的喟然叹息。所谓先王的孝,主要是指先祖的容颜时刻呈现在眼前,先祖的音声时刻不离耳边,先祖的想法爱好时刻记在心上。这些做法发挥到极点,先祖的形象便会出现在眼前。这一由内心所构造、召摄的形象持续不散,才算是真正的恭敬。

对于儒家而言,祭祀是怀念先祖的一种仪式,但是祭祀的成功需以先祖影像的出现为标准。先祖的影像不仅是祭祀者心灵深处的意象,甚至还具有了可被感官觉知的性质。我们可以想象,这显然不是随便就可以做到的,祭祀者必然经受过一系列的身心训练,这从我们对斋戒含义的分析中可以看出。《礼记·祭义》这段话特别提出"散齐"和"致齐"。散齐可以在室外举行,七日之内不御、不乐、不吊,这已经有了收敛身心的效果。致齐需在室内举行,三天之中祭祀者需集中心力,思念先祖的居处、笑语、志意、所乐、所嗜,从而将先祖的影像召唤出来。这虽与真正的先祖有所差别,但确确实实又是思维、感官可把握的对象,故可称作"如在"。杨儒宾先生指出，《礼记·祭义》一文蕴含着天人之际功夫论的内涵，"由于祭典伦理要求阳世子孙需要观想、存念，以强烈的道德情感逼显先人的身影重现于斋戒的境域，所以这样的祭典伦理，也可以视为祭典的工夫论"[①]。

（三）占筮之象的影像义

占卜在上古的政治活动中占有极为重要的地位，关于占卜是否属于巫术，学术界意见不一。但是《周易》的占卜体系超越了巫术，则是不可否认的事实。这是因为《周易》的占卜依赖一套具有知识意义的象数体系，而不是直接以巫者为媒介交通神明。《周易》占卜的可能性有赖于占卜者对易象的解读，即通过对揲蓍成卦而得出的易象隐喻意义的揭示以预知未来。那么，易象是什么呢？我们认为，卦画仅仅是易象的数理结构而不是易象本身，乾龙、坤马等物象是易象的质料构成亦不是易象，易象是占卜者通过卦画和物象在意识中所形成的影像。

1. 易象及卦爻、物象非易象论

《系辞传》曰："易者，象也。""象"在易学中有着非常重要的地位。学者一般将易象分为三种类型，一指卦爻象，二指物象，三指法象、象征。卦爻象是核心，物象是卦爻象所指代的对象，法象则是取象的方法及原则。所谓卦爻象，指阴阳爻及其所组成的八卦、六十四卦体系。阴阳概念在中国古代典籍中多有出现，在《周易》中则以符号的形式展现出来。阴阳爻三画而为八卦，八卦为乾、坤、坎、离、震、巽、兑、艮，代表天地间八种最大的物象。八卦相荡而为六十四卦，六十四卦三百八十四爻，乃是从一个更为复杂的角度对万事万物进行模拟和解释。关于物象，《说卦传》有所总结，譬如乾为天、为圜、为君、为父，坤为地、为母、为布、为釜之类。关于法象、象征，《系辞传》有"拟诸其形容，象其物宜"之语，又有"分而为二以象两，挂一以象三"之言。即在抽象的卦爻符号与具体的物象之间搭起沟通的桥梁。按照这种理解，卦爻象相当于数理模型，物象相当于具体的参数，将参数输入模型中推演，即可模拟外在天地万物的变化。

按照一般的理解，卦爻符号即象，即卦爻象。朱子曾提出："大抵《易》

[①] 杨儒宾：《恍惚的伦理——先秦儒家工夫论之源》，载王正主编《儒家工夫论》，华文出版社，2018，第20页。

之本，本为卜筮而作，故其词必根于象数，而非圣人己意之所为。其所劝戒，亦以施诸筮得此卦此爻之人。近世言《易》者殊不知此，所以其说虽有义理而无情理。"①《易》为卜筮而作，这大概是学者们的一个共识。卦爻符号的得出并不是随意排列，而是由揲蓍得卦而成。根据大衍筮法，"四营而成易，十有八变而成卦"，七、九、八、六分别代表少阳、太阳、少阴、太阴。卦爻符号与其说是象，不如说是数。这从近世出土的数字卦也可得到说明。随着相关文献的出土，从20世纪70年代开始，一批学者陆续发表了不少关于数字卦的文章，其中张政烺先生的研究非常有代表性。张政烺先生"按照奇数是阳爻、偶数是阴爻的原则"，把"周原卜甲上的数字变成阴阳爻"。例如他所公布的第一个数字卦"六八一一五一"即乾下震上的大壮卦，第二个数字卦"五一一六八一"即震下乾上的无妄卦。以此类推，六组数字对应六个卦。② 张政烺先生的论文发表之后，学者们展开了热烈的讨论。虽有学者指出这种对应失之简单，但目前大多数学者都已认可数字卦与六十四卦符号之间存在紧密的关联。数字卦与六十四卦之间对应关系的确定，足以说明卦爻象非象而是数。

　　既然卦爻象是数，那么物象是不是真正意义上的易象呢？在《周易》中，我们确实能够找到以物为象的表达。比如小过卦象辞"有飞鸟之象也"，《系辞传》"在天成象，在地成形"，皆是以物为象。但是，真正意义上的易象则是由人设立。《系辞传》载："圣人有以见天下之赜，而拟诸其形容，象其物宜，是故谓之象。"又载："是故夫象，圣人有以见天下之赜，而拟诸其形容，象其物宜，是故谓之象。"这两段文字意义相同。"赜"有两义，一指幽深难见，一指杂乱冗闹，前义为长。"物宜"指事物的性质和规律。圣人洞见到了事物幽深玄远的本质，以可知的方式将其表现出来，这种表达虽然不是事物本身，但符合其性质、规律，这就是易之象。《系辞传》中载有关于圣人之意是否可表达的讨论。文中自设问题："书不尽言，言不尽意，然则圣人之意其不可见乎？"其回答是："圣人立象以尽意，设卦以尽情伪，系辞焉以尽其言……"象由圣人而"立"，用以表达圣人之

---

① 转引自钱穆《朱子新学案》第4册，三民书局，1989，第35页。
② 张政烺：《试释周初青铜器铭文中的易卦》，载黄寿祺、张善文编《周易研究论文集》第1辑，北京师范大学出版社，1987，第550—551页。

意。由此可知，物象虽然在某种意义上也可称作象，但这只是方便的称呼，并非真正意义上的易象。

2. 易象的影像义

这样看来，传统认为的卦爻象是数而非象，物象也不是严格意义上的易象，那么易象到底是什么呢？卦爻象和物象又有什么价值和意义呢？帛书《周易·要》载："子曰：《易》，我后其祝卜矣！我观其德义耳也。幽赞而达乎数，明数而达乎德，又仁守者而义行之耳。赞而不达乎数，则其为之巫，数而不达于德，则其为之史。史巫之筮，向之而未也，好之而非也。"① 孔子认为，对于易的研究存在三种路向：一是巫者的路向，一是史官的路向，一是自己的路向。孔子自身研究《周易》的路向暂且搁置，巫者的路向乃是通过幽赞达成的，史官的路向乃是通过数达成的。通行本《周易》亦有"幽赞""数"这样的名词，《说卦传》载："昔者圣人之作易也，幽赞于神明而生蓍，三天两地而倚数，观变于阴阳而立卦。"所谓"幽赞"，韩康伯曰："幽，深也。赞，明也。"《周易正义》（以下简称《正义》）曰："幽者，隐而难见，故训为深也。赞者，佐而助成，而令微者得著，故训为明也。"② 这是说通过一定的方法使幽深难见之物显现出来，这段话所强调的方法即"用蓍求卦之法"。严格而论，"用蓍求卦之法"已经涉及了数。按照《要》篇的说法，"赞而不达乎数，则其为之巫"，巫者乃是用异于数的方法将幽深难见的神明显现出来，史官则是用数的方法达成这一境界。

日本学者池田知久认为"幽赞"的意思是"深明咒术、宗教的'神明'世界"③，这就与巫者交通神明的方式联系了起来。至于"幽赞而达乎数"，池田知久认为，即"以人间的咒术、宗教的东西为出发点"，将它导入《易》的数理系统中。④ 为了弄清楚在这一导入过程中发生了什么，我们有必要考察一下《系辞传》的"大衍筮法"。《系辞传》曰：

---

① 引文用宽式，该书余同。邓球柏：《帛书周易校释》，湖南人民出版社，2002，第573页。
② 《周易正义》，李学勤主编《十三经注疏》，北京大学出版社，1999，第323页。
③ 〔日〕池田知久：《马王堆汉墓帛书〈周易〉之〈要〉篇释文》（下），牛建科译，《周易研究》1997年第3期。
④ 〔日〕池田知久：《马王堆汉墓帛书〈周易〉之〈要〉篇释文》（下），《周易研究》1997年第3期。

第二章 如在与心体的超越向度

> 大衍之数五十，其用四十有九。分而为二以象两，挂一以象三，揲之以四以象四时，归奇于扐以象闰，五岁再闰，故再扐而后挂。乾之策二百一十有六，坤之策百四十有四，凡三百有六十，当期之日。二篇之策，万有一千五百二十，当万物之数也。是故四营而成易，十有八变而成卦。八卦而小成。引而伸之，触类而长之，天下之能事毕矣。

实际上，大衍筮法乃是利用蓍草进行占卜的方法，即运用蓍草按照一定的排列次序得出数字组合，再将这些数字转变为阴阳卦爻符号，在此基础上结合《周易》的卦爻辞做出吉凶判断的方法。值得关注的是，大衍筮法揲蓍成卦的程序是以天地的衍生次序为根据的。譬如"大衍之数五十，其用四十有九"，京房云："五十者，谓十日、十二辰、二十八宿也，凡五十。其一不用者，天之生气，将欲以虚来实，故用四十九焉。"[①] "分而为二以象两"，则与天地开辟相关。"挂一以象三"，乃是从天数中分出人数，以象天地人三才。至于"揲之以四以象四时，归奇于扐以象闰，五岁再闰，故再扐而后挂"，无疑与四季、年闰相关。乾策、坤策，相当于一年之数。《周易》六十四卦之策，则是一万一千五百二十，相当于万物之数。这是说，大衍筮法的数理推演涵纳了天地万物的衍生过程。那么，这在占卜中有什么意义呢？《周易》认为，天地之间的万物无不与天地本身按照某种相似的律动运转，大衍筮法对天地次序的表征实际上亦可作为对具体事件发展趋势的模拟。只要占卜者得出一个数，通过这个数即可了知某一事件的未来发展状态。问题是，如何做到这一点呢？

后世占卜的思路在于将数尽量精密化，于是天干、地支、阴阳五行等与数相关的因素都被纳入其中，占卜犹如解方程式。然而大衍筮法并非如此，而是和《周易》卦爻辞相联系，直接做出预测。这在《国语》及《左传》所存的筮例中可以看出。《系辞传》载："八卦成列，象在其中矣。"一般认为，"八卦成列"有两种解释：一是乾、坤、艮、兑、震、巽、坎、离八个卦按照一定的次序排列出来；一是乾、坤等八个三爻卦通过一定的方式衍生出来。由于《系辞传》载有"易有太极，是生两仪，两仪生四象，

[①] 《周易正义》，李学勤主编《十三经注疏》，北京大学出版社，1999，第279页。

四象生八卦"之言，以及大衍筮法揲蓍成卦之说，当以后义为长。至于"象在其中"，一说是万物之象在八卦之中，一说是圣人所见的吉凶之象。按照《周易》经文及《系辞传》多言吉凶的状况，同样是后义为长。这样结合起来即是说，卦爻符号中包含事物吉凶之象。这个象，应该是某种意义下的图像，而不是抽象之象。我们下面引用《国语》中的筮例以说明这一点。

《国语·晋语四》记载了一则"重耳亲筮得晋国"的故事。此事发生在鲁僖公二十四年（前636），晋公子重耳想借秦国的力量取得晋国，亲自用《周易》占了一卦，起卦曰："尚有晋国？"即占问是否可登晋国大宝。"得贞屯悔豫，皆八也。"遇到屯卦，初爻由阳变阴，第四爻由阴变阳，第五爻由阳变阴，变成豫卦。筮史据卦象论断吉凶，认为"闭而不通"，故有不吉之断。屯卦坎上震下，豫卦震上坤下。震有车象，坎有险象，坤则为地象。从卦象上看，由屯之豫是表示车在地的上面，而车下有险，有闭塞不通之象。所以，"筮史占之，皆曰：不吉"。巫和史都说不吉。而司空季子则有不同的意见，他根据卦名及卦象综合分析，并参之以《周易》本卦、变卦二卦的卦爻辞，得出截然相反的结论：此卦大吉。

首先，他指出此次占卜以"尚有晋国"为问，如果不是拥有晋国，以携辅王室，"安能建侯？"而屯、豫卦辞皆有"利建侯"一句，"是在《周易》，皆'利建侯'"，"筮告我曰'利建侯'，得国之务也，吉孰大焉！"现在《周易》屯、豫卦辞明明白白告诉大家"利建侯"，这显然是重耳将要做侯的吉兆。其次，他又从卦象的角度指出，"震车也，坎水也，坤土也"，屯、豫二卦展现出了有兵车、有土地、有河流、有物资的景象。加上"屯，厚也；豫，乐也"，上下和顺。"车班外内，顺以训之，泉原以资之，土厚而乐其实。不有晋国，何以当之？"

具体讲来，他先以屯卦卦象解释卦名，指出"震，雷也，车也；坎，劳也，水也，众也"。则下震上坎的屯卦，有威力似雷的兵车，"主雷与车"且"车有震武"，代表充足的武备；有从之如流水的人民，"尚水与众"，且"众顺文也"，代表和顺的文德。"文武具，厚之至也"，文武兼备，势力丰厚，"故曰屯"。屯卦卦辞为"元亨利贞，勿用有攸往，利建侯"。司空季子又以卦象解释：屯下卦为震，象征威力，有此威力，可以为诸侯长，"主震雷，长也，故曰元"，正与"元"字的含义相同；上卦为坎，坎以流水喻顺命之义，"众而顺，嘉也，故曰亨"，与"亨"字相合；屯卦下卦既象征雷霆的威力，则可引申为有利的强而固的条件，"内有震雷，故曰利贞"，与"利贞"相合；不过屯卦震在坎下，有险阻之象，"车上水下，必伯"。司空季子认为，这应在小事之上，"小事不济，壅也"。至于"勿用有攸往"之语，则指一人而言，"一夫之行也"。对于重耳所占的人事，则是"众顺而有武威，故曰'利建侯'"。

另外，他还以豫卦卦象解释卦名，指出"坤，母也。震，长男也"。那么下坤上震的豫则是母老子强之象，这有和乐之意，"母老子强，故曰豫"。豫卦卦辞有"利建侯行师"一句，他又以卦象解释，豫下坤上震，象征有土地有兵车，如此必有国而为侯。而且处于本国则安乐，出而征伐则威武，所以他说："其繇曰：'利建侯行师。'居乐、出威之谓也。是二者，得国之卦也。"在司空季子看来，综合以上分析，自然可以证明重耳将要得国做侯的论断。

这则筮例是由卦爻象联系到卦爻辞，再由卦爻辞联系具体占筮以做出或吉或凶之论断，《左传》《国语》之中其他的筮例也大体如此。由卦爻象联系到卦爻辞，实际上是利用卦画结构、物象分类、卦爻内涵以形成特定的图式，由图式以断吉凶。由于每一卦都包含有大量不同的具体之象，比如"乾为天、为圜、为君、为父、为玉、为金、为寒、为冰、为大赤、为良马、为瘠马、为驳马、为木果"（《说卦传》）等，再加上对卦画结构的不同理解，对于占筮所得的同一卦，占筮者可以构造出不同的图式，分别指代吉凶的不同方向。比如同样对于贞屯悔豫，筮史得出凶兆，司空季子则得出吉兆。这似乎可以说明，《周易》的占卜，多出于主观臆测。如果对于卦爻所指代物象的选择出于主观，对卦画结构的解读也出于主观，那么占筮的结果自然也无准确性可言。除此之外，还有没有其他解释的可能性呢？

《系辞传》有"见乃谓之象"之语，王振复先生的解释非常有意思："这一著名的巫学兼哲学命题是说，'见（现）'之于心的便是易筮的巫象。巫象作为心灵意象，有类于现象学意义之胡塞尔'意向性'的'意向'。它是巫性之象的时间运动。"[①] 这一解释将象与巫术、现象学联系在了一起，将象解释为现之于心的巫象。前面我们指出过，巫术在交通神明时，会在

---

① 王振复：《时间现象学：〈周易〉的巫性"时"问题》，《社会科学战线》2019年第4期。

恍惚之中将神明的形象呈现出来。这种形象并非空想，它具有主观想象所不具有的明晰性和坚固性。但它又不同于实物，因而是介于有无之间的一种"如在"。这样看来，此处所谓的象即如同巫者所沟通的神明一般的"如在"。

如果对象做这种解释，一系列问题便可以迎刃而解。比如《周易》中的"幽赞"概念，显然是巫者将神明的形象在意识中清晰地显现出来。我们常说，《周易》和一般占筮的不同乃是依据一个完整的知识体系。到底如何依据这个知识体系，能够讲清楚的实属罕见。这套知识体系主要由三部分组成：以卦爻符号为表征的卦象、乾龙坤马等物象，以及卦爻辞。这些因素乃是能够贯通神明的圣人所留，借助它们，人们可重复这些圣人的经历，即形成"象"。换句话说，圣人具有凭空造象的能力，后人则可以依据数、物象乃至关于圣人所造之象的表述来造象。这无疑降低了造象的难度。但是我们发现，即使在《左传》那个时期，人们也已经不具备借助卦爻、物象而形成"如在"之象的能力，他们所成的象多是主观臆测，故有诸多分歧。

当然，由于资料和具体论证的不足，我们的结论不免突兀。如果我们能够从人类学的角度，对于具体的占卜过程进行观察和体验，相信应该能够找到进一步的支撑之物。《易传》之中有多处"斋戒"之词，说明占卜活动与斋戒有着密切的关系。朱子《周易本义》中有"筮仪"之说：卜筮活动要在特定的房间（蓍室）中举行，在正式占筮之前，先要洒扫拂拭，筮者斋洁衣冠，盥手焚香。除此之外，尚需进行祷告："假尔泰筮有常，假尔泰筮有常。某官姓名，今以某事云云，未知可否，爰质所疑于神于灵。吉凶得失、悔吝忧虞，惟尔有神，尚明告之。"（《周易本义》）这一系列的过程，显然包含着收敛身心的功夫意味。而由此所得出的卦象，亦当有实在的性质。

总之，交通神明是巫术的主要功能之一，在这一过程中巫者是交通神明的媒介，由巫者实现人神之间的沟通。在西周所建立的礼乐系统中，祭祀具有极为重要的地位，尤其是对于先祖的祭祀更是重中之重。祭祀先祖乃是主祭祀人将先祖以影像的方式呈现在神主上。这一过程有两点需要注意：一是先祖的影像乃是介于现实和想象之间的存在物，具有某种超越的意味；二是影像的呈现基于祭祀者一系列的斋戒活动，这些活动包含着约束、锻炼身心的内容。除此之外，占卜在于通过一定的技术操作来预知未来，这与巫术的交通神明具有某种相似性。在《周易》的占卜系统中有"易象"概念，易象既不是卦画也不是物象，而是主体通过卦画、物象而在意识中所形成的影像，这种影像与祭祀所获得的先祖的影像在性质上是一致的，而这种影像的获得亦取决于主体的特定身心状况。

（四）"如在"概念的含义及现象学分析

《礼记》一再强调，祭祀乃是"交神明之道"，《周易》的占卜也有聆听上天启示的意味。因此，"如在"概念不可避免地与鬼神观念联系在了一起。另外，无论"如在"具备何种规定，它总是意识中所呈现的事物，我们不妨从现象学的角度对此概念进行分析，揭示它存在的深层意识根据。

1. 如在与鬼神观念

《礼记》多记载孔子与其弟子关于礼乐的答问，可以说是孔门礼论。《礼记》有关于祭祀的记载，也有不少关于鬼神的记载。孔子对待鬼神的态度是非常理性的，他既不否认鬼神的存在，也不从理论及经验的角度证明鬼神的存在。他只是遵守周礼与鬼神交通的仪式，修炼自己内在的心性。《礼记》记载了不少孔子论及鬼神的言语，这或许是在日常生活中与弟子谈及鬼神的记录，也有可能是弟子参合时代观念的发挥。《礼记·祭义》载：

> 宰我曰：吾闻鬼神之名，不知其所谓。子曰：气也者，神之盛也；魄也者，鬼之盛也。合鬼与神，教之至也。众生必死，死必归土，此之谓鬼。骨肉毙于下阴为野土，其气发扬于上为昭明，焄蒿凄怆，此百物之精也，神之著也。因物之精，制为之极，明命鬼神，以为黔首则，百众以畏，万民以服。

宰我问鬼神之名的含义，孔子从气和魄谈起。气魄即魂魄，《礼记·郊特牲》有"魂气归于天，形魄归于地"之言，魂和气连用，形和魄连用，分别表示身心之中轻清和重浊的一面。神即人之轻清一面的表征，鬼即人之重浊一面的表征。人死亡之后，重浊的一面归于尘土，即被称作鬼；而轻清的一面升腾而上，焕发出光明，使人凄然有所触动，这种众物之精华即被称作神。需要说明的是，神和鬼所对应的并不是精神和肉体，它们都是肉体之中的精华，在肉身死亡而阴为野土之后才被释放出来。圣人根据鬼神这种众物之精的特征，给予它们名称，制作万民遵守的法则，成为教化的终极根据。

在此基础上，"筑为宫室，设为宗祧"（《礼记·祭义》），以与鬼神的亲疏远近而制定人世间的亲疏远近，由于"教民反古复始，不忘其所由生"（《礼记·祭义》），所以在现实中"众之服自此，故听且速也"（《礼记·祭义》）。"教民反古复始"的手段是"报以二礼"，即祭祀鬼和神。祭神之法为"燔燎膻芗"（《礼记·祭记》），即通过烧烤肉类和谷物来飨神。祭鬼之法为"荐黍稷，羞肝、肺、首、心"（《礼记·祭义》），即通过献上黍稷以及牺牲的肝、肺、头、心来飨鬼。除此之外，尚有种种作为，都是报答鬼神之道。通过这些仪式，培养出人们"反古复始，不忘其所由生"（《礼记·祭记》）的态度，以作为教化的根基。然而这些仪式得以有效，取决于人们对于先祖之鬼神的真实觉受。因此，凝聚升于天上的先祖之气和归于地下的先祖之魄，形成能够为后代子孙所感受到的影像，乃是祭祀仪式的核心任务。这样看来，从《礼记》的角度言，先祖已散的气魄乃是如在的构成因素。

宋儒继承了这种观念，从魂魄的角度解释祭祀中子孙对先祖存在的感应问题。朱子在论及魂魄时与《礼记》的理路一样，只是其关键词不是形神而是阴阳。朱子认为，人之身体有形有气，形是阴之一面而气是阳之一面。他说："气曰魂，体曰魄。"这并不是直接将人之身体气之一面当作魂，将形之一面当作气，而是说魂和魄分别属于气和形的范畴。他引高诱《淮南子注》"魂者，阳之神；魄者，阴之神"之言，又说"所谓神者，以其主乎形气也"，显然将魂魄视为比人之气形更为本原、更为精微的两种存在。人作为一个生命体能够生存在这个世间，在于精气的汇聚，"人所以生，精气聚也"。但是气聚终归于散，"人只有许多气，须有个尽时"，气散之时即意味着人之生命走向了尽头。这个尽头虽然意味着生命的终结，但同时也是主宰这个身体的魂魄独立出来的时刻，"尽则魂气归于天，形魄归于地而死矣"。所谓祭祀之中感格先祖，即将散失于天壤之中的魂魄凝聚起来。这与《礼记》的理路是一致的。然而，朱子将魂魄归于阴阳二气，并反对世俗意义上的鬼神观念，"然已散者不复聚，释氏却谓人死为鬼，鬼复为人。

如此，则天地间常只是许多人来来去去，更不由造化生生，必无是理"①。这显然是其理气本体论在鬼神观念上的运用。

朱子的这个说法固然很精妙，但也随之衍生不少问题。有弟子问："人死则魂魄升降，日渐散而不复聚矣。然人之祀祖先，却有所谓'来假来享'，此理如何？"朱子回答："若是诚心感格，彼之魂气未尽散，岂不来享？"这是说人死之后气终归于散尽，然而一时之间又未必散尽，故祭祀有感格之理。然而弟子继续问："如周以后稷为始祖，以帝喾为所自出之帝，子孙相去未远，尚可感格。至于成康以后千有余年，岂复有未散者而来享之乎？"既然魂魄皆是气，而感格先祖乃是将这些气凝聚显现出来，那么远古的祖先气已散尽，又如何感格呢？对于这个问题，朱子的回答就比较含糊了："人死，气亦未便散得尽，故祭祖先有感格之理。若世次久远，气之有无不可知。然奉祭祀者既是他子孙，必竟只是这一气相传下来，若能极其诚敬，则亦有感通之理。"② 一方面朱子认为人之气未散尽，故祭祀中有感格先祖的可能；另一方面认为久远时期的先祖之气是否散尽不可知，然而由于祭祀者与先祖具有血脉相承的关系，自然可以感格得来。这似乎是说感格而来的先祖未必是先祖魂魄之气的凝聚，只要对先祖有个念想自然可以无中生有。这显然已经触及意识自身构造影像的问题了。

2. 影像意识的现象学分析

在祭祀活动中，有先祖"来假来飨"的独特影像；在占卜活动中，有作为易象的意象。下面我们不妨运用现象学的方法，尝试去弄清这种与我们的日常意识状态迥然有别的影像意识到底是一种什么样的状态？它和日常的或一般的意识状态的区别在哪里？它是否可能，或者说，如何可能呢？其之所以可能的根据何在呢？我们可以先来列举几类日常生活中常见的意识状态，并把它们和影像意识做个比照，借此来发现它们之间的异同和关联。

（1）感官知觉，比如先祖在世时和先祖的面对面相视。这类意识状态的特点是，被知觉到的对象（眼前的先祖、茶杯、茶壶等等）当下实际存在。（2）回忆，比如先祖去世后对先祖的回忆。其特点在于，被回想起的

---

① （宋）黎靖德编《朱子语类》，中华书局，1986，第38页。
② （宋）黎靖德编《朱子语类》，中华书局，1986，第38页。

对象过去实际存在，而当下并不存在。（3）图像意识，比如观摩先祖的画像。图像意识比较特别，在这种意识活动中，画像本身被我们的感官直接感知到，所看到的图像是当下实际存在的。但是，在图像意识中，我们所观照的对象并不是某个现实存在的画像，而是借由这个画像去观照画中的人与物。比如，我们借着先祖画像去观想先祖，画像只是观想的媒介，却并非观想的对象。在此，作为媒介的图像当下存在，而图像意识的对象并不当下存在。（4）想象，比如我们或许从未见过先祖，而只是想象他的样子。想象的特点在于，被设想的对象或许曾经存在（比如先祖），或许压根就不存在（比如兔角），但无论如何，它们都不当下存在。想象与图像意识的区别在于，想象并没有某个图像作为媒介。

以上四种意识活动都是很常见的，都是我们日常生活中所具有的意识状态。而影像意识却超出了日常的意识状态，是一种非正常的，或者说，超常的意识状态。它有什么特点呢？它和以上四种正常意识状态有哪些异同呢？我们或许可以做如下比对：

（1）影像意识不是日常的感官知觉活动，但是在影像意识中，所显现的对象又被认定是当下真实存在的，正如正常知觉活动的对象那样。也就是说，影像意识并不把它的对象当成影像，而是当成真实的存在，当成"如在"，一如被正常知觉到的存在。这样看来，用"影像"这个词来描述这种特别的意识对象，似乎并不是完全合适的。

（2）影像意识不是回忆。因为在回忆中，我们清楚地知道，所忆想起的对象只是过去存在，而并不当下存在。而影像意识则认定其对象的当下存在、当下活生生地显现。

（3）影像意识或许应该被认定为一种特殊的想象。它相对于一般的想象活动的特殊性表现在两个方面：①想象活动不认定想象对象的当下存在（比如所设想的兔角或先祖当下不存在），影像则认定其对象当下切实存在；②想象活动很可能是一种主动的设想，影像意识却是一种接受性的想象活动。比如，幼儿园的老师向学生布置作业，让学生画一只小狗。这时，小朋友们展开了丰富的想象，这些想象活动是主动为之、积极为之，甚至是刻意为之的。但在影像意识中，我们不去积极地构想一个对象，而只是去接受对象的显现。正如在感官知觉活动中，我们的感官只是接受客观对象的呈现，这个被知觉的对象不是我们用头脑主动地构想出来的。同样，在影像意识中，对象不是我们积极主动地想象出来的，而是对象本身主动地向我们展示出来。我们不再主动地想象先祖或佛祖的音容举止，而是先祖或佛祖主动开显、主动地向我们呈现，仿若被知觉到那样。

（4）影像意识是直接的，而图像意识是间接的。在影像意识中，我们直接地"看到"先祖的显现；而在图像意识中，我们是要通过观摩先祖的画像来间接地想到先祖。

经过以上比照，我们来做个小结。影像意识是一种直接地接受其对象显现，而又认定其对象当下真实存在的意识状态。就其直接性而言，它有别于图像意识；就其单纯接受性而言，它有别于一般的、主动的想象；就其认定其对象的当下存在而言，它有别于回忆，而近乎感官知觉。因此，对先祖的影像意识活动超出了对先祖的回忆、想象以及对先祖画像的观摩，而恍若达到了对先祖的当下切身知觉，即先祖的如在。

但这种影像意识在根本上是如何可能的呢？影像意识从根本上来讲是一种特殊的想象，它又怎么能够认定其对象当下真实存在呢？为回答这些疑问，或许我们应该思考这样一个更为普遍的问题，即一般而言，意识是如何认定它的对象存在或不存在的呢？

我们从感官知觉的例子来开始思考。在日常生活中，如果问，凭什么说眼前的这本书存在呢？我们会说，很简单呀，我看到了它，我对它的看印证着它的存在。但是我看到的到底是什么呢？我注视着这本书，翻看着它的正面、反面、前面、后面和外面、里面；我触摸着这本书，我的手感觉到它平滑的表面、感受到些许的凉意；我翻开里页，把它送到鼻口，嗅到了纸张的味道；如此等等。在这些感官活动中，我接受着这本书带给我的感觉。在物理学家看来，因为首先存在着一本客观的书，它刺激着我的感官，因此，我才拥有着关于它的感觉。但是，我们有什么理由来事先认定一本客观存在的书呢？难道不是恰恰相反吗？也就是说，我们先拥有着这些感觉，我们只是依据这些主观的感觉，而认定一本客观的书存在。在认识的次第上，是先有主观的感觉，再有客观的实在对象；先有对一本书的"看"，再有被看到的客观的书。这些主观的感觉是不断变化的，甚至是因人而异、因时而异的，但是这本书的客观存在是不变的。

在此我们看到，书的客观存在不等于主观感觉的混合，书的客观存在总是超越了这些主观的感觉，我们凭着这些主观的感觉来认定这本书的客观存在。在存在与感官知觉之间，我们其实可以发现一条鸿沟。而且，这样一种区分不仅存在于知觉活动中，还存在于所有的意识类型中，比如回忆、想象、图像意识等。可以说，主观的意识活动是首要的，客观的实在是次要的，绝对的客观实在总是不能直接呈现，我们总是需要依据主观的意识活动来判定意识对象是否实在。

这一方面让我们认识到，哪怕在感官知觉活动中，我们也没有绝对的理由来认定知觉对象（一张桌子、一幅画、一棵树等）的绝然实在。而另一方面，我们也认识到，哪怕在想象活动中，我们也并非绝无根据地去做出关于客观实在的认定。我们把兔角的样子想象得愈发真实，我们就愈发倾向于认定：兔角也是存在的。同样，在影像活动中，我们做出先祖当下存在、真佛当下存在的认定总是可能的。也就是说，我们可以依据主观上所构想出的关于先祖、真佛的音容相貌，来认定先祖、真佛当下客观真实地存在着。影像意识或许与感官知觉相矛盾，因为影像意识认定先祖当下真实存在，而感官知觉却认定先祖已逝、不再真实存在。从正常的感官知觉的角度，我们或许会认为影像意识是不可能的、荒诞的；但是从我们的意识运作方式上来看，影像意识认定其对象真实存在这一点，在本质上，即在理想的情况下，是可能的。因为影像意识，在本质上，也遵循着我们的意识活动认识对象、认定对象是否真实存在的运行方式。

现在让我们来思考另外一个问题，即意识如何从一般的正常状态跳跃到这种超常的影像意识中呢？当先祖早已逝去，如何又能够到达先祖如在的境地呢？我们可以用下面的公式来表达这种从正常到超常的跳跃：

回忆+想象+图像意识──▶影像意识

也就是说，通过回忆先祖的音容举止，想象先祖的相貌仪容，观摩并记忆先祖的画像，将我们的意识状态最大可能地集中于此，而不关注他物，我们或许终究能达到类似于感官知觉的影像意识状态。

回忆、想象、图像意识，在此表现为积极主动的活动，我们积极主动地、尽可能全面而充分地去设想先祖的方方面面，而这些意识活动又逐步沉积到我们的潜意识中，沉积到意识的幽隐处。而一旦达到某个突破点，意识转而不再需要这些主动的设想、主动的联想。原先逐步沉积在潜意识中的画面开始主动地生发，而且是以再构造、再加工的方式生发，而不是简单地重复以前的所思所想。这时候，先祖似乎"活"了起来，先祖开始转而主动地向我显现，向我吐露心声，向我表达他的心绪、愿望和嘱托，正像他在世时与我面对面相谈一样。

如果说先前的回忆、想象、图像意识是一种主动的、从我开始的联想，那么影像意识则是一种被动的联想，一种"忘我"的联想。这种从主动联想到被动联想的转变同样反映了意识的运行方式。比如，在日常生活中，我们长时间地听一首相同的歌，让这首歌无限循环。足够长时间之后，我们关掉音乐。而在之后的某个时刻，我的头脑中又出现了这首歌的旋律，旋律是那么地真实生动，以至于我一时无法判定，我现在是真实地听着它，还是只是"大脑在回放"它。这种状态，与上面所谈的关于先祖的影像意识，是非常相像的，它们都属于非常规的意识类型。

从主动联想到被动联想的转变、从正常意识状态到超常的影像意识状态的转变，只是一种可能性，或者可以说，是程度很高的可能性。但是，它不是一种必然性，这种转变并不是必然会发生的。也就是说，意识一直处于正常状态，也是可能的。

上面，我们通过把影像意识与其他的正常意识相比照，简单陈述了它们之间的异同。之后我们又讨论了影像意识的可能性问题，指出了以下两点：（1）影像意识所达到的如在状态，在本质上（在理想情况下），是可能的；（2）影像意识的现实发生，在本质上，不是必然的。儒家借助一些特殊的仪式，依靠主体身心的特殊训练，在现实中使如在状态成为可能。这使儒家思想具有了某种宗教性。

二　从如在到心体与合外内之道

我们将祭祀先祖的影像以及易象都称作如在。如在与意识相关，是意识构造出来的意象。但又不是一般的意象，而是具有超越一般意象的"真实度"，即能给人某种感官上恍恍惚惚的存在感受。在祭祀以及占卜仪式中，如在的呈现当然非常关键，但是儒家的关注点并不在此，而是在如在之所以呈现的心灵境界。他们认为，这一心灵境界才具有与天道关联的根本意义。当然，早期儒家也不排斥如在本身，而是将其视为与天道贯通的另一维度。合外内之道是他们的基本态度。宋明儒家进一步凸显了如在的另一面，即心体的独立意义。

（一）心体的发现与儒家的立场

无论是祭祀之中先祖"来假来飨"，还是占卜中意象的出现，都不是一件容易的事，其中包含着大量的技术性操作以及主体身心某种特殊状态的要求。当然，其中所蕴含的价值也是不言而喻的。祭祀中祖考"来假来飨"，意味着以血缘为纽带的宗法封建制度有了终极的保障；占卜中作为易象的意象生成，也为预知未来提供了最直接的启示。但是，儒家并没有把这些技术性操作的成功当作终极目的，而是以此为媒介导向了心性本体的领域，并在其中发现了与天道相贯通的无限意义。

1. 君子之儒与小人之儒

胡适先生在1934年发表了《说儒》一文，该文材料丰富、观点新奇，在学术界引起极大的争议。《说儒》讨论了一系列重大的问题，比如"儒"的起源问题、"儒"的职业问题，以及孔子的伟大贡献等。胡适先生认为，最初的"儒"是殷商之遗民，服殷服，守殷礼，遵奉柔逊的人生态度。"儒"精通礼乐仪式，以治丧相礼为职业。孔子也是殷商遗民，应"五百年必有王者兴"的预言，在当时被认为是应运而生的圣者。孔子的贡献一方面在于将"儒"的范围扩大，把殷商部落性的"儒"诠释为"仁以为己任"的儒；另一方面改变了"儒"的人生态度，把柔懦的"儒"改变为刚毅进取的"儒"。在关于这些重大问题的讨论中，胡适先生对君子之儒和小人之儒的区别格外重视。这个专题不仅涉及儒者的职业问题，同时也涉及由孔子开始的儒家思想体系的转向问题。

胡适先生指出，小人之儒有以下几个特点：第一，他们不务农、不作务，常常陷于饥寒冻馁之中；第二，由于衣食不济常常受人嘲笑，但坚守自己的职业，存有一种倨傲的遗风；第三，他们的职业与礼仪相关，尤其是丧祭大事，通常请他们主持。他们奉行"久丧"之制。在这些特点中，最关键的即"相礼"这个职业，最初的"儒"以礼乐知识为其衣食之源。至于何谓君子之儒，胡适先生处理得就非常含糊了。他认为，无论是君子之儒还是小人之儒，都依靠礼乐知识作为衣食之源，"其实一切儒，无论君子儒与小人儒，品格尽管有高低，生活的路子是一样的，他们都靠他们的礼教的知识为衣食之端"。他在有些地方强调，君子之儒和小人之儒的区别仅在于能否在其职业生涯中保持品格和气节。小人之儒把"相礼"完全作为衣食工具,为了获得相应的利益可以抛弃节操和人格;君子之儒不然,他们能够在"相礼"的行为中保持人格的独立性。在有些地方胡适先生又强调,君子之儒和小人之儒的区别在于能否明白礼乐的真正意义。在丧事里指手画脚地评量礼节,较量袭裘与裼裘的得失,争辩小敛之奠应在东方或在西方,那就是小人之儒;君子之儒则是能够明白礼乐的深意,从而能够超越具体的礼仪规定而保持超然的态度。[①]

《论语·雍也》载孔子训及子夏之言:"女为君子儒,无为小人儒!"君子之儒与小人之儒的说法与这一段话相关。《论语》中有大量论及君子与小人之别的言语,多从品格及道德的角度立论。譬如"君子周而不比,小人比而不周"(《论语·为政》),"君子坦荡荡,小人长戚戚"(《论语·述而》),"君子泰而不骄,小人骄而不泰"(《论语·子路》),"君子而不仁者有矣夫,未有小人而仁者也"(《论语·宪问》),等等。君子品德高尚、人格独立,小人则人格低下、私欲充满。也有从阶层的角度立论的,比如"君子学道则爱人,小人学道则易使也"(《论语·阳货》),"君子之德风,小人之德草,草上之风必偃"(《论语·颜渊》),等等。君子属于统治阶层,小人属于被统治阶层。

另外尚有从职业的性质以及最终归趣而立论的,比如《子路》篇载樊迟问孔子稼穑之事,孔子以自己不如老农而拒绝回答。又问其为圃之事,孔子亦以相似的理由而拒绝回答。事后评价樊迟为小人。理由是在治理国家的方案中,道德的教化比稼穑等事更加高效:"上好礼,则民莫敢不敬;上好义,则民莫敢不服;上好信,则民莫敢不用情。夫如是,则四方之民襁负其子而至矣,焉用稼!"因此,是否从事于道德人格的养成乃是君子与小人的分野。所以孔子强调:"君子喻于义,小人喻于利。"(《论语·里仁》)君子以道义为自己的目标,小人则以利用为自己的目标。孔子又言:"君子上达,小人下达。"(《论语·宪问》)联系《季氏》篇君子畏天命而小人"不知天命而不畏"之言可知,所谓上达即超越具体的职业和行为,触及心性乃至天道的本原;所谓下达即陷于具体的职业和行为中,不能由此触及心性和天道的超越境界。这等于未能长保自己本有的天赋性命,朱子称为

[①] 《说儒》,载《胡适论学近著》,山东人民出版社,1998。

"日究乎污下"①。基于对君子和小人的这种界定，我们现在可以对君子之儒和小人之儒做出清晰的划分。君子之儒和小人之儒都以"相礼"为职业，能够从"相礼"的行为返回到心性本源者为君子之儒，未能做出这种转向而陷溺在具体琐碎的仪式规定中者为小人之儒。胡适先生认为，孔子的伟大贡献之一，在于把柔懦的"儒"改变为刚毅进取的"儒"。实际上，使"儒"由具体的职业和行为而上达形而上的大道应该是孔子更为本质的贡献。

2. 如在之明与心体之诚

孔子赞君子之儒而不屑于小人之儒，但这并不等于说小人之儒缺乏礼乐仪式的技能。相反，他们精通礼乐仪式的具体规定，并且能够在他们主持的礼仪中达到预期的效果。比如在祭祀中，可以成功地使先祖"来假来飨"。如若不然，他们将无法在几百年的"相礼"生涯中长保职业优势，也不会在衣食不济、饥寒并袭等情况下持有傲人的风骨。孔子本人就擅长"相礼"，也曾以"相礼"为职业。但无论是孔子还是其门人弟子，都不以礼乐仪式的外在效果为唯一的追求，而是极力强调礼乐行为背后的意义世界和心灵境界。

前面我们提到，祭祀之前需要斋戒，通过七日散斋和三日致斋，便有可能在祭祀之日使先祖"来假来飨"。进入室内，"僾然必有见乎其位"；步行周旋，"肃然必有闻乎其容声"；出户静听，"忾然必有闻乎其叹息"。对于职业"相礼"人而言，先祖"来假来飨"是其职业成功的标志，也是当时大家主要的关注点。在这一过程中，先祖"来假来飨"的必要条件，也就是祭祀者通过斋戒所达到的身心境界，显然不为大家所重视。但是在《礼记》中我们会发现，对于祭祀时心灵境界的重视超过了对其实际效果也就是先祖"来假来飨"的重视。《祭义》强调，孝子将要祭祀，需提前进行各种准备，这样到了祭祀之时方可心无所牵。在祭祀之时，夫妇穿上礼服斋戒沐浴，以极其诚敬的心态向神主奉献贡品。"洞洞乎，属属乎，如弗胜，如将失之，其孝敬之心至也与！"神情恭敬，小心谨慎，似乎承受不了供品的重量，又好像担心贡品会从手中失落，这是孝敬之心达到极点的表现。再通过"荐其荐俎，序其礼乐，备其百官，奉承而进之"，就可以达到

---

① （宋）朱熹：《四书章句集注》，中华书局，1983，第155页。

"慌惚以与神明交"的目的。然而《祭义》又曰:"孝子之祭也,尽其悫而悫焉,尽其信而信焉,尽其敬而敬焉,尽其礼而不过失焉。进退必敬,如亲听命,则或使之也。"孝子通过祭祀,将内心的诚笃表现于外,将内心的确信表现于外,将内心的恭敬表现于外,将礼仪完美地表达出来。孝子一进一退之间恭恭敬敬,这是模拟在父母跟前听其使唤的情景。《祭义》将祭祀的重点转向了祭祀者的身心状态。

《礼记·郊特牲》载:"腥肆爓腍祭,岂知神之所飨也?主人自尽其敬而已矣。"这是说祭祀的物品多种多样,有生腥的,有完整的牺牲,有半生不熟的肉,有完全煮熟的肉。人们并不知道神灵享用哪些。主人多多备齐,只是为了表达自己的敬意。《檀弓下》载:"奠以素器,以生者有哀素之心也;唯祭祀之礼,主人自尽焉尔,岂知神之所飨?亦以主人有齐敬之心也。"用未曾雕饰的器皿盛放奠馈,这是因为活着的人有着纯粹而深沉的哀痛之意。在祭祀之礼中,主人准备周全,并不是为了鬼神,完全是因为主人怀有严肃庄敬之心。身心境界本来作为祭祀之中先祖"来假来飨"的条件,现在变成了主要关注的对象。这种关注也不是为了在祭祀中先祖能够更好地"来假来飨",而是这种身心境界本身就具有独立而终极的价值。

《中庸》原为《礼记》第三十一篇,后被抽出而成为四书之一,在儒家思想体系中具有非凡的地位。它提出了"天道""性命"的概念,从而成为儒家心性之学的滥觞,学者多认为儒家天道性命相贯通的架构在《中庸》中即可看出端倪。《中庸》既然为《礼记》中的一篇,它自然与礼乐相关,应该算是礼乐传统的理论探讨。从《中庸》文本中我们同样可以看出对祭祀之礼的描述,这篇文章当与丧祭之礼有着密切的联系。也就是说,《中庸》所提到的一些重要概念应该能从丧祭之礼的角度进行解读。值得注意的是,同样是这些概念,亦有脱离丧祭之礼的普遍性意义,这一点展示了孔门弟子在儒家思想建构过程中的努力方向。《中庸》曰:"喜怒哀乐之未发,谓之中;发而皆中节,谓之和。中也者,天下之大本也。和也者,天下之达道也。致中和,天地位焉,万物育焉。"这一段话提到了"中"与"和",并涉及了这两个概念与天地化育的关系。郑玄指出,整篇《中庸》即"以其记中和之为用也"[1]。孔颖达曰:"未发之时,澹然虚静,心无所

---

[1] 《礼记正义》,载《十三经注疏》,上海古籍出版社,2008,第1987页。

虑，而当于理，故'谓之中'。……虽复动、发，皆中节限，犹如盐梅相得，性行和谐，故云'谓之和'。"① 以"澹然虚静，心无所虑，而当于理"言中，以"性行和谐"言和。孔颖达之言已经开启了对中和普遍意义的探讨。

但实际上，"中和"概念与祭祀仪式中的心理状态密切相关。在祭祀中，每一个重要的环节都规定了相应的情感表达。《祭义》载：

　　孝子之祭可知也：其立之也，敬以诎；其进之也，敬以愉；其荐之也，敬以欲。退而立，如将受命。已彻而退，敬齐之色不绝于面。孝子之祭也：立而不诎，固也。进而不愉，疏也。荐而不欲，不爱也。退立而不如受命，敖也。已彻而退，无敬齐之色，而忘本也。如是而祭，失之矣。

"其立之也"，指站在祖先神位之前将要祭祀，此时应当恭恭敬敬，身体向前微微弯曲。"其进之也"，指趋步向祖先献上祭品，此时应当以恭敬的心态面带喜悦。"其荐之也"，指献上祭品之时，此时应当恭敬地满怀希望。"退而立"，指献祭之后站在旁边，此时应当保持听候吩咐的状态。"已彻而退"，指撤掉祭品结束祭祀，此时仍要保持恭敬庄严的神态。如果祭祀之时，孝子站立而不弯腰，那就是鄙陋的表现。上前时面容不带愉悦之色，那就显得和祖先疏远了。献祭而不怀着希望祖先来享用的心理，那对祖先的爱戴就不是真诚的。献祭退下后如果不像候命的样子，那就是傲慢的体现。撤掉祭品祭祀结束，如果立刻失去了恭敬的神态，那就等于忘记了祖先。如此这般的祭祀，便失去了其价值和意义。

《祭义》之中还有一段与前引相似的内容："及祭之日，颜色必温，行必恐，如惧不及爱然。其奠之也，容貌必温，身必诎，如语焉而未之然。宿者皆出，其立卑静以正，如将弗见然。及祭之后，陶陶遂遂，如将复入然。"到祭祀之时，容貌必须温和，但行路却需戒慎，好像害怕见不到亲人的样子。祭奠的时候，同样要面容温和，身体向前屈，口中欲言又止。观礼、助祭的宾客都已出去时，孝子还需默默地躬身站立在那儿，好像未见别人出去。祭祀结束后，孝子从恍恍惚惚中出来，又像还要再进去的样子。

---

① 《礼记正义》，载《十三经注疏》，上海古籍出版社，2008，第1989页。

这些非常鲜活的形象，都来自对祭祀诸环节形体及情感表达的要求。从这个意义上讲，未发之"中"可以和祭祀活动展开之前的心灵状态相联系，而发而皆中节之"和"显然可与祭祀诸多环节的不同心理规定相联系。然而，《中庸》所言的喜怒哀乐并未局限于祭祀之礼中，而是指向人的普遍情感。尤其是这些情感被分为已发、未发两个层次，且与位天地、育万物关联起来，显然具有了超越经验的先验内容和形而上意义。

（二）巫史之技与君子德义

孔子及其后学对待《周易》的态度也体现了这种转折。马王堆帛书《要》篇记载了孔子和其弟子子贡的一则对话，这则对话说明了孔子在易学观上的一个变化，此种变化亦与儒家思想的最终归趣相关。《要》载："夫子老而好《易》，居则在席，行则在囊。"[1] 孔子在其晚年特别喜欢《周易》，安居不动之时就把它放在身边席上，外出之时则把它装在囊中，一天到晚手不释卷。弟子子赣（子贡）非常不解："夫子他日教此弟子曰：德行亡者，神灵之趋；智谋远者，卜筮之繁。赐以此为然矣。"[2] 孔子曾教导他们，一个人丧失德行就会趋向于神灵，缺少智谋就会求助于卜筮，子贡对孔子这番教导深以为然。"以此言取之，此缙行之为也。夫子何以老而好之乎？"[3] 但是现在孔子却如此痴迷于《周易》，与其从前的教导相准，显然是失去理性的昏乱行为。

针对子贡的这个疑问，孔子说了如下一段话：

> 《易》，我后其祝卜矣！我观其德义耳也。幽赞而达乎数，明数而达乎德，又仁守者而义行之耳。赞而不达乎数，则其为之巫；数而不达于德，则其为之史。史巫之筮，向之而未也，好之而非也。后世之士疑丘者，或以《易》乎？吾求其德而已，吾与史巫同途而殊归者也。君子德行焉求福，故祭祀而寡也；仁义焉求吉，故卜筮而希也。祝巫、卜筮其后乎！[4]

---

[1] 邓球柏：《帛书周易校释》，湖南人民出版社，2002，第572页。
[2] 邓球柏：《帛书周易校释》，湖南人民出版社，2002，第572页。
[3] 邓球柏：《帛书周易校释》，湖南人民出版社，2002，第572页。
[4] 邓球柏：《帛书周易校释》，湖南人民出版社，2002，第573页。

孔子早年对卜筮持反对态度，晚年则格外垂青《周易》。有学者指出，这是因为孔子早年和晚年所看到的有关易学的资料不一样。孔子早年看到的只是包含卦画与卦爻辞的《周易》文本，而晚年则看到了与《周易》创作背景相关的、包含思想宗旨的文献，受此启发从《周易》中看出了"德义"的内容，从而改变了对《周易》的态度。① 这等于说孔子运用新的方法对《周易》重新进行了诠释，使《周易》由卜筮之书而转变为以"演德"为主的大典。这一解释还是有一定道理的，后来的学者沿着这个思路取得了不少成果。大家普遍认为，孔子从人文主义的角度解读和诠释《周易》，在巫、史易学系统之外开辟了易学研究的新领域。

《要》篇介绍了三种演易方法：一是以幽赞为主的预知之法，这属于巫的层面；二是以数为主的预知之法，这属于史的层面；三是以求德为目的的演易之法，这是孔子的易学境界。关于巫之幽赞我们前面已经有所论述，主要指巫者利用特殊的媒介使幽深难见的神明显现出来，达到预知的目的。史的方法和巫有所不同，他们运用一套数理体系对天地万物进行模拟，从而得出特定的易象，从对易象的解读中达到预知的目的。孔子对于巫和史的卜筮技术是非常熟悉的，也非常感兴趣，但并没有将此技术所能达到的效果作为根本追求："史巫之筮，向之而未也，好之而非也。"孔子的目的在于发掘、体验《易》中所蕴的"德"："吾求其德而已，吾与史巫同途而殊归者也。"那么，孔子如何在《易》之中观到德义的内容呢？大家多认为，孔子在《周易》文本以及卜筮活动中，看到了事物的兴衰变化与人的行为有着密切的关系，从而凸显了人自身的价值。他说："君子德行焉求福，故祭祀而寡也；仁义焉求吉，故卜筮而希也。"这正是孔子人文主义立场的表现。

然而大家有可能忽略了卜筮过程中具体行为对心灵层面的要求和影响，以及这种特定的心灵层面与天道的感应和契接。有学者指出，《易》之德义往往从卦爻辞中观出。② 观者如果想对每一卦爻辞都做出合理的人文主义诠释，这意味着首先要具备对卦画以及卦画所指代的事物有一整体的理解，

---

① 廖名春：《试论孔子易学观的转变》，《孔子研究》1995 年第 4 期。
② 丁四新、李攀：《论马王堆帛书〈要〉篇"观其德义"的易学内涵》，《武汉大学学报》（人文科学版）2015 年第 1 期。

否则所谓的诠释不过是随口道来的单词碎义。这种对事物整体的理解来自《周易》数理体系模拟天地万物所具有的整体性，以及观者所具有的将某一具体事物纳入整体的强大的直观能力。只有在具备以上条件下，观者才不至于在实践中进退失据，才能够有效地趋吉避凶。《周易》推崇"大人"之德，"大人"需要"与天地合其德，与日月合其明，与四时合其序，与鬼神合其吉凶"，从而"先天而天弗违，后天而奉天时"。"大人"具备无往不利的能力，这种能力来源于他们与天地、日月、四时、鬼神的某种相通性。《系辞传》曰："易无思也，无为也，寂然不动，感而遂通天下之故。"无思无为、寂然不动的身心状态是卜筮成功的必要条件，而这种状态之所以能够感通天下，在于其本身已经与天道具有某种同一性。巫、史的关注点在于具体卜筮的结果，即感而遂通天下之故；孔子则关注于无思无为、寂然不动的身心状态，这种身心状态所依赖的本体恰恰是天所予的人之德。孔子又言，"明数而达乎德"之后，又需"仁守者而义行之"。这即是洞悟心体之后的保任功夫。孔子对待《周易》的态度，与其整个思想指向是一致的。

（三）心体的挺立与儒家功夫的归趣

从具体的、有限的技术性行为转向无限的、圆满的心体和道体，是孔子开辟、后学接续的儒家新境界。这一转变奠定了儒家作为天人之学的根基，为两千年的儒学发展提供了源头活水。宋明儒家接续这条道路，充分彰显了心性本体形而上的普遍意义，建构了天道性命相贯通的内圣理论框架。

1. 由外而及内

前面我们拈出"中和"概念，把它放在祭祀仪式的特定行为中进行理解。"中和"概念受到后世宋明儒家的极端重视，他们将之与天道性命关联起来探讨其普遍性的价值和意义。按照一般的理解，情感之发往往与"物"相关，"物"是与人的心灵相对的外在对象。儒家在大多数时候并不否认情感存在的合理性，而是试图使它们符合一定的规则，即喜怒等应当与刺激心灵之物相称，也就是常说的"物之当喜""物之当怒"。当喜怒哀乐等情绪都符合"应当"，那就是发而皆中节之和。问题在于，这个"应当"如何确定呢？表面上看来，与心灵相对的"物"是外在的、客观的，人们对于外在客观的东西应该很容易达成共识。但问题在于，表面上外在的、客观的"物"要想对人发生作用，便不得不以心中之"物"的形式呈现给主体。这样一来，客观的对象转化为了主观的觉受，情感所依赖的客观标准成为主体内心的自我判断，"物之当喜""物之当怒"的境界便难以达成。

关于这一点，我们从解释学的角度可以获得更为清晰的理解。解释学有一个基本的观点，即一切理解都是基于一定的"前见"，无"前见"的理解是不可能的。这一流派的代表人物是伽德默尔（又译加达默尔），而伽德默尔的解释学理论则与海德格尔关于"此在"的理解相关。海德格尔指出，一切理解都基于三个基本前提：先行具有、先行视见和先行掌握。也就是说，把某个对象作为某个对象进行理解，主体需通过先行具有、先行视见和先行掌握来完成。海德格尔明确指出，任何解释都不是对某个对象所做的无前提的把握，"任何解释工作之初都必然有这种先入之见，它作为随着解释就已经'设定了的'东西是先行给定的，这就是说，是在先行具有、先行视见和先行掌握中先行给定的"[①]。在海德格尔这种理论的基础上，伽德默尔进行了进一步的总结和概括，他说："理解甚至根本不能被认为是一种主体性的行为，而要被认为是一种置自身于传统过程中的行动，在这过程中过去和现在经常得以中介。"[②] 惯常所认为的理解主体甚至被伽德默尔视作联系过去和现在的中介，而"传统"则是这一中介的本质规定。在这个意义上他提出："一切解释学条件中最首要的条件总是前理解……正是这种前理解规定了什么可以作为统一的意义被实现，并从而规定了对完全性的先把握的应用。"[③] 这样，伽德默尔将"前见"视为了人的存在的基本内容。这意味着，"前见"不再是可以被剔除、消解的否定性因素，而是获得了存在论意义上的合法地位。伽德默尔认为："一种解释的境域是被我们自己具有的各种成见所规定的。这样，这些成见构成了一特定的现在之地平线，因为它们表明，没有它们，也就不可能有所视见。"[④] "前见"源于历

---

① 〔德〕马丁·海德格尔：《存在与时间》，陈嘉映等译，三联书店，2006，第176页。
② 〔德〕汉斯-格奥尔格·加达默尔：《真理与方法——哲学诠释学的基本特征》，洪汉鼎译，上海译文出版社，1999，第295页。
③ 〔德〕汉斯-格奥尔格·加达默尔：《真理与方法——哲学诠释学的基本特征》，上海译文出版社，1999，第7页。
④ 〔德〕汉斯-格奥尔格·加达默尔：《真理与方法——哲学诠释学的基本特征》，上海译文出版社，1999，第357—358页。

史、传统等因素，它的存在意味着任何理解都是相对的、有限的。因此，"前见"即"成见"，也可以说是"偏见"。解释学的先行者施莱尔马赫等将"移情"作为消除时间间隔，获得完全理解的方法。然而，伽德默尔反对这一点。他并不认为"前见"是可以消除的，人们只能通过交流而达成一致意见，获得具有相对意义的"真理"。

按照前面的描述，任何理解都以"前见"为先行，然而"前见"即"偏见"。从这个角度看，人们不可能获得关于事物的完全理解。这一点，中国古人亦有所见。《系辞传》言："仁者见之谓之仁，知者见之谓之知，百姓日用而不知。""仁者"以"仁"为"前见"，所见为"仁"；"知者"以"知"为"前见"，所见为"知"；一般人则是"前见"隐藏于理解之中而不自知。接着前面所引，《系辞传》又言："故君子之道鲜矣。"这是感叹对事物真实的理解是不容易获得的。但是从另一个角度看，这未尝不是对主体能够获得事物真实性的肯定。《论语》赞叹孔子："子绝四：毋意，毋必，毋固，毋我。"（《论语·子罕》）朱熹注曰："意，私意也。必，期必也。固，执滞也。我，私己也。"[1] 孔子在观察事物时没有这四种状态，其心灵一无所滞。《论语集注》引张载之言曰："四者有一焉，则与天地不相似。"[2] 强调在意、必、固、我都消解的情况下，事物的真实性便显露了出来。朱熹认为《大学》有三纲八目，八目之中独"格物""致知"有目而无传，故作《补传》以全"八目"之义。他提出，人皆有能知之心而物皆有可知之理，穷事物之理即可以致吾心之知，故其强调"即物而穷理"。按照朱子的理解，"即物而穷理"不仅是一个循序渐进的过程，还存在一个豁然贯通的终极境界。一旦达到这一境界，就可以圆满、完全地把握心和物，照他的说法即"众物之表里精粗无不到，而吾心之全体大用无不明矣"。按照解释学的观点，这种完全的理解是不可能的。因为主体无法摆脱"前见"而独立前行，在"前见"的影响下，所穷之理无疑是相对的。相对的知识无论如何叠加，都不可能跨越成为绝对的真理。但是朱子言之凿凿，必然有其理论上的根据，这一点我们不可忽略。

《近思录》载程伊川与其弟子苏季明论中和。苏季明问伊川："喜怒哀

---

[1] （宋）朱熹：《四书章句集注》，中华书局，1983，第109—110页。
[2] （宋）朱熹：《四书章句集注》，中华书局，1983，第109—110页。

乐未发之前求中,可否?"伊川答曰:"不可,既思于喜怒哀乐未发之前求之,又却是思也,既思即是已发。才发便谓之和,不可谓之中也。"这一问一答非常有意思,伊川认为喜怒哀乐之未发的境界是超验的,任何求索都属于经验层面,从而无法触及这一境界。这实际上等于否认人具有完全消除"前见"的境界。接着这一对话,苏季明又问:"学者于喜怒哀乐发时,固当勉强裁抑,于未发之前,当如何用功?"苏季明的疑问在于既然未发的境界超越经验,那么如何在这一境界用功夫呢?伊川曰:"于喜怒哀乐未发之前,更怎生求?只平日涵养便是。涵养久,则喜怒哀乐发自中节。"伊川虽然否认消除"前见"的纯客观境界达成的可能性,但他又认为通过涵养还是能够做到喜怒哀乐发而皆中节的。① 朱熹对于中和的体认,学者们普遍认为经历了丙戌之悟和己丑之悟两个阶段。这两次对"中""和"的体悟,标志着朱熹"中和"学说的发展和成熟。第一阶段,朱熹提出"性体心用"之说,性为未发之中,心为已发之和。第二阶段,朱熹提出了"中和新说","情之未发者性也,是乃所谓中也,天下之大本也。性之已发者情也,其皆中节则所谓和也,天下之达道也"。② 中和问题转化为了性情问题。不过他在第一阶段对中和的探讨与伊川的思路非常接近,而且更能展现这一概念与天地万物的关系。我们不妨略加叙述。

朱子在《答张敬夫》第三十五书中言:"人自有生,即有知识。事物交来,应接不暇。念念迁革,以至于死。其间初无顷刻停息,举世皆然也。然圣贤之言,则有所谓未发之中、寂然不动者,夫岂以日用流行者为已发,而指夫暂而休息、不与事接之际为未发时耶?"朱子对《中庸》"中和"概念及与之相关的"已发""未发"概念亦有所疑惑。在朱子看来,人自有生以来即有与外物交接的能力,由此所产生的心念未尝间断,那么《中庸》所言的"未发"到底是什么呢?他设想,是不是说心的日用流行是"已发",而不与事物交接的状态是"未发"?他随即又言:"尝试以此求之,则泯然无觉之中,邪暗郁塞,似非虚明应物之体,而几微之际一有觉焉,则又便为已发,而非寂然之谓。"在朱子看来,他触及了一个两难境地:不与物接的状态虽然与"未发"相似,但这种状态实际上是邪暗郁塞,并不是

---

① 朱杰人等主编《朱子全书》第 13 册,上海古籍出版社、安徽教育出版社,2002,第 214 页。
② 朱杰人等主编《朱子全书》第 23 册,上海古籍出版社、安徽教育出版社,2002,第 3274 页。

虚明应物的本体；而一旦突破这种邪暗郁塞的昏冥状态，则心灵又有了分别的能力，亦不是寂然之本体。朱子感叹："盖愈求而愈不可见，于是退而验之于日用之间，则凡感之而通，触之而觉，盖有浑然全体，应物而不穷者，是乃天命流行生生不已之机，虽一日之间万起万灭，而其寂然之本体，则未尝不寂然也。所谓未发，如是而已。夫岂别有一物，限于一时，拘于一处，而可以谓之中哉。"朱子在体察"已发""未发"之时发现，心灵不是陷入昏沉即表现为散乱，寂然不动之心体未曾窥见，发而中节之大用亦未曾显现。依靠这种办法愈求而愈不可见，心性修养实际上陷入了死胡同。

他只好转向另外一条道路，察识于伦常日用之间。他发现，心念应事接物之际虽然万起万灭，但生灭变化之中却有一浑然全体、寂然不动的本体。到了这种境界之后，朱子认为："盖通天下只是一个天机活物，流行发用，无间容息。据其已发者而指其未发者，则已发者人心，而凡未发者皆其性也。亦无一物而不备矣。夫岂别有一物，拘于一时，限于一处，而名之哉？即夫日用之间，浑然全体，如川流之不息，天运之不穷耳。此所以体用、精粗、动静、本末洞然无一毫之间，而鸢飞鱼跃，触处朗然也。"天地之间，众物芸芸，不过是心之大用流行不息；而在这流行不息的变动之中，自有未发之体作为心之性而存在。到了这种境界，"体用、精粗、动静、本末洞然无一毫之间"，类似于心之全体大用无不明、物之表里精粗无不到的境界。[①]

我们看到，理学家在探讨中和问题时，最初的关注点在行为的判断根据上。也就是说，中和问题与认知问题是联系在一起的。然而，由于他们先在地认定可以对事物有一个准确无误的理解和把握，认知问题就渐渐转向了本体论问题。按照他们的设想，天地之中万物并育而不相害，道并行而不相悖，那么人们如果彻证天地的本体，便无疑获得了天地的视域而自然可以恰当无误地安排、处理万物。于是在这个思路下，"中和"概念就与心体及道体联系了起来。

2. 如在的外在功夫机理

儒家由如在以凸显无限的、圆满的心体和道体是非常有价值的，但是就如在本身而言亦有其意义。佛教的观想与儒家祭祀使先祖"来假来飨"

[①] 朱杰人等主编《朱子全书》第21册，上海古籍出版社、安徽教育出版社，2002，第1393—1394页。

相似，而且它们的技术性操作以及有可能达成的功效在宗教背景下得到较好的保存和发挥，我们不妨以此作为参照系。

在佛教修持中，有念佛三昧法门。此法门或观法身实相，或观佛身相好，或一心称念佛名，由此心入禅定，证得佛身现前，"以见诸佛故，名念佛三昧"（《观无量寿经》）。念佛三昧在佛教百千三昧中备受推崇，原因除了通过它可以很快证得禅定之外，还在于其具有非常殊胜的除罪修福功能。《大智度论》曰："念佛三昧能除种种烦恼及先世罪。"在中国佛教宗派中，禅宗修持接近观佛法身实相，净土宗较为提倡称念佛名，宗喀巴在其大著《菩提道次第广论》中则特别推崇观佛身相好。他说："其缘佛身摄持心者，随念诸佛故，能引生无边福德。若佛身相明显坚固，可作礼拜供养发愿等积集资粮之田，及悔除防护等净障之田，故此所缘最为殊胜。"[①] 若要修持这种观法，首先"当求一若画若铸极其善妙大师之像，数数观视善取其相，数数修习令现于心，或由尊长善为晓喻，思所闻义令现意中求为所缘"[②]。由于佛已经涅槃，无法亲见其形象，故要观佛之身相便需要一些善巧的法门。宗喀巴提出，或是寻找做工精良的佛陀画像或塑像，再三审视，令其影像在心中显现；或是听闻师长对佛相的描述，经过自身思维而形成影像在心中显现。宗喀巴虽然强调在观想中要借助佛陀画像或塑像，但他反对将心中的影像现作画像或塑像般的形相，而是要现为如真人般的形相。他尤其反对把佛像置于面前，以眼注视佛像凝聚心神而进行修习。这是因为，"三摩地非于根识而修，要于意识而修；妙三摩地亲所缘境，即是意识亲所缘境，须于意境摄持心故"[③]。这是智军论师提出的观点，他指出佛教的止观并不是在眼、耳、鼻、舌、身五种感官中修习，而是要在意识中修习。三摩地所缘的对象是意识所构造出来的境界，所以在修习之初便要专注于意识之中的意像，如想象中的瓶，而不是感官所摄取的瓶子。意识中的佛身影像构造出来后，心意要专注于这个影像，一方面保持佛身影像的清晰

[①] （明）宗喀巴造，（明）跋梭天王・曲吉坚参等注《菩提道次第广论四家合注》下册，中国社会科学出版社，2014，第640页。
[②] （明）宗喀巴造，（明）跋梭天王・曲吉坚参等注《菩提道次第广论四家合注》下册，中国社会科学出版社，2014，第641页。
[③] （明）宗喀巴造，（明）跋梭天王・曲吉坚参等注《菩提道次第广论四家合注》下册，中国社会科学出版社，2014，第642页。

度，另一方面尽量安住于这个影像上："此中所修妙三摩地具二殊胜：一、令心明显具明显分；二、专住所缘无有分别具安住分。"① 这样通过一定时间的修习，经历内住、续住、安住、近住、调伏、寂静、最极寂静、专注一境，而得平等住。即心灵能够自然而然地保持专注一境的境界。但是按照佛教的说法，这样依然没有证得奢摩他。只有在平等住的基础上获得身心轻安，才算真正证得奢摩他。在证得奢摩他之后，所观佛身渐渐由影像转变为现量，意识之中的观想境界慢慢具有了真实性。礼拜、供养、发愿等积集资粮之事和悔除、防护等净障之事，就成为可能。在此之后，心证空性、气成无碍的大圆满境界，都与此相关。

《论语·学而》载："曾子曰：慎终追远，民德归厚矣。"朱子注曰："慎终者，丧尽其礼。追远者，祭尽其诚。民德归厚，谓下民化之，其德亦归于厚。盖终者，人之所易忽也，而能谨之；远者，人之所易忘也，而能追之，厚之道也。故以此自为，则己之德厚，下民化之，则其德亦归于厚也。"② 慎终追远与丧祭之礼有关，这是一个共识。那么丧祭之礼为什么能够使民德归厚呢？按照朱子的解释，先祖虽与我们有生育长养之恩，但他们已经逝去，人心对此不免怠忽。然而在丧祭之礼中谨之、追之，则可使己德增长。受其感染，民德亦归于厚。《礼记·祭义》载："气也者，神之盛也；魄也者，鬼之盛也。合鬼与神，教之至也。"鬼神是教化的极致。为什么呢？"众生必死，死必归土，此之谓鬼"，一切有生命的东西都归于死亡，死后其体归于土，这就叫作鬼。"骨肉毙于下阴为野土，其气发扬于上为昭明，焄蒿凄怆，此百物之精也，神之著也"，气却升腾而上，焕发出光芒，恍惚若在的样子使人悚然有所触动，这是众物精微的一面，圣人以"神"命名。"因物之精，制为之极，明命鬼神，以为黔首则，百众以畏，万民以服"，在祭祀之中将先祖的鬼神召唤出来，那么先祖在恍惚中显现意味着子孙和先祖已断的关系得到了复合，由生存的赐予所产生的诸种感情得以加深。

宋明儒家亦多相信类似于祭祀之中先祖"来假来飨"这样的事情，亦

---

① （明）宗喀巴造，（明）跋梭天王·曲吉坚参等注《菩提道次第广论四家合注》下册，中国社会科学出版社，2014，第650页。
② （宋）朱熹：《四书章句集注》，中华书局，1983，第50页。

承认其中所蕴含的束检身心的价值。殷慧教授言:"有学者提出儒家祭祀天地山川的礼仪,是否只是在表现心之诚敬,而并非真有鬼神来格享?朱熹回答说:'若道无物来享时,自家祭甚底?肃然在上,令人奉承敬畏,是甚物?若道真有云车拥从而来,又妄诞。'朱熹确信,在儒家祭祀礼仪中,鬼神是能够前来歆享的。但是这些鬼神只不过是气而已,而并非如道家神仙那样有具体的形象能够腾云驾雾、云车拥从而来。"①

除此之外,宋明儒有观圣人气象的修养方法,与如在有着某种一致性。所谓气象,简言之,即内在气质所展现出来的某种外在形象。圣贤气象,乃是圣贤因其内在的心灵境界而展现出的特定形象。圣贤气象为宋明儒家所常言,《近思录》即有"圣贤气象"一目。钱穆先生指出:"中国儒学最要是在如何做人。……儒家则修齐治平主要在做一圣贤。……学圣贤,非可依其时依其位学其行事,如知学其气象,则庶可有入德之门,亦可期成德之方矣。……此为有宋理学家一绝大新发明。"② 儒家修养的目的在于成圣成贤,然而具体的圣贤各有其独特的遭际,后人无法"依其时依其位"加以模仿。而从体察、模仿其气象入手,则是入德的门户。

程颢曾将孔子、颜回、孟子对举,言其气象:"仲尼,元气也;颜子,春生也;孟子并秋杀尽见。仲尼无所不包,颜子示不违如愚之学于后世,有自然之和气,不言而化者也。孟子则露其才,盖亦时焉而已。仲尼,天地也;颜子,和风庆云也;孟子,泰山岩岩之气象也。观其言皆可见之矣。仲尼无迹,颜子微有迹,孟子迹著。孔子尽是明快人,颜子尽岂弟,孟子尽雄辨。"③ 程颢一方面通过具体的形象言其三者的气象:如以太和元气比拟孔子,以春生万物比拟颜回,以秋日肃杀比拟孟子;又以天地无所不包言孔子,以和风庆云披拂万物言颜回,以壁立万仞之泰山言孟子。这种形象化的表述,使三位圣贤的气象跃然现于心间。另一方面,又通过简明的论述加以阐释,使圣贤气象愈加明显。对于圣贤气象的展示不限于对以往圣贤的追忆,还包括对时下大儒的描述。《近思录》载,侯师圣云:"朱公掞见明道于汝,归,谓人曰:'光庭在春风中坐了一个月。'游、杨初见伊

---

① 殷慧:《礼理双彰:朱熹礼学思想探微》,中华书局,2019,第320页。
② 钱穆:《宋代理学三书随札》,联经出版事业公司,1998,第238—239页。
③ (宋)朱熹编《近思录》,蓝天出版社,1999,第65—66页。

川，伊川瞑目而坐，二子侍立。既觉，顾谓曰：'贤辈尚在此乎？日既晚，且休矣。'及出门，门外之雪深一尺。"① 侯师圣名仲良，是二程的表弟兼弟子。朱公掞即朱光庭，他到河南汝州拜访大程子，归来后对别人言：我与大程子交往，如同在春风中坐了一个月。程颢的气象如同春风暖人。游、杨即游酢、杨时，二人拜见程颐，此时程颐正瞑目静坐，二人只好在门外侍立等待。等到程颐静坐结束，门外积雪已经很深，二人未尝移步。足见程颐重视师道尊严的气象。

宋明儒家重视圣贤气象远有端绪。《论语·先进》载：孔子问诸弟子志向，有言可治千乘之国，有言可使小国国富民足，有言可做相礼之人。曾点则说："莫春者，春服既成。冠者五六人，童子六七人，浴乎沂，风乎舞雩，咏而归。"孔子非常赞赏曾点的志向，"喟然叹曰：吾与点也！""曾点气象"由此成为后人敬仰的圣贤气象。朱熹评曰："曾点之学，盖有以见夫人欲尽处，天理流行，随处充满，无少欠缺。故其动静之际，从容如此。而其言志，则又不过即其所居之位，乐其日用之常，初无舍己为人之意。而其胸次悠然，直与天地万物上下同流，各得其所之妙，隐然自见于言外。"② 朱子认为，曾点之言之所以为孔子所赞许，在于他达到了人欲净尽、天理流行的境界。表面上看来，这是一段简短的表述，实际上"其胸次悠然，直与天地万物上下同流"。

朱子的学生对于伊川令学者看圣贤气象不太明白，朱子曰："要看圣贤气象则甚？且如看子路气象，见其轻财重义如此，则其胸中鄙吝消了几多。看颜子气象，见其'无伐善，无施劳'如此，则其胸中好施之心消了几多。此二事，谁人胸中无。虽颜子亦只愿无，则其胸中亦尚有之。圣人气象虽非常人之所可能，然其如天底气象，亦须知常以是涵养于胸中。"③ 在朱子看来，学者之所以要看圣贤气象，在于这是心性修养的重要方法。比如子路轻财重义，观子路气象自然可消胸中鄙吝之气；颜子自谦而不伐，观其气象则可以消除夸耀之心。这是以外在的榜样，触发内心的道德感，从而达成心性修养的目的。

---

① （宋）朱熹编《近思录》，蓝天出版社，1999，第 68 页。
② （宋）朱熹：《四书章句集注》，中华书局，1983，第 130 页。
③ （宋）黎靖德编《朱子语类》第 2 册，岳麓书社，1997，第 679—680 页。

总之，佛教有念佛三昧，其中有通过观想佛陀身相的方法证得佛身现前。道教有存思法门，与观想佛陀身相类似。儒家重视道德情感，将人心视为通往上天的密道。实际上，这并不是儒家唯一的功夫修养方法，祭祀中先祖"来假来飨"以及卜筮中"易象"的呈现都可以算作广义的儒家修养方法，而且具有与天道相关联的伟大价值和意义。这是因为，无论是祭祀还是卜筮都有约束身心的功夫要求，尤其是祭祀之中的斋戒环节，其锻炼身心的方法非常丰富和系统；而且，祭祀的直接目的在于使先祖"来假来飨"，卜筮则是为了预知未来，这都是沟通神明的方法和手段。孔子对于儒家的贡献之一，即实现了由具体的、有限的技术性行为到普遍的、无限性的心体和道体的转向。宋明儒家继承了孔子所开辟的路向，将心体的独立意义圆满地凸显了出来。

第三章　观法与本原

《系辞传》载："古者包牺氏之王天下也，仰则观象于天，俯则观法于地，观鸟兽之文与地之宜，近取诸身，远取诸物，于是始作八卦，以通神明之德，以类万物之情。"根据这段话，作八卦有两个目的：一是"通神明之德"，二是"类万物之情"。"通神明之德"与天人关系相关，其主旨在于强调人可以通达天道，即天人相通；"类万物之情"主要涉及知识与对象的关系，以及主体安排万物的原则。后人研究易学，其目的便在于利用八卦通神明之德、类万物之情。八卦最初的创制，与"观"这一认知方法密切相关。而后人对于八卦的运用，亦是通过观卦象来达成。《周易》经文有观卦，卦中有童观、窥观之分，又有观我生、观其生之说。传文有"观象""观变"之论，又有"观其会通""观变于阴阳"之言。足见"观"在易学中具有非常核心的地位。

近代以来，学者们围绕着观象说各抒己见。王国维先生首先以"观"为审美视角，将诗词境界分为"隔"与"不隔"两种类型，从而将易学之观象文学化、艺术化。在此基础上，宗白华先生明确表示，《周易》"观物取象"说是中国艺术的思想根基。从此之后，将观象与艺术欣赏和审美创造相结合的美学研究范式，在易学研究中有了一席之地。除此之外，亦有学者关注易象的思维特征。比如有学者提出"象思维"概念，用以表达易象所蕴含的"非实体性、非对象性、非现成性"的思维特征。[1] 除了以上两种研究类型，尚有学者从功夫的角度，将观象视作身心修养的前提和途径。20世纪20年代，胡朴安先生在《周易人生观》中言："修养的境地，必于观证之。"[2] 马一浮先生在《复性书院讲录·观象卮言》中，将"观物"释

---

[1] 王树人：《"象思维"与原创性论纲》，《哲学研究》2005年第3期。
[2] 胡朴安：《周易人生观》上卷，"中研院"中国文哲研究所，2012，第47页。

为"观心",心念倏忽万变,而能观之体寂然不动。心体不变随缘、随缘不变,即《周易》的易简之道。① 这是说,"观"虽然是主体以视觉为中心的观看和体察行为,但其归趣却在主体的精神境界上。我们认为,易学上的"观"概念至少包含整体之观、阴阳之观以及物象之观三个层次。这三种观法涉及了知识问题,与对外在世界的探索相关,但其根本旨趣无疑指向主体身心的修养与转化,以及由此而来的生命境界的提升和生存智慧的获得。

一 整体之观

按照《系辞传》的说法,伏羲作八卦,以通神明之德,以类万物之情,八卦是对天地之道的表征。然而,一切有关身心性命的知识,皆源于创始人直接的体验和认识,这种直接体验的境界是当下的、现量的。语言文字等知识体系,不过是对直接体验的表述。八卦作为一系列符号固然具有通神明之德、类万物之情的伟大意义,但是这一意义的获得则与超越符号的鲜活的直接体验相关。因此,八卦如何通神明之德、类万物之情是一个问题,而八卦的创制者如何先在地就具有通神明之德、类万物之情的直接体验更是一个需要关注的问题。史称伏羲"一画开天",这意味着他作为人文始祖在创制八卦前并没有知识意义上的理解事物的方法。因此,我们假定他对事物的理解来自一种纯粹的直观,即不依赖于中介而对事物的直接、完整的把握,也称作整体之观。从认识论的角度看,无论是感官还是知性都是有限的,西方哲学尤其是近现代西方哲学对此做出了精深而系统的研究。为理性划定界限,否认对事物整体进行把握的智性直观,成为大家的常识性认知。但是,东方哲学无论是印度哲学还是中国哲学,都肯定人有把握事物整体的能力。不过这种能力的呈现不是无条件的,它依赖于诸如禅定、静观等功夫修炼过程。易学虽然具有卜筮的成分,但是从《易传》的角度看,它涉及对人的认知能力的探讨。《周易》提出了"神"这样一个概念,将其作为主体本具的能力和把握事物整体的保证,对后世产生了深远的影响。

---

① 马一浮:《复性书院讲录》,江苏教育出版社,2005,第283页。

（一）认知的有限性与智性直观

康德对人的认知能力进行了卓越的探讨，他的伟大贡献在于为理性划定界限。在此基础上，他认为智性直观是上帝才具有的能力。东方的学者例如牟宗三则有所反对，认为中国哲学肯定人具有自由无限心，这是与智性直观类似的概念。牟宗三先生的意见是很有道理的，但其道说不免太过轻易，因为他对自由无限心展现的功夫条件未曾予以充分重视，其论说流于语言的技巧而缺乏内证的根基。

1. 感性与知性的认知特征

人具有认知对象的能力，而认知的目的是真理，这是大家都承认的。关于真理的定义，哲学上最简明的表达即主观与客观的统一，即主体完整地把握客体。然而，人的认知方式使这一目的似乎难以达到。整个认识论是以直接知识与间接知识的划分为原则的，直接知识来源于感性，而间接知识来源于知性或理性。所谓来源于感性的直接知识，是指眼耳鼻舌身等感官受外物刺激而直接获得的感受性；来源于知性或理性的间接知识，是指运用概念对感官所获得感受性进行构造而得出的知识形式。按照这种划分，真理指由概念所构造的知识完全符合对象本身。但是，这一目的的达成与认知自身存在矛盾。

感官对事物的把握是直接的，但这并不意味着感官就能够触及事物的真实。首先，从自然科学的角度看，人的感官类似于摄取外界对象的工具，工具在帮助人们认知外界对象的同时亦对这些对象有所遮蔽。比如人的视觉只能感受特定频率的波段，对于超出这个频率和低于这个频率的波段就无法接受。视觉是这样的，听觉、嗅觉以及触觉等无不是如此。我们可以想象，人类感官中的世界丰富性和世界自身（假设存在）相比是多么地贫乏。其次，从康德先验感性论的角度看，感官所把握的对象已经不是事物自身，而是已经经过时空先验范畴的规定和整理。从先验哲学的角度看，时空是人的先验纯形式，对象经过时空范畴的规定和整理是一个先验的自然而然的过程，并非对事物的限制和遮蔽。但是对人而言先验的存在，从超越的角度看未必不是经验的，只是一般人的生命尺度无法理解和识别这种经验性。最后，如果运用现象学的方法对感官运作过程进行分析，我们会发现感官对事物的直接把握，仅仅存在于它们和对象接触的那一瞬间，随后而来的即概念对这些感受性的连接与综合。因此,知性的对象在绝大多数情况下只能是对感受性的忆念,而不是感受性自身。由此看来,意识的构造性活动有可能就建立在谬误之上。

就知性活动而言,其有限性也是显而易见的。知性活动的基本功能是联结,即组合感官刺激而产生关于对象的认知。人的感官对对象刺激的接受总是部分性的,比如视觉只能把握对象的颜色、形状、活动等,而无法把握对象的声音。同样,听觉可以接受对象的声音,但无法获取视觉乃至触觉的感受性。知性的功能在于联结这些感受性,从而产生对对象的综合性认知。然而这种联结功能的可靠性由什么来保证呢?中国古代有"离坚白"这样一个哲学命题,触觉可以感受到"坚"性而感受不到"白"性,视觉可以感受到"白"性而感受不到"坚"性,那么"坚""白"具于一体的"石头"的概念从何产生呢?康德认为,这源于人的知性能力的联结功能,即质、量、关系、模态四组十二个范畴对感性杂多的安排。知性的构造所运用的原则来源于知性自身,这意味着构造活动就是一种脱离客观对象的主观活动,那又如何保证这一主观活动的客观性呢?康德论证这十二个范畴都是先验的,试图为知性认知能力奠定客观性的根基。问题同样在于,如果我们超越一个平常人的视野,原本认为先验的事物有可能就是经验的,其终极的客观性是无法得到保证的。

可能有人会指出,既然知性的构造活动不具有真理性,那么是不是纯粹的感性直观就是对事物真理性的把握呢?换句话说,感官和对象接触的一刹那,知性能力尚未运作之前,我们是否触及了对象的真实呢?显然也不是,因为纯粹的感性直观并不包含识别的能力,所以它获得的仅仅是一种不具有任何内容的关于对象的存在感,相当于黑格尔所说的"这个"和"那个"。

2. 智性直观及其遭际

在西方哲学史上,有"智性直观"这一概念。笛卡尔将这个概念与"明见性"联系在一起,斯宾诺莎认为这一概念"由神的某一属性的形式本质的正确观念出发,进而达到对事物本质的正确知识"[①]。这些唯理论的哲学家将智性直观作为认识事物本体的一种能力。自从康德将直观和知性截

---

① 〔荷〕斯宾诺莎:《伦理学》,贺麟译,商务印书馆,1983,第74页。

然二分之后,"智性直观"的一切可能性实际上便被取消了。然而,康德并没有完全抛弃这一概念,在他的著作中"智性直观"一词频繁出现。究其原因,一方面康德运用这一概念来批判独断论,为人的理性划定界限;另一方面康德没有完全否认在人类之外有这种能力存在的可能性。康德说:"因为我们对于感性并不能断言,它就是直观的惟一可能的方式。"① 在康德看来,感性只有被动的接受性,知性则具有能动的自发性,即运用概念做出判断,对感性杂多进行综合统一。如果有"知性直观"那就应该是直观本身就带有能动的创造性,反过来说,这种直观就会使知性的自发创造带上直观的对象性。换句话说,思维某物的同时,思维的对象就会在直观中显现出来。康德认为,这种能力只能归属于上帝。海德格尔也提出两种认知形式:神的认知与人的认知。"神的认知就是这样的表像,此表像在直观中首先创造出可被直观的存在物自身。"② 这种认知能力与康德所谓的"智性直观"是一样的。而人的认知是一种有限性的直观,"有限性直观将自身视为依赖于可被直观的东西,而这一可被直观的东西则是某种源于自身的、已然的存在物"③。这种直观方式有赖于直观对象的先在,用庄子的话形容即"有待",因而具有有限性和相对性。但是,胡塞尔并没有接受康德的这个观点,而是回溯到了笛卡尔的"明见性",提出了"本质直观"。这种直观具有"能够直接原本把握到实事本身的明见性","可以超越出感性领域而提供本质性的认识。从总体上说,本质直观的可能性是作为本质科学的现象学得以成立的前提"。④

　　牟宗三先生明确反对康德关于智性直观只能归属于上帝的观点,他认为中国哲学无论是儒家、道家还是佛家,都肯定人可具有智性直观。他说:"智的直觉不能单划给上帝;人虽有限而可无限。有限是有限,无限是无限,这是西方人的传统。在此传统下,人不可能有智的直觉。但中国的传统不如此……如若真地人类不能有智的直觉,则全部中国哲学必完全倒塌,

---

① 〔德〕康德:《纯粹理性批判》,邓晓芒译,杨祖陶校,人民出版社,2004,第231页。
② 〔德〕马丁·海德格尔:《康德与形而上学疑难》,王庆节译,上海译文出版社,2011,第20页。
③ 〔德〕马丁·海德格尔:《康德与形而上学疑难》,上海译文出版社,2011,第21页。
④ 倪梁康:《胡塞尔现象学概念通释》,三联书店,1999,第39页。

以往几千年的心血必完全白费，只是妄想。"① 此处智的直觉即智性直观。牟宗三先生认为，如果没有智的直觉，则儒家之成圣、佛家之成佛、道家之成为真人，都不可能，以往的中国哲学家所做的皆是无用功。这话说得非常严重。至于牟宗三所谓的智的直觉的具体内容，倪梁康先生总结为三点。一是本原直观或根源直观，这一直观是天地万物之基，其特质是源始的、原生的，或者说神造的、天性的。二是纵贯直观，即"彻天彻地、贯古贯今。要皆一知以显发而明通之者也"。其特征是历史的、发生的、生命的，也可以说是时间性的、存在着的。三是如相直观，即直观如在的无对象性之直观。其特征是本质的、如在的，是无相的，同时又是实相的。② 在《现象与物自身》一书中，牟宗三先生言："我今从上面说起，意即先有吾人的道德意识显露一自由的无限心，由此说智的直觉。自由无限心既是道德的实体，由此开道德界，又是形而上的实体，由此开存在界。"③ 由道德而显露的自由无限心是儒家意义下的智的直觉。依牟宗三先生的看法，道家意义下的智的直觉是从消解有为的限定性、相对待与造作不自然，以至于无为之无限定、绝对与自然而显露出来的。佛家意义下的智的直觉则寄托在圆教的般若智中。总之，心体涵容万物的无限性是牟宗三先生所谓的智性直观的根本意义。而这一功能的主体显然不是感性也不是知性。

牟宗三先生敏锐地把握住了中国哲学的这个基本特征，并试图在西方哲学话语系统中将其内容展示出来。基于这个目的，他格外强调语言运用的方法，提出所谓的"分别说"与"非分别说"。他所建构的理论体系不可谓不精巧，但是接受者众而批评者亦如潮。原因在于他除了强调语言技巧及其中蕴含的特殊思维形式外，无法提供一个为大家所认可的坚实的根基。当然，这一点可能没有人能够做到。对此牟先生应该也有自觉，他处处强调自识、强调默契，正是为其理论的不足张目。但是不可否认的是，牟先生不太谈功夫。虽然他承认中国哲学包含功夫的过程，但他并没有将这一主题纳入他的论证体系中去。实际上，自由无限心的呈现也好，对事物整体的真实把握也好，都与促成主体提升与转化的功夫修证密切相关。

---

① 牟宗三：《现象与物自身》，台湾学生书局，1996，"序"第4页。
② 倪梁康：《"智性直观"在东西方思想中的不同命运》（2），《社会科学战线》2002年第2期。
③ 牟宗三：《现象与物自身》，台湾学生书局，1996，"序"第6页。

（二）"神"概念与整体之观

在中国思想史上，"神"是一个内涵非常丰富的概念。巫文化中有交通神明的仪式，"神"即这一仪式所指向的超越性存在。"神"这一概念随着时代演变其内涵逐渐丰富，赏善罚恶的主体、创生事物的本原以及万物的精微层面，皆是此概念所具有的内涵。在《周易》中，"神"概念亦是内涵丰富、层次繁多。除了通常的含义之外，尚有三方面的内容值得关注：神的本体义、神的对象义，以及神的境界义。这三方面的含义构成了《周易》对事物整体理解和观照的方法论。

1. "神"概念的多重含义

前面提到过，与神明相交通是巫术的主要功能之一。在当时人们的眼中，神明是超越于人之上的存在，具有不可思议的智慧和力量，能够干涉甚至左右人世间的事情。人们与神明相沟通，目的便在于求其庇佑。西周建立之后，由于受到人文主义精神的影响，交通神明的活动中不可避免地渗入了人文因素。比如降神的活动，需以德行为前提。《国语·周语上》载内史过之言：如果一个国家将要兴盛，那么他们的君主一定具有"齐明、衷正、精洁、惠和"的德行，"其德足以昭其馨香，其惠足以同其民人"。在这些条件下，方能够"神飨而民听"，在民神无怨的基础上，"明神降之，观其政德而均布福焉"。相反，如果君主具有"贪冒、辟邪、淫佚、荒怠、粗秽、暴虐"的恶德，那么神明将不原谅他的过失，"观其苛慝而降之祸"。神所具有的赏善罚恶的功能，在《墨子》一书中甚至被当作政治治理的最高保证。

神为什么具有左右万物的功能呢？这是因为万物由神所创生。《说文解字·示部》载："神，天神，引出万物者也。"神和天联系在一起，突出了神创生万物的本源意义。在中国古人的心目中，神有天神有地祇，有山川河流之神，还有已死去的先祖之神。前文曾引《礼记·祭义》所载孔子论鬼神之言，人死之后，"骨肉毙于下，阴为野土"，然而"其气发扬于上，……此百物之精也，神之著也"。神是人之精微的组成部分，死亡之后肉身销落而神恰恰获得独立。人之神是人之精微，推之天地万物之神亦是天地万物的精微。在这个意义上，神不仅具有创生万物的本原义，还具有组成万物的质料义。

2. 《周易》"神"概念的三个层面

在《周易》中，有不少鬼神连用之处。或表示赏善罚恶的功能，如《谦·彖》"鬼神害盈而福谦"。或表示与人并列的存在，如《乾·文言》"天且弗违，而况于人乎！况于鬼神乎！"；《丰·彖》"天地盈虚，与时消息，而况于人乎！况于鬼神乎！"。或阐释其内在规定，如《系辞传》"精气为物，游魂为变，是故知鬼神之情状"。或凸显人道亦具有鬼神一般的功能，"凡天地之数五十有五，此所以成变化而行鬼神也"。有以神明而连用者，《系辞传》两言"以通神明之德"，《说卦传》有"幽赞于神明而生蓍"之说，均表示神秘莫测的超越意义。又有"神道设教"（《观·彖》）之言，意在说明祭祀在教化中的伟大价值。有"天生神物"（《系辞传》）之称，说明圣人智慧的来源。除了以上含义，"神"这一概念在《周易》中有三方面内容值得关注。

第一，神在《周易》中同样具有生化万物的本原义，但作为本原之神的人格因素已被抛弃，这一概念逐渐具有了理性观照下本体的含义。《说卦传》载："神也者，妙万物而为言者也。动万物者莫疾乎雷，挠万物者莫疾乎风，躁万物者莫熯乎火，说万物者莫说乎泽，润万物者莫润乎水，终万物始万物者莫盛乎艮。"这段话言震、巽、离、兑、坎、艮六卦之用，独不言乾、坤。易学家普遍认为，这是因为乾坤主宰万物，行于六卦之中。"神也者，妙万物而为言者也"，即言神无形无迹，即万物之中而妙运万物。换句话说，神作为妙运万物的主体，其作用并不是通过超自然的行为展现出来，而是就体现在雷动风行等自然物象之中。以人事而喻，神就如帝后，六卦则如百官。不见帝后之所为，然百官所行皆是帝后所主宰。又有学者认为，"神非乾坤，乃乾坤运六子而不测者"[1]。乾坤运化六子，然而这种运化作用神秘莫测。这种解释突出了神超越万物的价值和意义。这两种解释层次虽异，但本质为一，都是将神视为有实指的概念而置于本体的位置。神之功用虽然神秘莫测，但已蠲除了超自然的人格意味。《系辞传》载："子曰：知变化之道者，其知神之所为乎！"这句话承上文"凡天地之数五十有五，此所以成变化而行鬼神也"之语，言大衍之数合于神之所为，而大衍之数所依据的"道"则通于"神"。易学家通常抛开数术，从阴阳转化

---

[1] （清）李光地编纂《周易折中》，刘大钧整理，巴蜀书社，2006，第660页。

的角度解释变化，从变化之所以然的角度解释道，将道等同于神。这等于坐实了神的非人格性的本体意义。

第二，神在《周易》中亦具有万物之精的地位，只不过万物的精妙层面被纳入认知领域，成为人们对某一对象把握的终极境界。《周易》有尽神、入神、穷神之分。"尽神"源于如何见圣人之意的讨论。《系辞传》首先借孔子之口云："书不尽言，言不尽意。"指出了文字、语言以及意义之间存在张力。如果这个前提成立的话，人们如何理解圣人之意呢？《系辞传》于是提出了"圣人立象以尽意"的说法，并辅之以"设卦以尽情伪，系辞焉以尽其言，变而通之以尽利"，最后提出"鼓之舞之以尽神"。不管是"立象以尽意"，还是"设卦以尽情伪，系辞焉以尽其言，变而通之以尽利"，历代易学家都有一套较为合理的诠释和说明。但是，针对"鼓之舞之以尽神"一句，则多含含糊糊，难惬人意。

在巫文化中，有鼓舞以通神的仪式。《说文解字》："巫，祝也，女能事无形，以舞降神者也。"按照这种理解，"鼓之舞之以尽神"当指通过一定的巫术仪式以交通鬼神。然而，易学家多不从这个角度进行解释。虞翻曰："神，易也。阳息震为鼓，阴消巽为舞，故鼓之舞之以尽神。"[1] 鼓为震之象，震代表阳之息；舞为巽之象，巽代表阴之消。神即易，而易即言阴阳之道。荀爽曰："鼓者，动也，舞者，行也。谓三百八十四爻，动行相反其卦，所以尽易之神也。"[2] 亦是以易言神，谓三百八十四爻可以尽阴阳变化之道。《周易正义》认为这句话"总结立象尽意，系辞尽言之美"[3]。这是说圣人通过"立象以尽其意"等一系列行为，"可以说化百姓之心，百姓之心自然乐顺，若鼓舞然而天下从之"[4]。鼓之舞之表示百姓悦乐顺从之貌。朱子等多遵从这种解释。实际上这句话虽然主要言立象以尽意，但是同时也强调对圣人之意的理解角度并不是单一的，而是应该从多个维度展开，故又有设卦、系辞、变通、鼓舞之词，均是立象尽意的辅助。从巫术的角度理解鼓舞固然不当，但完全抛开这个因素亦不符合实际。巫术中有固定的鼓舞仪式，这些仪式的意义在于使巫者进入鼓之舞之的忘我境界中，从

---

[1] （唐）李鼎祚：《周易集解》下册，李一忻点校，九州出版社，2003，第592页。
[2] （唐）李鼎祚：《周易集解》下册，九州出版社，2003，第593页。
[3] 《周易正义》，载李学勤主编《十三经注疏》，北京大学出版社，1999，第291页。
[4] 《周易正义》，载李学勤主编《十三经注疏》，北京大学出版社，1999，第291页。

而达成与神明交通的目的。从这个角度看,"鼓之舞之以尽神"未尝不是以一种诗意的语言,揭示与神交通的条件和境界。只不过此处的神,乃是圣人之意,即圣人对天地万物本质的理解和把握。

"入神"源于"精义入神"的命题。《系辞传》以日月之往来而阐释明生,以寒暑之往来而说明岁成,"往来"就成为一个有哲学意味的词。《系辞传》又将往来与屈伸联系在一起,"往者屈也,来者信也",并强调屈伸相生之中同样包含着无穷的功用。并举例说:"尺蠖之屈,以求信也;龙蛇之蛰,以存身也。"尺蠖这样的虫子,在行走之时需先屈而后能伸;龙蛇蛰伏不动,恰恰是存身的保障。继而提出"精义入神,以致用也;利用安身,以崇德也"。精研义理,造于神妙的境地,其目的在于实践运用;运用而得其利,施于己而身安,可以作为修德之资。相对于"致用","精义入神"乃向内致知之事。"精义"是致知的方法和途径,而"入神"则是致知的目的和结果。《周易折中》引蔡清之言曰:"精义以致知言,义者事理之宜也,入神只谓到那不容言之妙处。"[1] 故知"入神"乃是义精仁熟到不可思议境界之事,即触及了神明之境。

《系辞传》又言"穷神","穷神知化,德之胜也"。"穷神"承"入神"而来,它们之间有什么差别呢?《周易折中》曰:"穷神则不止于入神,其心与神明相契者也。"[2] "入神"是于一事物上触及神明境界,"穷神"则是主体之心与神明相契合。如果说神明指代妙运万物的本体,那么"尽神"、"入神"以及"穷神"则肯定了人们把握这种本体的可能。

第三,神在《周易》中代表万物精微、本原的层面,纳入认知领域则意味着人有认知、把握神明境界的可能,这一境界体现为人对对象的整体把握。《系辞传》有"知几"之说,并将"知几"和"神"联系在一起,"知几其神乎!"那么什么是"几"呢?《系辞传》曰:"几者,动之微,吉之先见者也。"由于下文有"知微知彰"之言,可知"彰"和"微"分别代表事物的两个层面,即显现出来的层面和尚未显现出来的层面。从前后关系上看,事物尚未显现出来的层面在前,故常常将"微"视作更为本原的存在,"微"在某种意义上就具有了万物之精微的含义,从而与"彰"产

---

[1] (清)李光地编纂《周易折中》,巴蜀书社,2006,第598页。
[2] (清)李光地编纂《周易折中》,巴蜀书社,2006,第599页。

生了层次上的差别。韩康伯注曰:"几者去无入有,理而无形,不可以名寻,不可以形睹者也。"① 孔颖达疏曰:"几是离无入有,在有无之际,故云动之微也。"② 将"几"诠释为由无即有的中介,算是合理地揭示了"动之微"的本始义。因此,"知几"即把握事物已经萌芽而尚未成形的层面。由于事物通常不是单一的,而是多种因素的综合体,那么在诸多的因素中往往会有一些因素率先显露出来,"知几"常常被理解为把握这些所谓的"征兆"。

诚如钱锺书先生所言:"知几非无巴鼻之猜度,乃有征兆之推断,特其征兆尚微而未著,常情遂忽而不睹。"③ 譬如一叶落而知秋,又如"履霜坚冰至"。通常认为"知几"取决于人的敏感性,即具备迅速把握"征兆"的能力。这种说法是合理的,但问题在于把握"征兆"是一回事,识别何谓"征兆"又是另外一回事,而且后者是更为根本的任务。"征兆"可以说是事物展开的一个萌芽,但如何将这个萌芽与事物本身联系起来则需要对事物有一个整体的理解和把握。一叶落而知秋是人人可为的简单事,但是前提在于人们必须对春夏秋冬四时运转以及相应的物象有一个整体的把握。履霜而知坚冰将至也是一件简单的事,但同样需要一个对秋冬气温变化的整体认知为前提。因此,表面上看是简简单单的依靠敏感性识别"征兆",本质则在于对事物整体的洞察和观照。所以,《系辞传》强调,"知几"之君子能够"知微知彰,知柔知刚",即对事物内外、精粗有一个整体的理解。

3. "神"之功能的功夫条件

在现实中,我们会发现某个人如果长时间沉浸在某一领域,且在这一领域有着高深的造诣,那么常常会对这一领域的发展趋势有一大致的把握。那么,这种状况算不算《周易》所言的"知几"呢?这种状况与"知几"在效果上有着一定的类似,但严格讲并不是《周易》所谓的"知几"。《系辞传》言:"是故蓍之德圆而神,卦之德方以知,六爻之义易以贡。圣人以此洗心,退藏于密,吉凶与民同患。神以知来,知以藏往,其孰能与于此

---

① 《周易正义》,载李学勤主编《十三经注疏》,北京大学出版社,1999,第308页。
② 《周易正义》,载李学勤主编《十三经注疏》,北京大学出版社,1999,第308页。
③ 钱锺书:《管锥编》第1册,中华书局,1979,第44—45页。

哉？古之聪明睿智神武而不杀者夫。""神"具有察知未来的功能，这不取决于人对以往知识的积累，而是与"洗心"相关。"洗心"即提升和转化自己的心灵，而"洗心"的办法即隐藏在揲蓍成卦的过程中。《系辞传》接上文言："是以明于天之道，而察于民之故，是兴神物以前民用。圣人以此齐戒，以神明其德夫。"揲蓍成卦的目的即运用"神物"，"明于天之道，而察于民之故"，达到"以前民用"。此处提出"齐戒"一词，暗指揲蓍成卦进行卜筮的过程包含着修炼身心的成分，而这种具有功夫意义的斋戒方是使其德行达到神明之境的方法。这说明《周易》对事物的整体把握，与身心的功夫修炼相关。

《系辞传》载："易无思也，无为也，寂然不动，感而遂通天下之故。非天下之至神，其孰能与于此。"《正义》曰："任运自然，不关心虑，是无思也；任运自动，不须营造，是无为也。……既无思无为，故寂然不动，有感必应，万事皆通。"①主体无思无为，从而达到寂然不动的境界，由寂然不动而具备有感必应的功能，遂能够万事皆通。这是《周易》所谓的"知几"，而这一过程不依赖于知识的积累和突破，而是依赖于身心的某种状态所导致的"顿悟"。这样一个过程，即"神"之功能的培养和运用，"神"在此与"观"联系在了一起。

第一，"无思、无为、寂然不动"是能观者的身心状态。其中无思指心神之虚灵，无为指身体之安闲，寂然不动则是指身心安闲、虚灵到极点的境界表述。第二，"感"即感应，乃是对能观与所观关系的表述。在能观与所观接触的一刹那，二者之间必有感应触动于中。第三，"天下"即天下之事物，这是所观的对象，此对象涵盖一切事物，具有无限的普遍性。第四，"故"是"感"的结果，即能观者能够感应到万事万物的本原。第五，"通"是对感应程度的说明，能观与所观的感应不仅是彻底的，而且是双向的，即静观中物我感应，所观之物显现的同时能观者身心都得到提升和转化。第六，"遂"字处于"感"与"通"之间，说明能观与所观之间"才感即通"，中间无有任何委曲之处。这不仅明确说明了把握事物整体的功夫境界，同时还说明了这种认知与直观相似的运作机理。

《道德经》第十六章正好可以对此进行印证。其言曰："致虚极，守静

---

① 《周易正义》，载李学勤主编《十三经注疏》，北京大学出版社，1999，第 284 页。

笃。万物并作，吾以观其复。夫物芸芸，各复归其根。归根曰静，静曰复命。复命曰常，知常曰明。不知常，妄作凶。"《道德经》这段话与前引《系辞传》之言含义相同，大概都是承继"古之道术"而来。这句话提出"观复"之说，即观照到万物的本源。主体之所以能够观复，其前提在于"致虚极，守静笃"，即心神虚静到极点。表面上看来观复是观照对象之根源，但在观照对象的同时亦返还到自身生命的本质之中，即由万物"归根"而自身"复命"。这样一种对事物及自身完整的把握，又称作"知常"。如果不能达到"知常"的境界，主体往往就会妄自做主而陷于祸患之中。这种在静观之中，物我一如，万物与我的根源都一体显现的境界，不同于普通观察万物而产生的所谓理性知识，而是在身心变化从而具备特殊能力的基础上所获得的对事物真理性的整体把握。

《庄子·养生主》载庖丁自述其屠牛之技："始臣之解牛之时，所见无非全牛者；三年之后，未尝见全牛也；方今之时，臣以神遇而不以目视，官知止而神欲行。依乎天理，批大郤，导大窾，因其固然。"其屠牛进境分为三个阶段：刚开始时，感官对牛有一个整体的捕捉；三年之后，随着技术的纯熟，庖丁已经深悉所屠之牛的间架结构、肤腠纹理，整体之部分已然呈现在庖丁面前。但是这两个阶段所依靠的是感官和理智。直到第三个阶段，观照所屠之牛的主体不再是作为感官的"目"，而是超越感官的"神"。庖丁进一步提出，只有在官和知也就是感官和理智的功能停止后，"神"的作用才会显现出来。一旦"神"的作用显现出来，屠牛的行为便与对象的本质完全符合，与天道运行的节奏相顺。这里有两点需要注意：第一，庄子在"官"与"知"之外提出"神"这一概念，将之归属为超越于感官和知性的人所本具的认知能力；第二，依靠这一能力可以对事物产生一种真理性的把握，即"依乎天理""因其固然"。

《周易》尚未像《庄子》这样明言"神"是人内具的能力，但已有这样的萌芽。《系辞传》载："夫《易》，圣人之所以极深而研几也。唯深也，故能通天下之志；唯几也，故能成天下之务；唯神也，故不疾而速，不行而至。"此处提出"极深"与"研几"的观点，"深"和"几"都是圣人探索的对象。能够"极深"方可知悉天下万民的志意，能够"研几"方可知晓事物之几微，从而能够把握事物的动向。"深"与"几"本来是主体所欲把握的对象，在"极深""研几"之后就成为圣人的主观境界。除了"极深"与"研几"之外，此处还提到了"神"。"神"之前并没有像"深"与"几"一样冠上一个动词，这无疑弱化了"神"的客观对象义。"唯神也，故不疾而速，不行而至。"《正义》曰："不须急疾，而事速成；不须行动，而理自至也。"① 按照一般的理解，如果我们要快速地完成任务，便要行为迅疾；要想达到某一目的，便要有趋向这一目的的动作。行为和结果之间总是存在一定的时空距离。但如果能够达到神明的境界，"譬如人身四体皆一物，故能触之而无不觉，不待心使至此而后觉也"②。天下万事万物皆在人之心内，寂然不动之中自然可以感而遂通天下之故。这是一种直接的、当下圆成的神妙境界，也是《周易》所昭示的对于对象的整体之观。

（三）以物观物与整体之观

在后世易学家中，邵雍的易学思想可谓独树一帜。他并没有像其他易学家那样，通过注疏《周易》文本而阐发自己的理解，而是自铸伟词，重新建构了一个形式上不同于现行《周易》的体系。他建构新的易学体系并不是凭空玄构、标新立异，而是基于对易道的深刻理解。圣人始作八卦，乃是在寂然不动之中深观天下之故的理论总结。他直接呼应圣人的这种境界，以观物之法而演先天之易。

1. 先天易与以物观物

所谓先天易，指伏羲所画之易。与先天易相对的是后天易，即文王所演之易。朱子说："伏羲之《易》，初无文字，只有一图以寓其象数，而天地万物之理、阴阳始终之变具焉。文王之《易》即今之《周易》，而孔子所为作传者是也。"（《朱文公集》卷三十八）所谓先天易为伏羲四无依傍、仰观俯察所得之易。后天易即文王根据伏羲易所推演出的易学体系。由于先天易是对人生、世界的直接把握，故又称为画前之易。按照朱熹的说法，邵雍的易学是"自然而生，喷涌而出"，不依靠人为安排，也没有穿凿割截，"而天地之文、万事之理莫不毕具"。（《朱文公集》卷三十八）所以人们亦称之为"画前之易"，强调其易学乃是超越知识、语言体系，对天地万物的直接理解和把握。邵雍的先天易学，因复杂的推演过程及精严的象数

---

① 《周易正义》，载李学勤主编《十三经注疏》，北京大学出版社，1999，第285页。
② （清）李光地编纂《周易折中》，巴蜀书社，2006，第573页。

体系而得名。他利用"加一倍"法构建了一个庞大的体系：太极分为两仪，两仪即阴阳；阴阳又各具阴阳，而为太阴、少阴、太阳、少阳，此为四象；"阳交于阴、阴交于阳而生天之四象；刚交于柔、柔交于刚而生地之四象，于是八卦成矣"。[1] 八卦生成之后，相互摩荡错杂而成六十四卦，万事万物都可以纳入这个体系之中，而解释其生成次序。他利用这一体系，将万物皆纳入其中。《观物内篇》说："物之大者无若天地，然而亦有所尽也。天之大，阴阳尽之矣。地之大，刚柔尽之矣。阴阳尽而四时成焉，刚柔尽而四维成焉。"[2] 邵雍这一象数体系的构建，并不是由归纳、演绎而来，而是出自其独特的观物之法。

《观物内篇》言："夫所以谓之观物者，非以目观之也。非观之以目，而观之以心也。非观之以心，而观之以理也……圣人之所以能一万物之情者，谓其圣人之能反观也。所以谓之反观者，不以我观物也。不以我观物者，以物观物之谓也。既能以物观物，又安有我于其间哉？"[3] 邵雍在这段文字中列举了三种观物之法：以目观物、以心观物及以理观物。以目观物相当于以感官摄取外在对象。《观物内篇》言："人之所以能灵于万物者，谓其目能收万物之色，耳能收万物之声，鼻能收万物之气，口能收万物之味。"[4] 感官虽然有如此伟大的功用，但邵雍所谓观物的主体并不是感官。以心观物较之以目观物进了一层，但依然不是邵雍所提倡的观物之法。在《观物篇》中，邵雍所谓的"心"多指本心，譬如"心为太极"[5]，"先天之学，心也"[6]，皆是指人之本心。以心观物之"心"不是人之本心，而是人心之情。《观物外篇》言："以我观物，情也。……情偏而暗。"[7] 又言："任我则情，情则蔽，蔽则昏矣。"[8] "情"这个概念为宋明儒家所重视，常常与"性"对举而表达人身之中的私欲和气禀。宋明儒家通常认为，在人们认知事物的过程中，如果情参与进去，往往会歪曲、掩盖事物的真相。

---

[1] （宋）邵雍：《皇极经世书》，卫绍生校注，中州古籍出版社，2007，第515页。
[2] （宋）邵雍：《皇极经世书》，中州古籍出版社，2007，第487页。
[3] （宋）邵雍：《皇极经世书》，中州古籍出版社，2007，第506页。
[4] （宋）邵雍：《皇极经世书》，中州古籍出版社，2007，第489页。
[5] （宋）邵雍：《皇极经世书》，中州古籍出版社，2007，第522页。
[6] （宋）邵雍：《皇极经世书》，中州古籍出版社，2007，第518页。
[7] （宋）邵雍：《皇极经世书》，中州古籍出版社，2007，第529页。
[8] （宋）邵雍：《皇极经世书》，中州古籍出版社，2007，第529页。

邵雍基于这个背景，亦不将以心观物作为他赞成的观物之法。他提倡观之以理，观之以理又谓反观，反观就是不以我观物，而是以物观物。解释学将一切理解都视为自我理解，也就是任何理解都是用自己的"前见"对文本或对象所做出的诠释，诠释所得无不蒙上"前见"的色彩。这类似于邵雍所谓的"以我观物"。所谓"反观"，即是去掉观物的"前见"，任由万物自身绽开，故又称"以物观物"。观物而不依"前见"之人，无杂气掺入其中，身心内外如同琉璃玲珑剔透，心映万理如大圆镜显世间万象，妍媸毕现毫无走作，仿佛其理已本具心中，故又称"观之以理"。观之以理或者说以物观物，乃是对事物全体的圆满把握，是对易学整体之观的继承和发挥。

2. 观物之法的功夫前提

《观物吟》曰："画工状物，经月经年。轩鉴照物，立写于前。鉴之为明，犹或未精。工出人手，平与不平。天下之平，莫若于水。止能照表，不能照里。表里洞照，其唯圣人。"① 这首诗是说：画家描摹一物，通常需要经年累月的工夫；而明镜映照，事物立于其前的刹那即可完成。但是制作镜子的工艺有精有粗，故镜面有平与不平之分，常使所照之物有所扭曲。止水为天下至平之物，其映照的功能远远超出镜子。但是止水映照万物亦有其缺点，那就是仅能照表不能照里。只有圣人才能够表里洞然，曲尽事物的本来状貌。邵雍在这几句话中以画工状物、轩鉴照物、止水映物映衬圣人之知，说明他所提倡的观物之法的特殊之处。画工状物是主体运用自身的观念对事物有所归纳、抽象和建构，这种认知包含着对对象的摄取和描摹，其内容是多层次的。但是在这样一种认知过程中，主体本身的知识结构、好恶之情常常参与其中，对对象的认知和把握不可避免地有所遮蔽和歪曲。同时由于自身认知的偏颇而对事物的本性有所穿凿，故而常常劳费时日、事倍功半。轩鉴照物与止水映物属于一类，都属于对事物的直接反映。

在中国哲学中，常以明镜照物和止水映物比喻高明的认知方式，而且对于二者往往不加区别。《庄子·应帝王》载："至人之用心若镜，不将不迎，应而不藏，故能胜物而不伤。"修养达到极点的人，其心就像一面镜子，外物当前即有所映照，外物消失亦无所牵挂，顺应事物的本性而无所

---

① 《邵雍集》，郭彧整理，中华书局，2010，第456—457页。

遮蔽，所以能够掌控外物而身心无碍。《荀子·解蔽》以盘水喻人心，如果盘水端端正正放置在那里，且无所扰动，自然"湛浊在下，而清明在上，则足以见须眉而察理矣"。如果微风拂过盘水，"湛浊动乎下，清明乱于上，则不可以得大形之正也"。人的心灵亦是如此，如果心中有一点扰动，那也有可能扰动心体，而不能做出正确的判断。佛学中亦有"心如明镜台"之喻，含义与前引都非常相似。

在邵雍看来，明镜照物和止水映物同属一类，都是主体对对象的直接反映。这种反映具有直接而迅捷的特点，仅此而言已远远超出了画工。但是，即便能够像止水那样准确无误地映照对象，也仅能获得事物的表象，其内在的诸般规定根本无法触及。特别值得注意的是，邵雍虽然强调明镜照物与止水映物同属一类，但还是指出了二者之间的区别。明镜出于人工，人工有善巧不善巧之分；止水则出于天然，不存在工艺上的巧拙。这说明，人对事物的直接反映并不是完全一样的，人和人的感官之间存在着巧拙之分。同时，做工不良的明镜可以通过人工的方法进行矫正，这暗喻人直接反映对象的能力亦有通过功夫而提高的可能。

邵雍认为，"表里洞照，其唯圣人"。圣人观物具有两个特征：一是如止水映照万物一般直接获得对象之表，二是同时获得事物内在的诸般规定。邵雍对圣人观物之方的界定，显然符合前面所提及的智性直观，即在直观到对象的同时亦包含着知性的运作，或者说以知性的方式直观对象的存在。那么怎么样做到这一点呢？邵雍强调反观，反观即消解掉自我的规定性，无我而任物。邵雍反观意义下的无我而任物，与前面所提到的明镜和止水反映外物又有什么区别呢？邵雍所谓的"我"是人之情，这是明确的。所谓"无我"即消除掉人之情在判断中的干扰，这也是清楚的。但是"无我"并不等于空空无物，而是"因物则性"，以天赋之性作为因循、识别事物的根据，所以邵雍又将这一过程称为"以理观物"。从这个意义上看，观物的关键在于消除人情而呈现天理。

在邵雍看来，这个天理亦不是空名，而是有着实际的内容，那就是所谓的"加一倍法"。朱子称这种方法，"自然而生，喷涌而出"，不依靠人为安排，"而天地之文、万事之理莫不毕具"，这种言论正是基于这种方法天然本具的性质。邵雍运用这种方法将天地万物皆纳入其中。但是，我们不可将这种方法简单视之。因为这种方法的彻底实施包含去除人情遮蔽和歪曲的心性修养，同时还包含着保证所观对象始终保持为"物"而不流为"表象"功夫修炼。我们在本节第一部分曾经指出，按照康德对人的认知能力所做出的感性和知性的划分，感性反映表象，知性则通过范畴对这些表象进行联结，从而形成知识。也就是说，知识建立在表象之上，而不是事物自身之上。为什么是这样的呢？在上文我们提供了一个解释，即感官对对象的摄取仅仅存在于物我相对的一刹那，在这一刹那之后感官即不再专注于对象之上，知性在此之后只能以第一刹那接触所获得的有关对象的回忆为基础进行联结。在这种情况下，看起来所观的对象是"物"，实际上不过是关于物的"影像"。因此，真正的观物需要一种能力，即感官能够持续地专注于对象之上。从而知性联结的对象不再是忆念中的"影像"，而是实实在在的"物"。邵雍在《观物吟》中区别明镜和止水，未尝不包含着针对感官的这种功夫修炼。邵雍言："为学养心，患在不由直道。……天地之道直而已，当以直求之。"[1] 对"直"的强调，即包含着感官专注于对象的一致性。

总之，《周易》强调关于事物的整体之观，这有似于西方哲学所提出的智性直观。在西方哲学尤其是康德哲学中，智性直观是一个自相矛盾的概念。但是，《周易》之中"神"概念已经具有了从整体上圆满把握对象的意味。这不仅仅是语言上的肯定，而且主要是基于内证功夫的一种特殊境界。邵雍建构先天之易，提出"以物观物"的方法。这种观物之法要求在对事物圆满直观的同时亦有所判断，或者在知性判断中包含直观，是对《周易》整体之观的继承和深化。这一观法同时包含着功夫内容，这一点与《周易》亦是一脉相承。

二 阴阳之观

在上一节中，我们分析了易学的整体之观。身心寂然不动的情况对天下之故的直接洞见触及了作为万物本原的绝对的"一"。《系辞传》言："天下之动，贞夫一者也。"《周易》以变动言天下万事，"一"为变动的根源和枢机。但在经验世界，"一"常常处在分裂状态。也就是说，整体之"一"分裂为对待之"二"。这在《周易》中表现为太极分裂为阴阳。于是，如何

---

[1] 《邵雍集》，中华书局，2010，第173页。

从阴阳的分裂状态返还到太极，成为《周易》探讨的重点。由太极分裂为阴阳是一个自然而然的过程，而由阴阳返还到太极则包含着身心修养的功夫内容。太极作为一个整体，无疑包含着与天道相关的内容。

（一）从混沌之死到《乾坤凿度》

根据《周易》的记载可知，圣人通过仰观俯察的行为创制了八卦，通过八卦这套体系通神明之德、类万物之情。圣人直接的生命体验在创制过程中起了关键性作用，其中就包含对事物直接的接受和理解。从理想的角度看，如果能够直接契入圣人的境界，无疑就可以获得对于事物最真实的见解。但是，由于人具备了知识和语言，在面对世界的同时即将世界纳入自我的知识和语言体系中去了。这意味着原本自在的、浑融为一的对象，因知识和语言的参与而具有了上下、高低、贵贱等分别。一分裂为二，太极变成了两仪。这种对于本原的分裂，不仅《周易》有所关注，其他学术流派也在讨论，甚至成为人类共同面临的问题。

1. 混沌之死与本原的分裂

整体之"一"不仅为《周易》所重视，先秦时期其他流派亦无不将这一概念作为讨论的焦点。《老子》载："昔之得一者，天得一以清，地得一以宁，神得一以灵，谷得一以盈，万物得一以生，侯王得一以为天下贞。"强调"一"是万物所以然的保证。《庄子·齐物论》言："天地与我并生，而万物与我为一。""一"不仅是万物所以然的保证，而且人和万物都浑化在无差别的"一"之中。孔子言："吾道一以贯之。""一"为孔子之道的灵魂与核心。"一"是如此地重要，以至于"得一"成为各流派的根本目标和不懈追求。由于"一"包含着无差别这一规定性，所以在"得一"的目标下，中国哲学表现出反对分裂进而反对人为的倾向。

《庄子·应帝王》载："南海之帝为儵，北海之帝为忽，中央之帝为混沌。儵与忽时相与遇于混沌之地，混沌待之甚善。儵与忽谋报混沌之德，曰：人皆有七窍，以视听食息，此独无有，尝试凿之。日凿一窍，七日而混沌死。"这是一则非常有趣且含义深刻的寓言故事，历代学者对于其寓意做出过极为丰富的解读和诠释。其方法和角度虽然多种多样，但总体倾向多是叹惋混沌之死。郭象注曰"为者败之"。成玄英疏曰："夫运四肢以滞境，凿七窍以染尘，乖浑沌之至淳，顺有无之取舍；是以不终天年，中涂夭折。勖哉学者，幸勉之焉！故郭注云为者败之也。"① 混沌原无四肢，一旦有了四肢就会滞于外境；混沌亦无七窍，一旦凿开七窍就会染着外尘。这样一来，就与混沌的本性相违，混沌从而中途夭折。成玄英赞成郭象"为者败之"之注，强调不要做这种无益之事。今人陈鼓应指出："按：混沌寓言含义颇丰。其一，喻淳朴自然为美；其二，喻各适其性（《至乐》所谓'义设于适'），混沌之死，如鲁侯饲鸟，'三日而死，此以己养养鸟也，非以鸟养养鸟也'。"② 同样指责人为之非，悼惜混沌之死。《庄子》一书虽汪洋恣肆，但主题紧凑分明，大旨倡逍遥而主齐物之论。所谓齐物，简言之即是说事物自身皆是圆满自足的个体，并不存在贵贱、高低等分别。庄子强调："举莛与楹，厉与西施，恢诡谲怪，道通为一。"（《庄子·齐物论》）草茎和房柱，丑女和美人，种种奇形怪状的事物，从道的角度看都通而为一。为了纠正人们的观念，庄子甚至反过来说："夫天下莫大于秋豪之末，而太山为小；莫寿乎殇子，而彭祖为夭。"（《庄子·齐物论》）甚至生与死这两个极端对立的概念，在价值上亦无高低之分："予恶乎知说生之非惑邪！予恶乎知恶死之非弱丧而不知归者邪！"（《庄子·齐物论》）既然生与死齐同为一，自然不存在价值上的贵贱。由此看来，庄子并不会悼惜混沌之死，而只是把这一现象与生平等视之。

《圣经》记载，人类的始祖亚当、夏娃，最初生活在伊甸园中，每天悠游度日，异常快乐。园中有一棵树，树上结有的果实可使人具有分别善恶的能力，上帝禁止亚当与夏娃食用。但是在蛇的引诱下，二位还是突破禁忌食用了禁果。从此亚当与夏娃具有了羞耻等是非观念，但也因此被上帝逐出了伊甸园。这则故事与混沌之死有着惊人的相似，亚当、夏娃在伊甸园中悠游度日的状态有似于混沌，偷食禁果从而具备分别善恶的能力有似于凿开七窍，亚当、夏娃被赶出伊甸园有似于混沌死去。人们为亚当、夏娃被逐出伊甸园而惋惜，为以后必须承担诸多苦难而伤心，回归伊甸园也成为人们内心之中最深沉的渴望。有哲学家认为，是非观念代表知识，人类拥有知识恰恰造成了自身与世界的分离，而"想返回本真，达到和解，似乎非放弃思想，摒绝知识不可"。然而，黑格尔却不这样认为。他指出，

---

① （清）郭庆藩：《庄子集释》，王孝鱼点校，中华书局，2004，第310页。
② 陈鼓应注译《庄子今注今译》，中华书局，2009，第249页。

"分裂状态"（Entzweiung）是不可避免的，这是人类必然的命运，如果将最初的那种自然朴素的状态作为至善境界，显然是不对的；但这种分裂状态也不是人类最终的归宿，而只是其命运最终趋向过程中的一个环节。《圣经》之中的这则神话，并不在亚当和夏娃被逐出乐园时戛然而止，相反在这之后还隐藏这么多东西：上帝从此把亚当视为自己的同类，而不是先前那样像豢养的宠物，因为亚当知道什么是善和恶。在黑格尔看来，明白了善和恶而和上帝同类，"表明知识是神圣的了，不似从前那样，把知识认为是不应该存在的东西了"。① 在黑格尔看来，无邪的天真状态并不是至善的，人自身的知识也不必然是罪恶。相反，人的知识表面上看来是对原初状态的背离，但这种背离中也蕴含着回归本原的可能。

2.《乾坤凿度》对本原分裂的肯定

从这个角度看，混沌固因倏忽凿七窍而死，但这种死亡并不仅仅是悲剧性的，很有可能中间就蕴含着另一种生命诞生的机会。《庄子·天下》总结六经要义，言"《易》以道阴阳"。"阴阳"在此被当作了《易》之核心。"阴"和"阳"是一对正相反对的概念，人的知识正是以"对待"为根基，这说明了《易》对分裂状态的自觉和对知识的重视。

在易学史上，《易纬》是一部非常有意思的著作。该书是汉代出现的纬书之一，《四库全书总目提要》作十二卷，佚名撰，东汉郑玄注。其内容包括《乾坤凿度》《乾凿度》《稽览图》《辨终备》《通卦验》《乾元序制记》《是类谋》《灵坤图》等。学者多谓纬书"有纯有疵"，《易纬》亦是如此，不少篇章荒诞不经。但是亦有一些篇章内容精深，妙义迭出，比如《乾坤凿度》《乾凿度》等。乾隆作《御制题乾坤凿度》五言诗，其文曰："乾坤两《凿度》，撰不知谁氏。矫称黄帝言，仓颉为修饰。以余观作者，盖后于庄子。《南华》第七篇，率已揭其旨。儵忽凿七窍，窍通浑沌死。乾坤即儵忽，浑沌实太始。乾坤既凿开，浑沌斯沦矣。"② 四库馆臣禀乾隆之意，断定《乾坤凿度》成于庄子之后。今人多谓乾隆之言牵强附会，不足为信。然而抛开对《乾坤凿度》成书年代的断定，就义理而言这首诗还是非常有见地的。以太始比拟混沌，以乾坤比拟倏忽，以乾坤凿开太始比拟倏忽凿

---

① 〔德〕黑格尔：《小逻辑》，贺麟译，商务印书馆，1980，第90—91页。
② 萧洪恩：《易纬今注今译》，武汉大学出版社，2006，第172页。

开混沌。

《乾坤凿度》原文中载有对题名的解释:"凿者,开也,圣人开作。度者,度路,又道。圣人凿开天路,显彰化源。大天氏云:一大之物目天,一块之物目地,一气之雺名混沌。一气分万雺,是上圣凿破虚无,断气为二,缘物成三,天地之道不濝。"① 此处以开释凿,以路释度,乾坤二者是圣人彰显造化之源的大道。乾坤不再是因凿破混沌从而被批驳的对象,而是作为使天地之道不绝从而被赞扬的实体。这一转向与黑格尔对亚当和夏娃因吃禁果而被逐出伊甸园的解读类似,都认为人为固然与本源有所背离,但人为之中同样蕴含着窥见本源的可能。《易纬》之中所展示的这种观点并不是独见,它原本就蕴含在《周易》的阴阳观念之中。

(二) 凿破太极与阴阳之观

历代易学家都将"阴阳"视为《周易》的核心概念。在经文中,"阴"和"阳"并未作为哲学意义上的概念而被使用,这时阴阳思想实际上只蕴含在阴阳爻之中。真正对阴阳理论有所阐发的,当数《易传》。在《易传》中有两种与阴阳相关而又貌似矛盾的观点:一是阴阳平衡论,一是扶阳抑阴说。这两种貌似矛盾的观点合在一起,恰恰蕴含了《周易》所展示的生命主体实现超越的功夫路径。

1. 阴阳平衡论

《说文解字》曰:"阴,暗也。山之北,水之南也。从阜,会声。""阳,高明也。从阜,易声。"从字源上看,阴、阳与背日无光和向日有光相关,由此又引申为与地理方位有关的山北、水南和山南、水北。《左传·昭公元年》载:"天有六气……六气曰阴、阳、风、雨、晦、明也。"日之向背、明暗又和气候的寒暖相关,于是阴阳又与气有了关联。《国语》载伯阳父之言曰:"夫天地之气,不失其序,若过其序,民乱之也,阳伏而不能出,阴迫而不能蒸,于是有地震,今三川实震,是阳失其所而镇阴也。"阴阳之气不仅仅与气候相关,它们还弥漫在天地之间,成为与万物相关的基本元素。这样阴阳就渐渐具有了抽象性、普遍性的意义,由此便与哲学联系在了一起。

虽然《庄子·天下》说"《易》以道阴阳",似乎《周易》是专说阴阳

---

① 林忠军:《易纬导读》,齐鲁书社,2002,第117页。

之书，但实际上在《周易》经文中与阴阳相关的只有中孚卦九二爻辞"鸣鹤在阴"一句。而且此处的"阴"字，仅作山北或背日解。《象传》与阴阳相关的语句，仅见于否、泰两卦。否卦象辞有"内阴而外阳，内柔而外刚"之言，泰卦象辞有"内阳而外阴，内健而外顺"之语，均以八卦中的乾卦为阳、坤卦为阴。《大象传》中没有出现阴阳词汇，《小象传》也只是在乾坤二卦爻辞中出现阴阳。乾卦初爻小象辞曰："潜龙勿用，阳气潜藏。"坤卦初爻小象辞曰："履霜坚冰，阴始凝也。"两处皆以气言阴阳。阴阳概念真正得到讨论是在《系辞传》中，并由此形成了以阴阳谈易的传统。

关于《周易》的阴阳观，最重要的便是阴阳平衡论。《易传》特别重视乾坤两卦，"乾坤其《易》之蕴邪？乾坤成列，而《易》立乎其中矣。乾坤毁，则无以见《易》"。《系辞传》将乾坤视为《周易》的精蕴，乾坤两卦一旦列布，易道就涵于其中，如果乾坤两卦毁灭，那么也就没有易道可言。《说卦传》提出，八卦之中震、巽、坎、离、艮、兑六子皆由乾坤两卦生出："乾天也，故称乎父；坤地也，故称乎母。震一索而得男，故谓之长男；巽一索而得女，故谓之长女；坎再索而得男，故谓之中男；离再索而得女，故谓之中女；艮三索而得男，故谓之少男；兑三索而得女，故谓之少女。"这是借父母子女的生成关系说明乾坤两卦与其他六卦的关系。《系辞传》多处出现赞乾坤两卦之辞。比如"乾道成男，坤道成女"，是说男女两性及其与之相类的天地之间的雌雄之物分别由乾、坤生成。又如"夫乾，天下之至健也，德行恒易以知险。夫坤，天下之至顺也，德行恒简以知阻"，这是以健释乾之德，以顺释坤之德，健、顺是两个正相反对的属性。至于到底什么是乾坤，《系辞传》中有一个非常形象的比喻："是故阖户谓之坤，辟户谓之乾。"乾坤即门户的开合。这种开合是往来不穷的，更重要的是，开合本身同属于一个实体。《系辞传》曰："乾坤，其《易》之门耶？乾，阳物也；坤，阴物也。阴阳合德，而刚柔有体。以体天地之撰，以通神明之德。"这里明确将乾坤等同于阴阳，并指出阴阳合德是体天地之撰、通神明之德的条件。《系辞传》曰："一阴一阳之谓道。"这一命题将阴阳平衡理念上升到道的高度。

2. 扶阳抑阴说

但是，在《周易》中我们又可看出扶阳抑阴的倾向。《周易》经文多以阳爻比君子，以阴爻喻小人。比如谦卦九三爻辞"劳谦，君子有终，吉"，以君子言九三阳爻。师卦上六爻辞"大君有命，开国承家，小人勿用"，以上六阴爻为小人。秉承这种理念，《系辞传》曰："阳一君而二民，君子之道也；阴二君而一民，小人之道也。"剥卦六三爻辞："剥之，无咎。"王弼释曰："与上为应，群阴剥阳，我独协焉。虽处于剥，可以无咎。"① 剥卦五阴处于下，一阳处于上。六三为阴，然与上九之阳相应，有以阴助阳之义，故无殃咎。相反，夬卦九三爻辞："壮于頄，有凶。"王弼释曰："夬为刚长，而三独应上六，助于小人，是以凶也。"② 夬卦五阳处于下，一阴处于上。九三为阳，然与上六之阴相应，乃以阳助阴，故有灾殃。扶阳之义昭然若揭。

《周易》为什么一面主阴阳平衡，另一面又倡扶阳抑阴呢？历代易学家亦有解释。孔颖达曰："人之为德，须备刚柔。就刚柔之中，刚为德长。"③ 孔颖达以德而立论，人之德性须刚柔兼备，这是易学阴阳平衡观的体现。然而，就刚柔二者而言，刚为主而柔为从，这是易学扶阳抑阴观的体现。朱子《周易本义》载："夫阴阳者，造化之本，不能相无，而消长有常，亦非人所能损益也。然阳主生，阴主杀，则其类有淑慝之分焉。故圣人作《易》，于其不能相无者，既以健顺仁义之属明之，而无所偏主。至其消长之际，淑慝之分，则未尝不致其扶阳抑阴之意焉。盖所以赞化育而参天地者，其旨深矣。"④ 朱子从人和天地万物两个维度来说明这个问题。从天地万物的角度而言，阴阳为造化之本，虽然阳主生，阴主杀，但二者并存而消长有常，方维系了天地万物的并存；从人的角度而言，生杀显然具有了价值的不同，对二者的态度也就有了善恶之别，人类赞生而恶杀的价值抉择决定了易学扶阳抑阴观的产生。朱子的解释非常有代表性，后世多主此说。

3. 成性说的功夫奥义

我们认为，《周易》阴阳平衡论与扶阳抑阴说的并存与其"成性"说有关，其中又包含着身心转化的功夫论奥义。《系辞传》载："一阴一阳之谓道，继之者善也，成之者性也。"这三句话在易学史乃至中国哲学史上争议都很大。关于"一阴一阳之谓道"，有"阴阳即是道"和"所以阴阳者是

---

① 《周易正义》，载李学勤主编《十三经注疏》，北京大学出版社，1999，第110页。
② 《周易正义》，载李学勤主编《十三经注疏》，北京大学出版社，1999，第182页。
③ 《周易正义》，载李学勤主编《十三经注疏》，北京大学出版社，1999，第182页。
④ （宋）朱熹：《周易本义》，廖名春点校，中华书局，2009，第43页。

道"两种主要观点。关于"继之者善也",孔颖达言"善是顺理养物。故继道之功者,唯善行也"①,以顺理养物释善,并将顺理养物进一步楷定为人之善行。这一解释基本上奠定了后世释"善"的基调。程颢言:"万物皆有春意,便是继之者善也。"② 春意即生物之意,人有赞化育而生物之心,便是"继之者善"。朱子言:"'继之者善'是百心发见恻隐、羞恶之类。"③ 与明道所释完全一致。陆象山的解释略有不同:"'一阴一阳之谓道',乃泛言天地万物皆具此阴阳也。'继之者善也',乃独归之于人。"④ 万物莫不具有阴阳之道,人对阴阳之道把握是为善。这个解释颇有深意,善不仅有善行之义,还有完善之义。相对待之阴阳具于一身意味着主体对自身乃至世界的把握具有了圆满性。关于"成之者性也",这个问题同样复杂。《正义》载:"'成之者性也'者,若能成就此道者,是人之本性。若性仁者,成就此道为仁;性知者,成就此道为知也。"⑤ 一阴一阳为天地间的大道,然而对于具体的人而言,此道的呈现与主体的本性相关。比如主体以仁为性,一阴一阳之道便以仁的形式展现出来;若主体以知为性,则一阴一阳之道便以知的形式呈现出来。此处所谓的性,乃是与人天生的气质相关的经验意义下的性。朱子曰:"'继之者善',方是天理流行之初,人物所资以始。'成之者性',则此理各自有个安顿处,故为人为物,或昏或明,方是定。若是未有形质,则此性是天地之理,如何把作人物之性得。"⑥ 在朱子看来,天理本身至善无恶,然而天理一旦表现为具体的事物,就与事物的气质相纠缠,而具体之物就呈现出善恶混杂的倾向。朱子的解释,乃是基于天理、气质的两重区分,是理学背景下标准的诠释理路。

我们认为,这一解释在义理脉络上是可以成立的,但是忽略了"成性"本身所包含的主动性意味。也就是说,"成之者性也"不仅指出了主体善恶混杂的生存现状,指出了至善无恶的超越境界,更重要的是还指出了阴阳平衡状态的获得乃是实现这种超越的前提条件。进一步言,易学之中存在

---

① 《周易正义》,载李学勤主编《十三经注疏》,北京大学出版社,1999,第269页。
② (宋) 程颢、程颐:《二程集》第1册,中华书局,1981,第29页。
③ (宋) 黎靖德编《朱子语类》第5册,中华书局,1986,第1897页。
④ 《陆九渊集》卷三十六,中华书局,1980,第477页。
⑤ 《周易正义》,载李学勤主编《十三经注疏》,北京大学出版社,1999,第269页。
⑥ (清) 李光地编纂《周易折中》,巴蜀书社,2006,第551页。

两种阴阳关系，一是同一平面的横向关系，一是超越的纵向关系，而横向的阴阳平衡是获得纵向超越的前提条件。《系辞传》曰："易有太极，是生两仪，两仪生四象，四象生八卦。"阴阳两仪是一对阴阳关系，四象之中的少阴与少阳、太阴与太阳也是阴阳关系，推之八卦亦是如此。这样的阴阳关系即同一平面的横向关系。八卦由四象生出，四象由两仪生出，两仪由太极生出，八卦与四象，四象与两仪，两仪与太极，则是被生与生的另外一种阴阳关系。《系辞传》这段话表达了一种顺生的次序，然而在《系辞传》中又有"阴阳合德"之语，这意味着此种顺生实际上蕴含着逆还的可能。也就是说，八卦逆还为四象，四象逆还为两仪，两仪逆还为太极。这样，八卦、四象、两仪以及太极就呈现为一种纵向的、超越的阴阳关系，而这种关系的达成有赖于阴阳合德的基本原则作为前提。

通过这种诠释我们可以得出这样的结论：《周易》之中阴阳平衡观与扶阳抑阴观的并存并不是理论的混乱，而是蕴含着通过阴阳平衡以达到超越主体生存现状的功夫要求。

（三）阴阳之观在后世的运用

《周易》的阴阳理论对后世有着非常深刻的影响，宋明儒学的开山人物周敦颐即一个非常典型的代表。他首先运用阴阳顺生的次序对天地万物以及人的生成做出了说明，其次又从阴阳平衡的角度详述其主静以立人极的超越路径。周敦颐思想体系的建构深受《周易》阴阳理论的影响，但其思想的直接来源则又与道教内丹学密切相关。

1. 内丹学返还理论

《周易》的这种阴阳观首先在道教内丹学中被广泛应用。道教有丹道一派，以长生不死为目的，以炼制外丹和修炼内丹为方法。在丹道派早期，以外丹炼制为主，长生不死的主体也是现实存在的肉体生命。但是这一状况逐渐发生了变化，以精气神为锻炼对象的内丹修炼逐渐占据了主流，长生不死的主体也由现实的肉体生命转为超越于肉身的本原生命形态。这一修炼目的和方法的转变必然以人们对生命存在样态的理解的变化为前提，也就是说，必须设定肉身背后还潜藏着更为精微的生命形态，所有的修炼都以指向这一形态为目的。在内丹史上，对于这样的生命形态有着种种设定模式。比如"内外说"，《参同契》曰："耳目口三宝，闭塞勿发通；真人潜深渊，浮游守规中。"耳目口鼻等感官属于生命的外在形态，除此之外，人的生命的本真状态以潜藏的方式隐含在内。还有"源流说"，吴筠《神仙可学论》载："积虚而生神，神用而孕气，气凝而渐著，累著而成形，形立神居，乃为人矣。"[1] 神为源而形为流。此外尚有不少类似的说法，在这些说法中最有代表性的当数"先后天阴阳说"。

陈虚白《修真秘旨》曰："人得阴阳二气之全，而先天后天分焉。先天者，纯阳也；后天者，纯阴也。"[2] 人之一身由阴阳二气所构成，但此处的阴阳并不属于同一维度，而是阳气属先天，阴气属后天，是先后天的超越关系。道教内丹学中有"两重天地""四个阴阳"之说。刘一明在《修真辨难》中说："两重天地，先天后天也；四个阴阳，先天后天阴阳也。"[3] 两重天地指先天与后天是没有疑问的，但是四个阴阳径指先天阴阳与后天阴阳则值得商榷。按照陈虚白的说法，先后天本是一对阴阳。内丹学修炼的目的是后天返先天，即从后天之阴返还到先天之阳。而要想实现从后天到先天的跨越，则需从调和后天之阴入手。后天之阴之所以被冠以"阴"之名，乃是因与先天之阳相对而得。实际上就后天之阴而言，同样蕴含着阴和阳两种性质。所谓调和后天之阴，不外是使后天的阴和阳两种性质达到平衡。因此，四个阴阳指先后天阴阳与天之中的阴和阳更为合适。

道教内丹学认为，人的后天生命是阴阳杂居之体，要想达到阴阳平衡，需以后天纯阴与纯阳的出现为前提。在内丹学体系中，常常以坎卦代表身，以离卦代表心，以坎卦中阳爻代表身中阳气，以离卦中的阴爻代表心中阴气。内丹学常常强调坎离相交，也就是纯阴与纯阳达成平衡。一旦坎离相交，则人的先天形态自然出现，这在内丹学中被称为"先天一气自虚无中来"。内丹学中另有进阳火、退阴符之说，亦是强调纯阴、纯阳的获得以及二者之间的平衡。刘一明指出："金丹大道，始终两段功夫，一进阳火，一运阴符。"所谓"进阳火"，乃是"阴中返阳，进其刚健之德"；所谓"运阴符"，乃是"阳中用阴，运其顺柔之德"。也就是说，从阴阳杂居的人身之中修炼出纯阴与纯阳，"进阳火，必进至于六阳纯全，刚健之至，方是阳

---

[1] （唐）吴筠：《神仙可学论》，载萧天石主编《道藏精华》第1集第1册，自由出版社，1956，第202页。
[2] 转引自萧天石《道家养生学概要》，华夏出版社，2007，第85页。
[3] （清）刘一明：《修真辨难》，载《悟元汇宗》，宗教文化出版社，2015，第437页。

火之功尽;运阴符,必运至于六阴纯全,柔顺之至,方是阴符之功毕"。一旦"阳火阴符,功力俱到,刚柔相当,健顺兼全,阳中有阴,阴中有阳,阴阳一气,浑然天理",那么"圆陀陀,光灼灼,净裸裸,赤洒洒,圣胎完成,一粒黍米宝珠悬于太虚空中,寂然不动,感而遂通,感而遂通,寂然不动,常应常静,常静常应,本来良知良能面目全现"。[①] 即完成了由后天返先天的丹道工程。

2. 儒家变化气质的功夫体系

周子作《太极图说》,所依据的图形则为《太极图》(见图1)。此图分为五层:最上一层以圆圈表无极;第二层为内含阴阳之太极,其中黑色表阴,白色表阳;第三层以五小圈表五行,其下又另有一小圈表五行之妙合;第四层以一圈表乾坤二气;第五层则以一圈表万物化生。这五层图式,展现了万物的衍生次序,与《系辞传》"易有太极"章有异曲同工之处。

据学者考证,《太极图》并非周敦颐所作,而是来源于道教。黄宗炎曾作《图学辩惑》,详论此事。他指出,此图应从下面看起。其最下一个圈名为元牝之门,次上一个圈名为炼精化气、炼气化神,再上为五气朝,再上名为取坎填离,取坎中之白以填离中之黑,最上之一圈名为炼神还虚,复归无极。这显然是一个由有形到无形的返还次第,与周敦颐所说次序恰恰相反。黄宗炎说:"盖方士之诀,在逆而成丹,故从下而上。周子之义,以顺而生人,故从上而下。"(《太极图辨》)实际上,周子也不仅仅是叙述顺而生人之义,而是借用道教内丹学的人物生成理论以论证儒家以德性为主体的内在超越之道。

《太极图说》开篇以宇宙生成论的方式说明天道的运行法则,这包括两

图1 太极图

资料来源:《周敦颐集》,陈克明点校,中华书局,1990,第1页。

[①] (清)刘一明:《周易阐真》,载《易道阐真》下册,滕树军、张胜珍点校,宗教文化出版社,2016,第589页。

第三章 观法与本原

方面的内容：一是由无极到太极到阴阳再到四时五行的顺行演化，一是由五行到阴阳再到太极、无极的逆行回归。这一顺一逆的两个过程是天道运行不息的保证。关于"无极而太极"，自古以来争议非常多。有儒者称这句话本身不符合儒家思想的根本精神，无中生有从来就不是儒家的观点。另有儒者进行辩解，称无极是虚指，以形容太极在万物之上的超越性，并不是说太极生于无极。这两种观点虽然有异，但对无中生有持反对态度则是一致的。《系辞传》有太极生两仪之说，直接将太极之有作为始点。《序卦传》开头即"有天地然后有万物"，亦是以天地之有作为始点。基于这种理由，后世儒者往往从宇宙论和本体论的角度反对以无为始点的说法。

实际上，无中生有的思想在《周易》中早已具备。《周易》有复卦，此卦一阳生于群阴之下，有天地开辟的生成意味。从十二消息卦的次序看，坤卦之后为复卦。坤卦六爻皆阴而为无，复卦一阳生于群阴之下而为有，由坤而复即无中生有。只不过十二消息卦是一个循环体系，无和有之间亦是一个相生模式，无并不是超越于有的本体。十二消息卦循环相生蕴含着功夫修证的意味。复卦《象传》有"复，其见天地之心"之言。有学者以静为天地之心，有学者以动为天地之心，亦有以无心之心为天地之心之说，还有以一动一静之间为天地之心之论。实际上，对这段话之所以有这么多的解释，在于人们观察有无、虚实转换的角度不同。从天道的角度看，贞下起元，坤后即复。从人道的角度看，主体只有在无思无为、寂然不动的境界中，方能够蕴蓄生机而感通天下之故。因此，"无极而太极"与其从宇宙论、本体论的角度考察，不如从功夫修证的角度进行理解。从宇宙论、本体论的角度看这段话固然有滞塞不通之处，但是如果转换成功夫的角度，很多纠结不清之处马上便会涣然冰释。

"无极而太极"表征静极之中一点生机迸出，太极即这一点生机。这一点生机具备两种功能，一是向外而发散，此即"太极动而生阳"；二是向内回归，此即"动极而静，静而生阴"。发散之中蕴蓄着收敛，收敛之时含藏着发散，此即"一动一静，互为其根"，阴为阳中阴，阳为阴中阳。至于称"阳变阴合，而生水火木金土"，即言两仪生四象。在易学象数体系中，五行之土常常不是独立存在，而是分寄于木、火、金、水之中。也就是说，以四时而言，木旺于春，中寄辰土；火旺于夏，中寄未土；金旺于秋，中寄戌土；水旺于冬，中寄丑土。水火木金土五行即太少阴阳四象，故曰

"五气顺布,四时行焉"。五行虽由阴阳化生,但五行之中即包含着阴阳之道,故称"五行一阴阳也"。同样的道理,阴阳之中亦蕴含着太极之道,故称"阴阳一太极也"。太极这一点生机发于寂然不动之处,所以说"太极本无极也"。

天道并不与万物相隔离,而是在创生万物的同时就隐含在万物之内。《太极图说》载:"五行之生也,各一其性。"由无极、太极、两仪直到五行的创生,天地之性就被赋予到了具体事物之中。虽然万物是被创生的,但万物之中依然凝合着天地至理。"无极之真,二五之精,妙合而凝。"正是说明了这个道理。《通书·理性命章》的表达更为清晰具体:"二气五行,化生万物。五殊二实,二本则一。是万为一,一实为万;万一各正,小大有定。"阴阳五行之气化生万物,而万物即具阴阳五行之性。人是万物之一,同样是由阴阳五行所化生。只不过人有异于万物之处:"惟人也得其秀而最灵。形既生矣,神发知矣,五性感动而善恶分,万事出矣。"一方面人得阴阳五行之秀气而具备仁义礼智信之五性,另一方面人既有形不免与外物交接而受其触动,从而有喜怒哀乐爱恶欲之七情。因此性受情凿而有善有恶。由此看来,人的终极目的显然在于迁善改过,回复天赋本然之真。这在《太极图说》中被称为"立人极"。

"立人极"的方法在《太极图说》中非常清晰,那就是"定之以中正仁义而主静"。这一命题涉及不少概念,最关键的当数"中正"。何谓"中正"呢?《通书·理性命》载:"厥彰厥微,匪灵弗莹。刚善刚恶,柔亦如之,中焉止矣。"彰和微分别指成形之体和几微之端,灵和莹分别指心体之灵通透澈和其用光明彻照。这两句话是说,无论是已显现还是未成形之物,主体如果不能回归到心体则难以使事物符合天道而光明彻照。那么,回归心体的办法即在于材质刚柔之中得其中正,也就是"刚善刚恶,柔亦如之,中焉止矣。这句话与《尚书·洪范》有关。《洪范》载:"一曰正直,二曰刚克,三曰柔克。"这是《洪范》之三德。三德之中正直是天然本具之德性,而刚克、柔克则是包含变化刚柔的修养功夫在内。《通书·师》对此有详尽的说明:"刚善:为义,为直,为断,为严毅,为干固;恶:为猛,为隘,为强梁。柔善:为慈,为顺,为巽;恶:为懦弱,为无断,为邪佞。惟中也者,和也,中节也,天下之达道也,圣人之事也。故圣人立教,俾人自易其恶,自至其中而止矣。"在周子看来,性情材质或刚或柔而不中正，故有善有恶。修养之道即在于使刚柔得其中正，这是天下之达道。一旦性情之刚柔归于中正，则人之灵通透澈的心体便由此显现出来，从此便可以得天地之理而立人极。由此可以看出，周子"以立人极"的办法便是就性情之刚柔而得其中正，这无疑是易学阴阳理论在儒家修养功夫上的运用。

总之，《周易》不仅将本原的"分裂"视为常态，还深入探讨了"分裂"的内容，甚至将乾坤凿破混沌的行为视为圣人有意之作。但是《周易》并没有停留在这种分裂上，而是从分裂中找到了返回本原的路径，即通过阴阳之间的平衡而实现超越。《周易》的这种理论被后世所继承，道教内丹学的返还体系就与此相关。儒家在道教内丹学的影响下，对这种理论也有所继承。从儒家变化气质的功夫体系中，就能够发现这种理论的痕迹。

三 物象之观

《系辞传》称伏羲通过观察万物而始作八卦，这意味着万物之中就隐含着天地至理。《易传》又言三才之道，而且天地人三才在一个六爻卦系统中又存在复杂的对应关系。因此，物感而人应就有了形而上根基和超越维度。在通行本《周易·大象传》中存在以物我感应为模式的成德功夫体系。在宋明儒家中，伊川、朱子一系特别重视格物说，即通过穷究天地万物之理而达至心体豁然贯通的境地。这种由物理以通达心理的功夫模式，与《周易》深观物象以养其德的思想有着极大的相似性。除此之外，《周易》的物我感应思想还衍为技艺之道，而技艺的实践中也包含达道的可能。

（一）观物以养德

在现代社会，我们很难理解自然物象与人类社会的典章制度，尤其与个人的行为准则之间存在某种对应关系。但是，《周易》提出三才之道，天地人三才杂居而互相感应，个人的行为与天地万物便联系了起来。以这种理论为根据，《周易》建立了观物以养德的功夫模式。

1. 《大象传》及其体例

《左传·昭公二年》载韩宣子聘鲁，"见《易象》与《鲁春秋》，曰：

周礼尽在鲁矣，吾乃今知周公之德与周之所以王也"。这段话给易学研究者带来极大的困惑，韩宣子为晋人，《左传》记载了不少晋人以《周易》占筮之事，韩宣子没有理由对《周易》不熟悉。如果韩宣子在鲁国见到的只是人们习见的《周易》，他绝不会如此感慨。那么，韩宣子见到的《易象》到底是什么呢？这一著作为什么又和周公之德以及周王天下有关呢？学者对此言说纷纭。姜广辉先生的观点值得注意，他认为易有两种：有秘府之《周易》，有方术之《周易》，前者演德，后者占筮。前者与文王、周公相关，今本《周易·大象传》当是秘府演德之《易》的整理版，韩宣子所见《易象》亦与此有关。① 姜广辉先生根据"演德"提出《大象传》与文王、周公相关，且韩宣子所见《易象》就是《大象传》，非常有见地。

今本《大象传》体例颇有公式化的倾向，学者们多认为它大体分为两部分，前者为卦象，后者则是卦德。② 譬如《乾·象》："天行健，君子以自强不息。"天行健即卦象，自强不息即卦德。六十四卦象传大体皆是如此。对于卦象与卦德之间的关系，今人颇有疑义。李镜池先生明确反对《大象传》的卦象与后面所附的政治修养思想有必然的关系，"大象的卦象，不过注明每一卦由内外两卦构成，这些卦象和体会出来的政治修养思想却很少联系"③。姜广辉先生亦持这种观点，只不过他提出了一个解释模式。他认为，《大象传》卦象和卦德的关系，是伦理学上境遇与意义的问题，"每一卦象象征一种境遇，在各种不同的境遇下，具有不同价值观的人会有不同的抉择"④。这些观点都是非常有道理的。但是他们忽略了《周易》的物我感应思想，以及与这一思想相关的成德功夫理论。也就是说，《大象传》无意从伦理学境遇与意义关系的角度，为人类社会的典章制度乃至个人的行为原则提供形而上的根据，而是更多地着眼于德性以及智慧人格的生成和培养。因此，与其说《大象传》是一套解释体系，不如说是建立在物我感应基础上的功夫实践模式。

2. 三才之道

《系辞传》载："《易》之为书也，广大悉备。有天道焉，有人道焉，有

---

① 姜广辉：《"文王演〈周易〉"新说——兼谈境遇与意义问题》，《哲学研究》1997年第3期。
② 实际上，《大象传》当分为三部分：内外卦、卦名和修身功夫要求。我们将会在下面部分详述。
③ 李镜池：《周易探源》，中华书局，1978，第345页。
④ 姜广辉：《"文王演〈周易〉"新说——兼谈境遇与意义问题》，《哲学研究》1997年第3期。

地道焉。兼三才而两之，故六。六者，非它也，三才之道也。"《周易》卦画有三爻者，有六爻者。三爻分别代表天地人三才，上爻为天，中爻为人，下爻为地。三爻卦相重而为六爻卦，也就是说三爻卦每爻分阴阳即为六爻卦。在三爻卦中，上下中三爻分别代表天地人，在六爻卦中则体现为第五、第六爻代表天、第三、第四爻代表人、第一、第二爻代表地。《说卦传》载："昔者圣人之作《易》也，将以顺性命之理。是以立天之道，曰阴与阳；立地之道，曰柔与刚；立人之道，曰仁与义。兼三才而两之，故易六画而成卦。"在《周易》卦爻所代表的天地人中，分别有其本质规定。天道的规定是阴和阳，地道的规定是柔与刚，人道的规定是仁与义。《周易》的卦爻并不是独立的存在，它们之间有着非常密切的关系。比如《周易》中有所谓的相应，初爻和四爻相应，二爻和五爻相应，三爻和上爻相应；又有内外卦之间的相应；互体之间的相应；等等，不一而足。除了相应之外，各爻的变化还有共同的趋向，即顺应性命之理。这说明《周易》卦爻是一个系统的有机体，天地人三才之间存在某种密切的关系。三者之一具有某种规定性，另外两者亦有相应的规定性；三者之一发生变化，另外两者亦有相应的变化。

根据这种理论，天地之间物物、人人乃至人物之间，无不存在特定的感应关系。所以，母鹤鸣叫于山阴，其子便会引吭相和。君子居于室中，言语之善恶，千里之外皆有所应。其心至诚，豚鱼亦皆有感。《系辞传》言太极生两仪，两仪生四象，四象生八卦，如此辗转无穷。然而，太极生两仪，太极即在两仪之中。由两仪而八卦，太极即在八卦之中。散而为万物，太极即在万物之中，这说明具体之物就具有超越的维度。《系辞传》曰："六爻之动，三极之道也。"三才之道在此被称为三极之道，"三极"者，"天地人之至理，三才各一太极也"[1]。这同样说明天地人不仅仅是具体的有限之物，它们作为有限者同时具备了超越性。由此可知，在《周易》看来，天地万物包括人之间，存在相互感应的关系。这种相互感应不仅是形而下的触动，还包含形而上的超越。在这个视域下我们很容易明白，《大象传》先言物象后言义理，不是境遇和义理的附会，而是通过物我一体的感触所建构的某种范式，人们通过对这种范式的掌握而借助天地万物以养成自己

---

[1] （清）李光地编纂《周易折中》，巴蜀书社，2006，第541页。

的德性人格。

3. 观物养德

学界常将六十四卦《大象传》分为修身与政教两部分，这显然符合儒家内圣外王的思路。如果我们把修身方面的原则视为功夫要求，那么与修身相关的每一条传文大致分为三部分：内外卦、卦名和修身功夫要求。比如"天行健，君子以自强不息"，天行即表示重天之象，健即乾，自强不息是君子修身的要求。"地势坤，君子以厚德载物"，地势即表示重地之象，坤即卦名，厚德载物亦是君子修身的要求。"山下出泉，蒙，君子以果行育德"，"天地不交，否，君子以俭德避难，不可荣以禄"，等等，皆是如此。学者们在解《大象传》时，往往关注于内外卦所代表的物象与义理间的关系，而对卦名的价值有所忽略。从解释学的角度看，一个没有任何修身方面知识储备的人，是很难将某一物象与特定的修身原则联系在一起的。《孟子·尽心上》言舜开始居于深山之中，"与木石居，与鹿豕游"，并没有直接通过木石、鹿豕而具备圣人品格。相反，"其所以异于深山之野人者几希"。直到"闻一善言，见一善行"，具备了一定的道德自觉，其内在的德性，"若决江河，沛然莫之能御也"。以大舜之智尚且如此，更不用说其他人！《大畜·象传》："天在山中，大畜，君子以多识前言往行，以畜其德。"《周易》强调"多识前言往行"，在于前言往行有助于建立有关修身的知识体系。从这个意义上看，卦名不仅仅是一个称谓，更重要的是这个称谓往往指代此卦的价值倾向。《系辞传》中有所谓的"三陈九卦"，即三次陈说履、谦、复、恒、损、益、困、井、巽九个卦名，而这九个卦名又分别与德之基、德之柄、德之本、德之固、德之修、德之裕、德之辨、德之地、德之制相关。由此可以看出卦名的价值和意义。在具备了明白卦名含义的前提下，方具备在物象与义理间建立联系的能力。

所谓在物象和义理间建立联系，也不是从知识的角度找出两个领域之间的逻辑关系，而是借助物象与义理之间的某种相关性，使主体产生某种触动，因这种触动而使其对某些修身原则产生坚固不移的确信感，理论知识从而转化为内证体验。譬如"泽中有雷，随，君子以向晦入宴息"，泽中有雷乃暗中刹那光明之象，君子深观此象而洞悟即使晚间休息依然明相不失的功夫要求和境界。也许君子一直在做这方面的功夫，但迟迟未能达到"向晦入宴息"的境界。现在通过观自然界大泽之中倒映的电闪雷鸣之象，而使主体打破了某种障碍由此获得了内证的觉受。《论语·子罕》载："子在川上曰：逝者如斯夫，不舍昼夜。"学者多称这是孔子窥见道体之言。正与《周易》所示的观法有着相似之处。

实际上，《周易》所展示的这种通过观物而养德之法有一定的时代背景。比如《诗经》有比兴之法，即取诸物象，或借象而比，或因象而兴。《关雎》开篇"关关雎鸠，在河之洲；窈窕淑女，君子好逑"即典型的比兴之句。当人们看到鸟儿在河边成双成对、双栖双飞的时候，就不由自主、自然而然地联想到男女恋爱之事。比兴大概是当时人们理解、表达事物的一个基本方法。只不过《大象传》将与此相似的方法运用到修身领域，使其具有了身心修养和转化的功夫特征，并以六十四卦的体系性赋予了这种修身模式整体的价值和意义。

（二）格物说

格物说为宋明儒家伊川、朱子一系所重视，此说涉及心物关系，与《周易》物我感应理论及建立在其上的观物以养德思想相似。格物说有两个难点：一是物理和心理贯通的问题，即如何通过格物理而晓心理；二是有限和无限贯通的问题，即如何通过今日格一件明日又格一件达到心体朗显的境界。前一个问题的解决与对物理的理解相关，此处的物理不是知性意义上自然、人事方面的知识，也不是形而上意义上万物存在之所以然，而是主体心性修养功夫历程中的价值确认。后一个问题的解决与格物说的功夫定位相关，即今日格一件明日又格一件不在于格尽天下之物，而是通过格物过程以坚固自身的价值确认，直到拥有战胜气禀和物欲的力量而将无限的心体呈现出来。

1. 由外物之理以通内心之理

《大学》提出"格物"概念，但未见解释。朱子认为《大学》本有解释格物致知之义的文字，"而今亡矣"。所以他作《格物补传》，力图阐明格物的含义。朱子提出，他的格物思想与程子相关，"间尝窃取程子之意以补之"[1]。此处"程子"即伊川，在其语录中存有不少关于格物的论说。朱子

---

[1] （宋）朱熹：《四书章句集注》，中华书局，1983，第6页。

明确指出，所谓格物即"即物而穷其理也"①。然而，"物"是什么？"理"又是什么？则大费思量。按照朱子的理解，"物"的范围极其广泛，自一身而到天地万物，包括动植飞潜，都属于应格之"物"。至于"理"，身中之理为"仁义礼智，恻隐羞恶，辞逊是非，与夫耳目手足视听言动"等，即人的道德本心以及体现这些道德本心的物质载体。身外万物之理则包括，"万物之荣悴与夫动植小大，这底是可以如何使，那底是可以如何用，车之可以行陆，舟之可以行水"等，即万物所以然的原理和根据。② 自身之中仁义礼智之理自然与心体相关，然而"万物之荣悴与夫动植小大"，以至于"车之可以行陆，舟之可以行水"，和道德本心又有何干呢？

阳明曾以亲身实践——七日格竹子，说明穷物理无助于明心理。《朱子语类》之中载有朱熹和弟子的一番对话，颇有助于理解这个问题。有学生问朱子：按照您的说法，格物是格天下万物之理，那么天之所以高，地之所以深，鬼神之所以幽显，以及"微而至于一草一木之间"，无不在所格之物的范围内。然而程子曾经就格物而论下手工夫的问题，提出"莫若察之吾身者为急"，那么如何在一身中用功呢？是"亦随事而致察否"？朱子肯定了学生的见解："次第亦是如此。"这是说，在一身中用工夫即随时察识与己相关的事情。结合前面提到身中之理为"仁义礼智，恻隐羞恶，辞逊是非，与夫耳目手足视听言动"等，可知朱子所谓"格物"在下手之初亦不外察识自身的道德本心。朱子格外强调，对于初学者而言，"又如何便去讨天地高深、鬼神幽显得？"即与己身相距较远的天地万物不是当务之急。但这不等于说不要去格，而是放在功夫有了进境后再去格。③ 冯友兰先生亦指出，穷物理是增加知识之事，穷人理是提高精神境界之事，表面上看起来二者不相干。这是因为对二者的关系理解不够全面，"思想上有了'弯'没有转过来"。也就是说，如果从天地境界看，任何有积极意义的事都有"事天"的意义，增加知识就是提高精神境界。④ 这与我们前面所提到的一样，具备了道德视野之后，方能够在物象和义理之间建立联系。

朱子对于天地万物的关系有一个基本的判断，那就是"理一分殊"。

---

① （宋）朱熹：《四书章句集注》，中华书局，1983，第6页。
② （宋）黎靖德编《朱子语类》第2册，中华书局，1986，第395页。
③ （宋）黎靖德编《朱子语类》第2册，中华书局，1986，第401页。
④ 冯友兰：《中国哲学史新编》下，人民出版社，2001，第203—204页。

"理一分殊"远有端绪，与程子和张载有着密切的关系。这一概念的基本意思是说，天地万物有一个共同的本原，此之谓"理一"；而这一本原又散于万物之中，万物各具此理之全体，此之谓"分殊"。朱子说："近而一身之中，远而八荒之外，微而一草一木之众，莫不各具此理。"① 又说："然虽各自有一个理，又却同出于一个理尔。"② 他经常用水月之喻说明这个道理："一月普现一切水，一切水月一月摄。"③ 朱子不仅重视理一分殊的思维形式，还对其具体内容有所阐发。他著有《仁说》，其说曰："天地以生物为心者也，而人物之生，又各得夫天地之心以为心者也。"天地以生物为心，所生之人之物又各具天地之心以为其心，这显然是理一分殊的具体化。朱子进一步说："故语心之德，虽其总摄贯通、无所不备，然一言以蔽之，则曰仁而已矣。"天地生物之心总摄贯通，但其本质为仁。朱子对此做了论证，首先以《周易》为根据，将天地之心分为四德，"曰元、亨、利、贞"，四者之中"元无不统"；其次从发用的角度，指出四德现为春、夏、秋、冬之序，"而春生之气无所不通"；最后从人心的角度，指出其德亦有仁、义、礼、智四种，"而仁无不包"。仁是人心的本体，同时又是天地之心在人身之中的体现。④ 这样，天地之元，四时之春，与人心之仁，都是一理的不同显现。在了解了这个背景的前提下，格天地万物即格己身之物。格"万物之荣悴与夫动植小大"之意义，不仅在于了解这些对象的具体知识，更重要的在于通过这些规律将对象与天地生物之心联系起来。格"车之可以行陆，舟之可以行水"亦是如此，其意义在于通过了解它们制作、运行的知识，洞悟车、舟本身以及创制者创制行为中所包含的生物之心。

2. 由有限之行为以通无限之心体

格物的目的在于致知，即通达心之本体。然而所格之物与格物行为都是有限的，靠今日格一件明日又格一件的积累，如何能够通达无限的心体呢？伊川弟子曾问道：先生所言格物，是格多物还是格一物？伊川说：即便是颜回那样的天才，亦不敢说通过格一物而通众理。但也不是说格尽天

---

① （宋）黎靖德编《朱子语类》第 2 册，中华书局，1986，第 398 页。
② （宋）黎靖德编《朱子语类》第 2 册，中华书局，1986，第 398 页。
③ （宋）黎靖德编《朱子语类》第 2 册，中华书局，1986，第 399 页。
④ （宋）朱熹：《仁说》，载《晦庵先生朱文公文集》卷六十七，《四部丛刊初编》本，商务印书馆，1919。

下之物，"须是今日格一件，明日又格一件"，通过一定的积累过程，"然后脱然自有贯通处。"① 朱子对伊川这句话非常赞赏："他也不说格一件后便会通，也不说尽格得天下物理后方始通。只云积习既多，然后脱然有个贯通处。"由此朱子认为，伊川这句话"便是真实做工夫来"。② 即对内在体验的真实描述。朱子在《格物补传》中说，大学之教开始即令学者格天下万物之理，"至于用力之久而一旦豁然贯通焉，则众物之表里精粗无不到，而吾心之全体大用无不明矣"。亦是强调今日格一件，明日又格一件，通过积累自然贯通。从逻辑的角度看，有限之物通过积累无论如何也不能够达到无限，有限和无限之间存在一个通过量的积累无法跨越的鸿沟。然而伊川和朱子都有由积累而豁然贯通的描述，并且强调这不是理论的推定，而是一个由修养功夫而来的事实。

中国哲学史上有所谓的朱陆之争，这场争论源于鹅湖之会，鹅湖之会讨论的焦点在于"尊德性"和"道问学"孰主孰从。陆象山之学以尊德性为宗，强调先立乎其大，不为后天小者所夺。如果不明德性本体，"而徒致功于外索，是无源之水也"。朱子之学以道问学为主，强调格物穷理是人们掌握圣人之学的阶梯。如果缺乏格物功夫，过于相信自心，"而惟从事于覃思，是师心之用也"。这场争论非常有意思，按照陆象山的观点，洞悟心体是学问的根本，有了这层功夫便有了准星，一切便可以迎刃而解，如果没有这层功夫，那么所谓的格物致知便是无本之学，流于琐碎。但是按照朱子的观点，如果缺乏格物致知的功夫，那么所谓的心体有可能只是光影而缺乏具体内容，最终而流为师心自用。③ 黄宗羲曾为折中之论："考二先生之生平自治，先生之尊德性，何尝不加功于学古笃行，紫阳之道问学，何尝不致力于反身修德，特以示学者之入门各有先后。"④ 陆象山虽倡尊德性，但其本身同时是学古笃行之士；朱子虽倡道问学，但已致力于反身修德。他们二人之所以一倡尊德性，一倡道问学，只是下手功夫的先后问题。

在黄宗羲看来，朱子道问学的格物功夫与反身修德是联系在一起的。从逻辑上看，这种联系可以分为以下三种模式。第一，反身修德悟明心体

---

① （宋）程颢、程颐：《二程集》第1册，中华书局，1981，第188页。
② （宋）黎靖德编《朱子语类》第2册，中华书局，1986，第392页。
③ （清）黄宗羲撰《宋元学案》卷三十九，中华书局，1986，第1279页。
④ （清）黄宗羲撰《宋元学案》卷三十九，中华书局，1986，第1279页。

在先，而格物穷理的功夫在后。这是象山尊德性的路子，显然不为朱子所取。第二，格物是格物，反身修德是反身修德，二者是并行的两回事。朱子强调物我一理，两者是两回事亦不为朱子所取。第三，反身修德即在格物中。《朱子语类》载弟子问："观物察己者，岂因见物而反求诸己乎？"所谓观物察己即通过格物而察识本心，弟子问要完成这一过程是否还需要一番"作意"？朱子回答："不必然也，物我一理，才明彼即晓此，此合内外之道也。"① 朱子认为不需要这一"作意"活动，因为物我一理，明彼即晓此。按照这段对话的意思，朱子无疑是认可第三种模式的。

格物所具有的反身修德的意义，一方面体现在前面所提到的察识所格之物所具有的天地生物之心上，另一方面还体现在这一活动本身所具有的"警醒"作用上。朱子说："人之本心不明，一如睡人都昏了，不知有此身，须是唤醒方知。"唤醒本心的方式就像唤醒瞌睡之人一样，"强自唤醒，唤之不已，终会醒"。② "唤之不已"这句话非常有意味，就相当于今日格一件、明日又格一件的格物行为；"终会醒"，相当于心之全体大用无不明。基于这种理解，朱子强调："某看来，大要工夫只在唤醒上。然如此等处，须是体验教自分明。"③ 按照这种理解，格物所具有的反身修德的价值不在所穷之理，而在于这一过程作为一种活动而具有的"警醒"作用上。向世陵教授看出了这一点，他指出朱子所谓的本心亦是天理之全，理论上是不需要外在事物之理来填充的。那么格物对于本心的作用并不是直接提供经验材料，而在于"对象性活动本身对天赋德性的触发"。也就是说，人之本心昏蔽而不知，"所以需要'强自'唤之的外力和持续不已的工夫——这些都统归于格物的活动，才能使人觉醒"。④ 伊川有"未有致知而不在敬者"之言，有弟子问朱熹：这是不是说"敬则胸次虚明，然后能格物而判其是非？"朱子回答："虽是如此，然亦须格物，不使一毫私欲得以为之蔽，然后胸次方得虚明。"⑤ 朱子不否认弟子的这种见解，但是他同时强调格物之

---

① （宋）朱熹：《四书或问》，上海古籍出版社，2001，第21页。
② （宋）黎靖德编《朱子语类》第1册，中华书局，1986，第200页。
③ （宋）黎靖德编《朱子语类》第1册，中华书局，1986，第200页。
④ 向世陵：《闻见与德性——朱子、阳明"知"论辨析》，《复旦学报》（社会科学版）2019年第1期。
⑤ （宋）黎靖德《朱子语类》第2册，中华书局，1986，第402页。

时无私欲之弊,方能够养得胸次虚明。这显然将重点翻转过来了,指出格物的目的在于培养主体的"敬"。伊川、朱子一系特别强调"涵养须用敬",但朱子认为,"只一个持敬,也易得做病"。原因在于,"若只持敬,不时时提撕着,亦易以昏困"。① 所谓"时时提撕着"即察识心是否在所敬之物上,只有这样"才见有私欲底意思来,便屏去。且谨守着,到得复来,又屏去。时时提撕,私意自当去也"②。私欲已去,自然天理来复,便可唤醒本心,即照见全体大用无不明的心体。

(三) 立象与技艺之道

天地万物以物象的形式呈现于人的视野之中,成为人们德性养成的源头活水。物象之中又蕴含着形而上的超越维度,圣人撷采其道而以特定的方式展现出来,是为所立之象。《系辞传》云:"圣人有以见天下之赜,而拟诸其形容,象其物宜,是故谓之象。"此处所谓的"象"是圣人对物象之奥的描摹和形容。人们根据圣人所立之象,或治历以明时,或作乐以崇德,或立成器以为天下利。这些"成法"虽由人制,却包含着天道的超越维度。其中有些"成法"与人们有意识的身心活动相关,从而成为人们以身心修养与转化的功夫方式获得超越性的另一路径。《系辞传》有"鼓之舞之以尽神"之说,"鼓"与音声相关,"舞"则与身体相关。我们不妨以音声和身体方面的技艺为例,阐发观圣人所立之象的价值和意义。

1. 音声技艺的易学背景及功夫意义

《礼记·乐记》云:"感于物而动,故形于声。声相应,故生变,变成方,谓之音。比音而乐之,及干戚羽旄,谓之乐。"音乐即音声方面的技艺。《周易》经文已有音乐的记载,中孚卦六三爻云:"得敌,或鼓或罢,或泣或歌。"这是描写打仗得胜的场景,攻克强敌之后,有人击鼓而贺,有人疲惫而息,有哭泣者,亦有歌唱者。离卦九三爻曰:"日昃之离,不鼓缶而歌,则大耋之嗟,凶。"太阳西斜喻人至晚景,此时当鼓缶而歌,以娱暮年。若恋栈不舍,当有哀叹之辱。《易传》对于作乐的主体、音乐的功用,以及最终目的都有所界定。豫卦《大象传》曰:"雷地豫,先王以作乐崇

---

① (宋) 黎靖德《朱子语类》第2册,中华书局,1986,第402页。
② (宋) 黎靖德《朱子语类》第2册,中华书局,1986,第402页。

德，殷荐之上帝，以配祖考。"先王是作乐者，他们运用所创制的音乐来凸显、培养盛德，最终达到供养上帝、祭祀先祖的目的。在《周易》的语境中，"先王"不仅居天下之大位，还具纯亦不已之盛德。《中庸》云："虽有其位，苟无其德，不敢作礼乐焉。虽有其德，苟无其位，亦不敢作礼乐焉。"这样一个德位皆圆满的圣人方是作乐的主体。《尚书·尧典》载帝命夔典乐，并以此教胄子，希望养成他们"直而温，宽而栗，刚而无虐，简而无傲"的性情。这是对音乐具有约束身心、变化性情，以培养人之德性的巨大功用的肯定。至于"殷荐之上帝，以配祖考"，这与礼乐在祭祀方面的原始功用相关，即音乐是人与上天贯通的媒介。

《礼记·乐记》是一篇非常重要的音乐文论，它奠定了中国古典音乐的理论基础，建立了后世音乐的根本范式。然而，《乐记》的成书，深受《周易》尤其是《系辞传》的影响。高亨先生指出："两篇所述，内容如此多同，语句如此相似。《系辞》论《易经》，其文是天衣无缝。《乐记》论礼乐，其文有抄袭迁改之迹。然则是《乐记》作者酌采《系辞》，事甚明显。"[1] 李学勤先生也说，《乐记》和《易传》的关系，其密切程度要超出《中庸》。《易传》之中《系辞》的观点，被《乐记》所吸收，体现在其音乐理论的各个方面。[2] 李平教授说，《乐记》的乐本论、乐象说和乐简观，分别与《周易》的阴阳之道、易象论和易简学说有着直接的渊源。[3] 实际上在《易传》的影响下，《乐记》对音乐的成德功能以及贯通天人的终极目的做出了极为详尽的发挥，这可以说是《周易》"立象"说的延伸和应用。

《系辞传》有"天尊地卑，乾坤定矣"一章，《乐记》亦有"天尊地卑，君臣定矣"，语脉与《系辞传》极为相似。《乐记》这一章中，有两句话值得注意。一是言礼之终极根据："在天成象，在地成形。如此，则礼者天地之别也。"天象地形万物散殊，是礼之本源。二是言乐之终极根据："地气上齐，天气下降，阴阳相摩，天地相荡，鼓之以雷霆，奋之以风雨，动之以四时，暖之以日月，而百化兴焉。如此，则乐者天地之和也。"天地之间散殊而有差别的万物，通过相交、相磨、相荡，再加上雷霆、风雨、

---

[1] 高亨：《周易大传今注》，齐鲁书社，1979，第13页。
[2] 李学勤：《周易经传溯源——从考古学、文献学看〈周易〉》，长春出版社，1992，第90页。
[3] 李平：《〈周易〉与〈乐记〉》，《周易研究》1995年第2期。

四时、日月的鼓之、奋之、动之、暖之，而表现为化育生长的和谐节律，这是乐之本源。类似的话语在《乐记》中反复出现，表明音乐的创制与圣人对天地大化物象的理解和模仿相关。

　　《乐记》的音乐观既不追求对现实的表达，亦不追求音乐本身的极境，而是以教化为目的。"故乐之隆，非极音也"（《礼记·乐记》），不是为了探索最高妙的音声。就像演奏《清庙》之诗时所用的瑟，配上朱弦，疏通底孔，一人领唱，三人相和，并没有把音声括尽，而是"有遗音者矣"（《礼记·乐记》）。这是因为，"先王之制礼乐也，非以极口腹耳目之欲也，将以教民平好恶而反人道之正也"（《礼记·乐记》）。根据《乐记》所载，人皆有"血气心知之性，而无哀乐喜怒之常"。情绪的变化，与外物尤其是音声的影响密切相关。比如"志微噍杀之音作，而民思忧"，细微而急促的音声使人忧伤多虑；"啴谐慢易、繁文简节之音作，而民康乐"，恢广和谐平缓不变且内容丰富节奏简明的音声使人安闲愉悦；"粗厉猛起、奋末广贲之音作，而民刚毅"，粗犷猛烈且振奋广阔的音声使人发强刚毅；"廉直、劲正、庄诚之音作，而民肃敬"，清明正直且庄严笃诚的音声使人严肃而恭敬；"宽裕肉好、顺成和动之音作，而民慈爱"，宽舒柔和且顺应流畅的音声使人慈柔仁爱；"流辟邪散、狄成涤滥之音作，而民淫乱"，邪辟散乱且杂乱极端的音声使人迷失昏乱。所以先王依据人的性情，参考音律的度数，制作音乐。其基本原则在于使音声符合中道："阳而不散"，阳气奋发而不至于流散；"阴而不密"，阴气收敛而不至于胶固；"刚气不怒"，表达坚强而不至于动怒；"柔气不慑"，表达和顺而不至于畏缩。这样阴阳、刚柔四个方面交融于内心，表达于身外，"皆安其位而不相夺也"。通过先王所作符合中道的音乐的教化，"惰慢邪辟之气不设于身体，使耳目鼻口、心知百体皆由顺正以行其义"。即达到转化身心以养其德的目的。

　　音乐不仅有教化的巨大功用，其极亦有贯通天人的终极价值。《乐记》所载音乐贯通天人的价值主要体现在两个方面：一是与鬼神相交通，二是赞天地之化育。《乐记》强调"大乐与天地同和，大礼与天地同节"，本真意义下的音乐与天地同一韵味，本真意义下的礼仪与天地同一节奏。与天地同一韵味，所以万物各得其所；与天地同一节奏，所以具有祀天祭地的价值。这样一来，"明则有礼乐，幽则有鬼神"，表面上看来是演奏音乐而遵守礼仪，实际上已通于幽隐之中的鬼神。《乐记》言"礼乐之极乎天而蟠乎地，行乎阴阳而通乎鬼神"，正是对其交通鬼神的伟大价值的肯定。《乐记》认为，先王制作的音乐，"文以琴瑟，动以干戚"，再加上"饰以羽旄，从以箫管"，就具有"奋至德之光"的价值，从而能够发挥出"动四气之和，以著万物之理"，化育万物的功效。一旦具有德位的人奏响音乐，"天地䜣合，阴阳相得"。以阳和之气照万物，以广大之土载群生，"然后草木茂，区萌达，羽翼奋，角觡生"。蛰伏的虫子苏醒过来，飞禽之类居巢孵卵，走兽之属开始怀胎。而且"胎生者不殰，而卵生者不殈"，怀胎者不会流产，所生之卵也不会破裂。这就是先王之乐所具备的伟大价值。

2. 身体技艺的易学背景及功夫意义

中国古代音乐演奏通常配以舞蹈。《尚书·尧典》有"予击石拊石，百兽率舞"的记载，这是指以音乐为主导，人们模仿百兽而旋转起舞，舞蹈与音乐一样原始且具有重大价值。《乐记》记载，钟鼓管磬和羽籥干戚都是乐器，"干"即盾牌，"戚"即大斧，盾牌和大斧这样具有杀伐功用的器具同时也是人们舞蹈的道具，表演性质的舞与战争杀伐、搏击野兽的武具有某种一致性。《乐记》援引《周易》阐发音乐理论，为后世音乐创作提供了依据和典范。中国古代的武术理论亦多上溯《周易》，以《周易》的"立象"说及相关理念为其技艺的哲学根据。这中间最典型的就是八卦拳。

《系辞传》言伏羲通过仰观俯察而始制八卦，八卦即乾、坤、震、巽、坎、离、艮、兑，分别对应天、地、雷、风、水、火、山、泽。八卦不仅仅是八种物象的机械排列，还包含太极、两仪、四象、八卦的生成和逆还程序。八卦拳的创始人运用圣人所立的八卦之象及其中所包含的动态演化原则，创制了一套充满哲学韵味的武术体系。他们把人的身体部位与八卦相连。这种连接分为两种形式：一是横向的，即以头为乾，以腹为坤，肾为坎，心为离，尾椎尖至项部大椎为巽，项部大椎为艮，左腹为震，右腹为兑。二是纵向的，即以腹部为无极，肚脐为太极，两肾代表两仪，四肢为四象，四肢各两节为八卦。两脚大趾与两手大指皆是两节，共八节。其余手八指与足八趾皆是三节，共四十八节。加上两膊与两腿八节，共六十四节，合《周易》六十四重卦。在具体的练习过程中，运用一定的形式，将身体的各个部位妥善安排，使其符合八卦乃至六十四卦的生成体系；同时于这些式式相顺的套路形式中，求取中和，即于顺中而逆还，由六十四卦而八卦，由八卦而四象，由四象而两仪、太极，以至于无极。圣人制作八卦，乃至重而为六十四卦，以演天地之变化；八卦拳的创始人运用八卦及六十四卦体系，以人身体部位与卦象相联系，以身体的动作模拟八卦乃至六十四卦的生成与逆还，将天地的造化具于一身之中。他们还把卦象与各种动物联系起来，譬如以乾为狮，以坤为麟，以震为龙，以巽为凤，以坎为蛇，以离为鹞，以艮为熊，以兑为猴。每一种动物都具有一种特殊的性能，比如乾卦狮形，其物最严烈，其性最勇猛，坤卦麟形则性情温和。练习者通过种种形象，体察这些性能，作为提高自身技能的依据。除此之外，八卦拳尚有神化之功，即借助天地之形势来提高自己的技艺。所谓借助天地的形势，即在练习的过程中讲究天时、地利、气候、方向等，借天地之灵气，禀日月之临照，而达成上乘神化之功。达到这种程度，拳术作为一门技艺，已具有了贯通天地的超越维度。

武术之中尚有形意拳与《周易》关系密切。形意拳中"形"即身体等外在形式，"意"即内在心意，以手足等外在形式调整、表达内在心意即形意拳。形意拳最基本的概念是五行，五行是易学上一个非常重要的概念，它实际上与八卦体系的中的四象具有相似的意义，四象加上中土太极即为五行。形意拳以心肝脾肺肾五脏配合五行，心与火相配，肝与木相配，脾与土相配，肺与金相配，肾与水相配。天地五行中和则归于中央太极，人身五脏中和则还于人身之太极。然而五脏在内难以调整，形意拳创始人创制种种身体所表达的动作，分别对应心肝脾肺肾五脏，譬如以劈拳对应肺金，以崩拳对应肝木，以炮拳对应心火，以钻拳对应肾水，以横拳对应脾土。以劈、崩、炮、钻、横的外在身体动作，调整肺、肝、心、肾、脾内在五脏。以劈、崩、炮、钻、横的外在中和，引发肺、肝、心、肾、脾的内在中和，从而使身体达到和谐的状态。这些动作为什么能与五脏发生关联呢？这也与《周易》的取象思想相关。劈拳模拟金性，而肺属金；崩拳模拟木性，而肝属木；炮拳模拟火性，而心属火；钻拳模拟水性，而肾属水；横拳模拟土性，而脾属土。劈、崩、炮、钻、横与肺、肝、心、肾、脾，通过五行联系在了一起。至于劈、崩、炮、钻、横何以能够具有五行的属性，这与这些动作的特定形状和变化过程相关，亦不外《周易》取象的大原则。形意拳亦有对鸟兽等动物的模仿和效法。形意拳家认为，人和物都由天地阴阳所化生，人得五行之全，物得五行之偏。虽然物得其偏，但能够尽天地所赋之性。人若能够效法动物，即可增进其技艺。形意拳效法十二种动物,即龙、虎、熊、蛇、骀、猴、马、鸡、燕、鼍、鹞、鹰,这十二种动物并非随意列出,而是可以概括万形之理。民国著名武术家孙禄堂先生言:"此十二形者,可以概括万形之理矣。故十二形为形意拳之目,又为万形之纲也。所以习练十二形拳者,可以求全天地万物之理也。"[①]

圣人仰观俯察,近取诸身,远取诸物,始作八卦,是为圣人所立之象。后人根据圣人所立之象,通其变以利天下,其中便包含与主体活动相关的技艺。在诸多技艺中,与音声相关的音乐和与身体相关的拳术是这方面极为典型的两个例子。音乐及拳术通过圣人所立之象而模拟天地,通过音声和身体的活动而使技艺本身具有与天道贯通的超越维度。这可以算是儒家内圣之学的流衍。

本章讨论了易学观法中所蕴含的功夫模式。这种功夫修持重点不在心灵凝定状态的达成上,而是将心灵的凝定状态作为一个前提,主要关注对对象本质的理解和把握。但是这种理解和把握也不是知识意义上的,而是寻找内心之理与外物之理的契合点,从而在物我一如的基础上促使身心发生提升和转化。既达到变化气质的目的,又获得对于理解和把握对象的具体原则和方法的确信。

[①] 孙剑云编《孙禄堂武学录》,人民体育出版社,2001,第51页。

第四章　儒家功夫的当代价值

我们目前处在一个充满矛盾的伟大时代：一方面，知识不再具有神圣性，人的心灵和身体获得了最大程度的释放空间；另一方面，由于传统神圣观念的丧失，人们也失去了原本根深蒂固的价值标准，一切仿佛变得无所适从。在当今这个时代，人们不再将内心的道德本源视为生命的本质，也不再将个体与天道的贯通作为生命最高的追求，以生命的提升与转化为目标的功夫修炼显然不再可能为主流所接受。在绝对价值观念坍塌的今天，儒家以内在超越为核心的功夫修证模式还有没有价值，是一个亟待反思的问题。这种价值可以体现在这一学说本具的内在性质上，比如是否具有某种学科属性；也可以体现在这一体系作为实践原则的外在功用上，比如某些内容或方法是否对今人"有用"；甚至可以体现在特定的启示和触动上，即对当今某些相关学术流派是否具有指导意义。

一　"功夫"概念及其实践中的哲学维度

虽然儒家功夫修证在当今社会已不可能为主流所接受，但"功夫"概念所包含的哲学维度则值得探讨。希腊哲学从诞生之初就试图从变动不居的现象中寻求不变永恒的真理，而这一目的则是通过知识和语言达成的。中国哲学亦有类似于希腊哲学的目的和追求，但不是通过知识和语言而是通过功夫达成如是目的。"功夫"概念在这个意义上就具有了哲学的维度。

（一）中国哲学的困境及"功夫"概念的引入

儒学乃至中国哲学的研究，目前面临着一个非常尴尬的境地。一方面，学者们普遍意识到，依傍西方哲学的概念、方法、体系治中国哲学具有极大的风险，往往使中国哲学陷入割裂、破碎的境地，使中国哲学主体性丧失。因此有学者提出,中国哲学的研究必须由依傍走向主体自觉,依赖中国哲学固有的义理逻辑建立自己的话语体系。但是这样一来,中国哲学的研究又难以进入现代西方哲学的视野,从而被划入地域思想研究、宗教思想研究等领域。为了突破这个两难境地,学者们煞费苦心,一次次回到"哲学"这一概念本身,试图从根源处为中国哲学寻找突破的契机,为此不惜突破"哲学"概念的内涵和基本原则。

华人学者倪培民教授指出:"'哲学'不是被设定为一个已经有了明确界定或者本质的范畴,而是被看作一个虽然有大致的内涵并有相对的稳定性,但也在历史上不断地被调整、规定的范畴。"在这样一个前提下,他指出:"中国传统思想与西方主流哲学所谓的哲学是有很大的差异的。只有通过使中国传统思想的资源与西方主流哲学产生碰撞和互动,通过展示中国传统思想的丰富意蕴,以其独到之处来拓宽那本来属于西方的、狭隘的'哲学'概念,才能反过来真正说明中国传统思想的哲学价值和哲学意义。"按照这种逻辑,使中国传统思想与西方主流哲学产生碰撞和互动,就是对哲学概念进行调整和规定的过程。在这一过程中,既需要凭借西方哲学来梳理中国传统思想,也需要用中国传统思想的资源来丰富和启发当代主流哲学。在这个理路下,他主张将中国哲学的"功夫"概念引入哲学,以期突破前面所言的两难困境。①

倪培民先生的这一思路是非常善巧的,他并没有试图证明中国哲学本身早已经是哲学,而只是在拓宽哲学概念的基础上使中国哲学既不削足适履,也不用游离于主流哲学之外。学者们普遍承认,中国哲学尤其是儒道两家,其重心不在于探讨与建立关于外在对象的知识体系,其行为往往与主体身心修养与转化相关。因此,从功夫的视角对儒道思想进行研究,是非常契合实际的。所谓"功夫"可以作为一个哲学研究的领域,主要指这一概念会带出一连串的哲学问题,"如功夫行为与非功夫行为的区别问题、功夫的可能性问题、功夫的先天条件和后天条件问题、修身与调心的关系问题……"。至于功夫有可能引导出功夫本体论、功夫认识论、功夫伦理学等一系列的理论,主要指主体功夫践履有别于一般状态,由此可能引起观

---

① 〔美〕倪培民:《将"功夫"引入哲学》,《南京大学学报》(哲学·人文科学·社会科学)2011年第6期。

念的差异，从而体现在本体论、认识论、伦理学等领域。①

倪培民先生将"功夫"引入哲学，开辟了从功夫的角度研究中国哲学的新视角，可以说是中国哲学研究历程中的一个突破。但是，这一理论所有的论述都是建立在功夫概念与西方哲学及文化具有差异性的基础上。这就存在一个问题，是不是这方面的研究越深入、越精详，与西方哲学的距离就越大。提出这一理论的本意是将中国哲学纳入当代西方哲学主流的视野中，但差异性的过分凸显恰恰将其推向反面。那么，功夫这一与主体践履行为相关的概念，有没有可能在某种意义上与西方主流哲学有相合之处呢？如果有这种可能性，它是具有与西方主流哲学在根源处碰撞的资格，还是仅仅局限于枝节的牵缠？这些问题都需要进一步的讨论和澄清。

（二）一切即一与哲学的根本目的

在西方世界，学者普遍承认哲学是希腊人创造的。当泰勒士提出"水是万物的本原"时，希腊哲学便开始了。为什么"水是万物的本原"这一命题是希腊哲学的滥觞呢？尼采说，有三个理由使我们有必要重视和认真对待这一命题："第一，因为这个命题就事物本原问题表达了某种看法；第二，因为它的这种表达并非比喻或寓言；最后，第三，因为其中包含着——尽管是萌芽状态的——'一切是一'这个思想。"② 虽然泰勒士还停留在具体事物的表述上，不能清醒地自觉"一切是一"这一抽象观念，但他真实地直观到了万物的统一。这一超越于万物之上的"一"，虽然是以水的形式传达出来，但已经具备了万物未曾具有的真实性。

柏拉图将世界两重化，划分为理念世界和事物世界，或可知世界与可感世界。后者处在生灭变化之中，只能产生个别、偶然、相对的意见；前者则是绝对的、永恒的、真实的。知识的目的或者哲学的任务，在于透过事物世界洞悟那理念世界。康德将目光从外在的世界转向认知自身，试图从认知中寻找纯粹的、不变的先验知识。康德指出，时间和空间是感性直观的纯形式，十二范畴则是知性的纯形式。正是通过这些纯粹形式的规范，

---

① 〔美〕倪培民：《将"功夫"引入哲学》，《南京大学学报》（哲学·人文科学·社会科学）2011年第6期。

② 〔德〕尼采：《希腊悲剧时代的哲学》，周国平译，商务印书馆，1994，第27页。

万物才以多姿多彩的形式呈现出来。哲学家必须具备这样一种能力，即能够从纷繁复杂的现象中将纯粹形式剥离出来。虽然胡塞尔的现象学悬置本体，但是他还是试图在意识之流中还原出先验自我或先验意识。他首先把世界存在以及经验自我存在的信念放在括号内，存而不论，以避免在研究认识论的基本问题时做出预先假定；然后以本身清楚的、没有疑问的东西为基础，建立一个可靠的认识体系。这个本身清楚的东西就是先验的自我和先验的意识，是作为意识活动的执行者而存在。从这样一个简单的回顾可以看出，希腊哲学从诞生之初就试图从变动的意见中寻求永恒不变的真理。

海德格尔说："'哲学'本质上是希腊的，'希腊的'在此意味：哲学在其本质的起源中就首先占用了希腊人，而且仅仅占用了希腊人，从而才得以展开自己。"[1] 海德格尔强调哲学仅仅通过希腊人来表达其自身的特性。哲学固然可以仅仅是希腊的，但是试图突破自身的有限性，以把握那绝对的、永恒的"一"的方式，却可以是多种多样的。雅思贝尔斯在20世纪中期提出著名的"轴心期"理论，将公元前800年到公元200年之间的1000年称为"轴心时代"。在这个时期之内，世界上几大文明，包括中国、印度、希腊、以色列等，都经历了一场伟大的精神突破。所谓伟大的精神突破，主要指"哲学家首次出现了"。雅思贝尔斯所说的哲学家，包括中国的隐士和云游哲人，也包括印度的苦行者和以色列的先知，当然更包括希腊的哲学家。虽然这些人物信仰各异、思想有别，内在气质也迥然不同，但他们都敢于依靠自身，并且证明有能力"从精神上将自己和整个宇宙作对比"，更重要的，"在自身内部发现了将他提高到自身和宇宙之上的本原"。基于这个原因，他们都被称作"哲学家"。这些哲学家以种种方式认识到自身具有与无限性存在相比的可能性，并且通过种种方式实现个人自身与无限性存在的某种关联。这些方式或者表现为柏拉图向理念世界的追寻，或者表现为印度教的梵我合一，或者表现为涅槃寂静，或者表现为与道相合。方式虽然不同，但超越自身的有限性以追求绝对的、永恒的"一"则是一致的。[2]

---

[1] 《什么是哲学》，载孙周兴选编《海德格尔选集》，上海三联书店，1997，第591页。

[2] 〔德〕卡尔·雅斯贝斯：《历史的起源与目标》，华夏出版社，1989，第10页。

（三）体证天道与功夫的哲学性

在导论中我们曾经指出，倪培民教授对"功夫"概念进行了精致的界定，指出此概念包含三个因素：恰当的方法、长期的实践修炼，以及特定的才能。而所谓的"功夫"，乃是主体经历长时间实践修炼，有恰当的方法指导而获得或者开发、彰显的才艺、能力。[①] 我们认为，这一定义从静态的角度对功夫的内涵做出了界定，特别凸显了特定的才艺、能力在其中的地位。从我们有限的了解范围看，未曾有学者对功夫的定义如此深刻而系统，其价值是不言而喻的。尽管如此，我们认为，这一定义适合于解释作为一门技艺的功夫，而不适合于哲学意义下的功夫。这是因为，技艺的功夫关注点在于才艺、能力的获得，而哲学的功夫的关注点则在于才艺、能力获得的同时身心所发生的变化，以及由这种变化所获得的对于事物本原的认知。前者注重技艺的获得与否，后者则注重心灵从而能否具备直观整体性、普遍性的能力。出于这种理解，我们认为功夫的本质在于运用一定的身心行为，将理论学说转化为内证体验，从而获得对作为存在整体的天道的把握。从"功夫"的最终归趣看，这一概念似乎就具有一定的哲学性。

孔子云："吾道一以贯之。"老子曰："天得一以清，地得一以宁，神得一以灵，谷得一以盈，万物得一以生，侯王得一以为天下贞。"《庄子·天下》篇称："神何由降，明何由出，圣有所生，王有所成，皆原于一。"神明之降临，圣贤之所生，王道之所成，与"一"密切相关。无论是儒家还是道家，都非常重视"一"这一概念，甚至将它作为其理论的终极归趣。就此而言，中国哲学与希腊哲学并无根本的差别。但是不同的地方在于，希腊哲学强调通过知识和语言来获得"一"，中国哲学并没有走向这一路径。孔子"五十而知天命"（《论语·为政》），表明自身与超越性的存在产生了关联。然而孔子并不相信通过知识和语言能够获得这种关联，相反，他指出这种境界已然超越了知识和语言。"天何言哉！四时行焉，百物生焉。天何言哉！"（《论语·阳货》）在孔子看来，这种人天的契合来自对身体和心灵的调整与修治，他笃信"克己复礼"方是上达天道的方法。《中

---

① 〔美〕倪培民：《将"功夫"引入哲学》，《南京大学学报》（哲学·人文科学·社会科学）2011年第6期。

庸》言中和，身心的中和具有位天地、育万物的伟大意义。《大学》言："知止而后有定，定而后能静，静而后能安，安而后能虑，虑而后能得。"通过止、定、静、安一系列的功夫过程，方有虑而得的可能。先秦儒家强调人身心之中就隐藏着通往天道的可能，人能够通过身心内证的方式嵌入或符合天道的韵律和格式。这一理路为宋明儒家所继承和发展，他们强调默识仁体，强调静观天地生物气象，重视静坐，注重涵养，相信通过功夫可以体证具有无限意义的天道。这种路径显然迥异于希腊哲学。

需要进一步说明的是，我们虽然认为功夫之中包含通达天道的路径，但这种上达的过程绝对不是体现在言语的道说和理论的论证中，而是体现在具体人的功夫行为中。从功夫的角度诠释儒学乃至中国哲学，不能仅仅停留在对这些学说功夫性的证明上，还应该还原这些学说所依赖的功夫模式。所谓功夫模式，并不是指功夫作为一种理论所形成的体系，而是功夫作为人的身心行为的展开方式。只有先存在有关身心的功夫行为，方有依据这些行为而展开的学说理论。不过，学说理论一旦形成，所谓的功夫不过是利用人的行为将这些理论内化为人的身心体验的过程。理论一旦内化为人的身心体验，那么人的行为便成了含有特殊价值的功夫行为。中国人笃信"担水劈柴，无非妙道"，强调日常行为就蕴含着达到神妙境界的契机。这些契机可能与道德心相关，也可能与意识中的影像相关，亦有可能与主体独特的观法相关。但无论如何，它们都具有与超越性的天道关联的可能。从这个意义上看，通过功夫把握具有无限意义的天道的可能性就基源于生命本身，而不是语言、知识、逻各斯等具有普遍意义的存在形式。

哲学家常称哲学为"无用之学"，这种"无用"固然凸显了哲学的先验性特征，但也表明这一学说对于现实的暂时"无力"。通过功夫把握天道则不然。这一过程既指向超越性的天道，亦关涉体证天道的具体个人。也就是说，功夫包含着提升和转化主体身心的效验。功夫行为必然伴随一定的效验。虽然就功夫行为区别于一般行为而言，它所具有的特殊价值亦可称为效验，但这里所说的效验并非指此。效验与功夫的最终目的相关，主要指主体内证体验的实在化。比如书法功夫，书法家创作的过程有别于一般人写字的过程，这是书法家的功夫。书法家通过其功夫创作出书法作品，这方是真正意义上的书法功夫效验。又如武术，武术家在筋骨的强壮、感官的灵敏等方面自然远超常人，这是其功夫的体现。然而武术的效验虽然与此相关，但主要却体现为搏击的能力。从中国思想史上看，儒佛道三家皆重视功夫修持。道家讲究隐世与逍遥，道教追求长生不死，皆视家国天下为敝屣。佛教意在强调生命的解脱，通过消除我执而达到不生不灭的境界。即便是大乘菩萨道，高倡度尽一切众生，亦是将一切众生度到涅槃的彼岸。只有儒家秉承礼乐传统的根本精神，强调个人与家国天下的一体性，没有彼岸的设定，也不赞成离群索居的行持。儒家功夫修持乃是融成己、成人、成物为一体的圆教模式，因此其效验当体现在成己、成人、成物的智慧和能力的获得上。这是儒家功夫又一不同于哲学之处。

总体上，在我们看来，功夫作为一种方法与依赖知识和语言的希腊哲学迥然不同，但就赋予生命一种普遍的意义，由此实现与自身、他人以及宇宙的合一上，则与希腊哲学在根源处具有一致性。这种一致性，未尝不能作为东西哲学交流与会通的平台和契机。

二　西方"身体哲学"的旨趣和限度

西方主流哲学界长期以来过于重视对理性知识的探讨，而忽略了作为灵魂载体的身体。这种状况导致"过好自己的生活"的理想和追求往往流为片面和极端，而对于生活艺术的认知和养成亦流为空言。在这种情况下，引导人们关注身体，便显得非常必要。近五六十年来，西方哲学界有了一些变化，关于身体的一些理论开始出现。比如海德格尔对于"此在"的重视，梅洛-庞蒂关于身体知觉的研究，波兰尼的"默识之知"，以及福柯等人这方面的思想。这说明，西方思想界开始对身体有所重视。儒家功夫修炼以身心为对象，自然不乏对身体的理解和规范。那么，这些思想资源是否有助于人们建构关于身体的哲学呢？我们的思路并不是提倡将儒家的修身原则转移和嫁接过来，而是借助这些修身原则反观目前身体哲学的缺点和不足，并提供力所能及的指引和启发。在这个意义上，儒家功夫模式的价值和意义仅仅体现在"触动"和"点醒"上。

（一）哲学中的"身体"主题

身体是什么？从医学或生物学的角度看，人的肉体不过是一堆细胞或分子，并且它们时刻都在更新。人从生下来殊不知经历过多少次"更换"，可以说"我"早已不是原来的"我",或说"我"每天都在"死"着。那为什么还有"我"呢?如果一定从生物学的角度做出解释,是因为这堆原子分子组合的结构方式被延续下来,由此才构成了一个人真正的"生命"。所以,生物医学用一种质料主义或还原主义的方式看待身体,身体只是一种组合,同时这种组合只有在"生命"意义上才呈现出一定的有机性,才真正是一个人的整体。但"身体是一个整体"与"身体是质料的组合"显然是不同的理解进路。因为"整体"和"部分之和"在哲学上是有着明确区分的,从"形式"的角度理解单个物的显现状态,无论如何都不同于质料堆积。这也是哲学对身体的理解不同于生物医学的原因。

哲学对身体理解的一个最基础层面是"肉体",肉体是对身体整体性的一个简单表述。因为身体是一个具体的自我得以占据"空间"的方式,也是一个人拥有"时间"的根本。在这个意义上,肉体往往被视为个体整体性的承载者。如亚里士多德在《尼各马可伦理学》中常以手与身体的关系来比喻部分与整体的关系,柏拉图、黑格尔等整体主义者都将身体视为整体之物的完美范型,认为身体代表了最为和谐的有机性整体。但同时,从"肉体"的角度理解身体也是极其狭隘的,因为它往往只能突出身体欲望、感性的层面,这种称谓已经将其置于与灵魂对立的地位上。哲学自居为真理、无限性的审视者,而身体则是感受性、欲望、激情、杂多、具体等意象的集合体。哲学的普遍性、必然性特征无不彰显着对具体之物的厌弃,而这个厌弃就源于身体的肉体性因素对灵性或智性的阻碍。

身体是所有感觉的集合,同时也是感觉成为现实的一个因素。虽然感觉能够被一套信息系统模拟,但身体对空间的占据的感受性,显然使我们能够体会到一种信息模拟系统所无法给予的真实。在这个意义上,"体知"[①]是有其存在价值的。"体知"是一种直接的知识,可是从柏拉图开始,这种直接关于事物软硬、颜色、冷热等属性的认知都被排除在概念之外,这是

[①] 杜维明先生于1985年提出了"体知"的方法,以凸显儒家认知方法的特殊性。(《杜维明文集》第5卷,武汉出版社,2002,第329—376页)近年白宗让先生指出,原始儒学的"体知"特质体现于艺术、情感及内外兼修的修身方式,这一视角可以同情地进入原始儒学鲜活的生命世界。"体知"不同于主观主义与直觉主义,是一种主体挺立、本体照临的整全性认知。"体知"消解了主体与客体、理性与情感、事实与价值种种二元对立。见白宗让《儒学研究的"体知"进路》,《西安交通大学学报》(社会科学版)2018年第5期。

因为直接的体知是私人的、内在的，不具有可共享性。在这个背景下，人的"体知"不再是知识论所需要的对象。尽管它仍可能对个人的生活具有指导意义，但在强烈寻求公共性和定义性的古希腊社会，任何私人性的存在都不具有凌驾于其他经验者之上的权利，由此，任何人的直接经验都不应作为真理的标准。而所谓的真理来自灵魂、逻各斯、辩证法、理念世界等，到笛卡尔这种倾向达到极致。在近代经验论中，情况稍微有所变化。贝克莱"存在即是被感知"的命题、休谟的怀疑论都彰显了这样一种特征：人认知的都是自己的经验，这些经验的可靠性在于人的"亲身性"，也就是被自我经历验证过的知识。这一观念肯定了身体对物性感知的可靠性。但近代经验论并没有放弃对属性之后本体的肯定，而这个本体恰恰是身体知觉无法达到的。

我们还必须承认，对身体的知，具有不知之知的特殊性。也就是说，我们无法意识到身体的确切构成。这是因为身体对个人而言，只是一种内在的默识，而无法成为知识。在这种情况下，对于身体就会产生一种不同于认知的态度。我们可以称之为一种简单的直觉，认为有一个统摄着自我存在的空间性的东西。它对于意识而言，不是外在的，意识也不能像对待外在知识一样将其把握，而是一种日用长行的"在手性"（zuhanden）。另外，对身体非认知的理解和洞察还有另一路径，即通过"关心"和"训练"而确证和改变它。"在古希腊和希腊化时期，关心自己的行为既包括多种精神活动，也包括一些涉及身体训练的'修行'，比如存在大量涉及诸如禁食、体操这样与身体训练相联系的思考。"[1] 如尼禄时代的斯多亚派哲学家穆索尼乌斯·鲁弗斯就主张："为了落到实处，德性必须经过身体。因此，必须关心它的身体，'修行'（askêsis）必须把身体包括在内。"[2] 这实际上便与中国哲学的功夫修炼有了关联。在直观意义上，对身体的"默会"或"意会"只是一种内在的觉知。而关涉身体的修行，则是要超越对身体"知"或"感觉"的层次，它要实现的是身体向着某种善的目的或境界的提升。因此，身体并不因其"不可说"而停留在内在意识中，而是有明确的

---

[1] 匡钊：《孔子对儒家"为己之学"的奠基》，《深圳大学学报》（人文社会科学版）2012年第6期。

[2] 〔法〕米歇尔·福柯：《主体解释学》，佘碧平译，上海人民出版社，2005，第443页。

对身体理解的证悟或体认。但是，随着西方哲学对灵魂的精神性界定，身体则被视为认识的对象与媒介，从身体的角度进行生命的提升还是被还原为一种知识上的建构。在苏格拉底之后，西方哲学向"认识自己"的研究思路收缩，"一方面与古希腊哲人对于心灵或者灵魂（psuché）中的理性或理智（nous）的信赖有关，另一方面则与他们在灵肉二元的身心结构中对自身的最终认同立足于被认为远比易变的肉体更为完善和永恒的灵魂有关"①。正如福柯所说："一旦自身被界定为灵魂，那么如此开放的空间就被'认识你自己'这一原则覆盖了。"②

（二）现代哲学身体意义的发现和旨趣

西方哲学中对身体意义的关注，来自由世俗化进程所导致的对本体的消解。虽然当时启蒙哲学家已然热衷于在世俗世界建构一个"天城"，但是二元对立的世界观终究随着科学精神与效用主义的裹挟被祛魅、消解，而一个直观的结果是"意义"也一同被碎片化。现实的问题是这个单子化的世界如何为每一个单子寻找意义？在此背景下，身体重新被作为学术的对象是有其必然性的。但从个体的知觉去认知世界，既不是传统的唯理论，也不是近代的经验论，而是每一个个体都有的对世界表达认知的权利。此处所谓的"世界"更多的是个人的世界，而自然科学所谓的客观世界不再是唯一的世界表达。就现代哲学而言，赋予世界和个人更多的关联，无疑是解决存在与生存不错的方式。海德格尔的存在论以此在的在世存在为优先分析的对象。

海德格尔"虽然没有专题性地思考身体问题，但我们可以说他的哲学是一种隐性的身体哲学，因为作为在世存在之基本结构的'烦'和作为在世存在的主导样式的'领会'指向的都不是理性沉思而是'身'体'力'行，诸如'在手''上手'之类都不言明地表明了这一点"③。海德格尔内在地反驳了一种脱离日常的认识论，这也是他由日常认知发生现象过渡到存在论的路径。而且，在海德格尔看来，"身"与"世"的关系定然超越了

---

① 匡钊：《孔子对儒家"为己之学"的奠基》，《深圳大学学报》（人文社会科学版）2012年第6期。
② 〔法〕米歇尔·福柯：《主体解释学》，上海人民出版社，2005，第73页。
③ 杨大春：《从身体现象学到泛身体哲学》，《社会科学战线》2010年第7期。

认知关系，个体的身体也不仅只是对于世界的空间关系，而是身体占据的此在的生活史，就是一个世界，而此在与此在的关系就是一个个世界之间的关系，这种界限其实也是被身体分割开来的。

法国现象学家列维纳斯更为明确地将身体作为哲学的对象，他所提出的实显（hypostase）、定位（location）等术语，其实都有类似于肉身化（carnation）的含义。列维纳斯认为意识离不开身体，而身体本身就是具有灵性的。在他看来，身体并不是外在性的物质或客体，它同样表达着主体范畴。他甚至认为身体安置了一个自身有能力去表达的心灵，如面孔或眼睛都具有类似自觉的表达力。[1] 这也是对笛卡尔式身心二分的反驳，因为身体的表达力已经可以体现出主体的灵性部分。作为一种语言学的延伸，一种身体表达之所以能够被普遍理解，也在于身体普遍意义上参与着人类的表达和认知。

梅洛-庞蒂认为心灵与身体是相互作用的，二者都不是单独存在的。他不仅强调了人是心身统一着的整体，而且也在强调这种心身统一的多层次性。由此，在知觉现象上，梅洛-庞蒂研究了身体与灵魂之间的"含混"性，他说："我的身体难道不是和外在的身体一样，是作用于感受器并最终引起身体的意识的一个物体吗？有一种'外感受性'，难道就没有一种'内感受性'吗？我难道不能在身体里发现从内部器官通向大脑、由大自然设置的以便能使灵魂感知自己的身体的导线吗？身体的意识和灵魂就这样被清除出去，身体重新成为一架彻底清理过的机器，含混的行为概念几乎使我们忘乎所以。"[2] 杨大春教授指出，对梅洛-庞蒂来说，"知觉本身就是一种前断言的表达，一种无言的表达，语言表达只是派生的表达形式"[3]。这是因为就知觉而言，身体作为人类"理解"的基础工具，在语言的表达产生之前，就已经在表达、在说话了。也就是说，"语言与身体行为联系在一起，它似乎是本己身体的某种属性，是身体的整体图式的一个部分"[4]。

由上述可见，现代哲学开始关注身体作为人类认知的基础作用，不同于早期哲学以真实性之名否定身体知觉。从现象学的角度来看，对知觉的

---

[1] 杨大春：《从身体现象学到泛身体哲学》，《社会科学战线》2010年第7期。
[2] 〔法〕莫里斯·梅洛-庞蒂：《知觉现象学》，姜志辉译，商务印书馆，2001，第109页。
[3] 杨大春：《杨大春讲梅洛-庞蒂》，北京大学出版社，2005，第83页。
[4] 杨大春：《杨大春讲梅洛-庞蒂》，北京大学出版社，2005，第87页。

研究必须首先展开对身体作为知觉的基础地位的研究。然而恰恰因为身体表达的内在性，这种研究的进路和展开都是非常复杂的工作。它也指示着一门现代认知科学的革新。因为现代认知科学发现，人的认知存在一种被称作"默会之知"的东西，如赖尔（Gilbert Ryle）、迈克尔·波兰尼（Micheal Polanyi）等哲学家强调的对一种 knowing what 和 knowing how 的区别。而 knowing how 便有一种"日用长行而不知"的默会性，它指的是一种具身性的知识。这种研究包含着将科学主义和人文主义在对一种认知情景的进路上融合起来的企图，一般称之为"第二代认知科学"。第一代认知科学是对知觉、注意、记忆、思维等心理过程的研究，这些研究显然不能全然笼罩人类的认知现象。因而，第二代认知科学重视以具身性和情境性为重要特征的认知现象研究。[1]

但是，具身哲学仍只是在认知层面上关注身体，而没有将身体本身作为一个哲学的对象，现代哲学虽然对传统哲学有很多改变，但并没有改变传统哲学的一般主题。精神、意识、认识仍是哲学的根本，就算有对身体的涉猎，也是对这些精神性主题的关涉。正如倪培民先生所说："knowing how 毕竟还是一种 knowing，而实践主体的修炼目标可以远远超出 knowing，甚至主要的不是 knowing。修炼的目标是提高功力，而不仅仅是 know how。"[2]

（三）"感受性"与身体的苦与乐

不同于认知现象，知觉的另一个重要向度是"感受"。"感受"具有一种内意识的特质，它是私人性的，甚至是难以"共情"的，因为感受性是难以言说的，比如我们无法说出"黄色""香味"的感受性。而苦与乐的感受性在哲学上是一组特殊的身体感受性形式，这两种感受同样是内在性的，所谓的"对痛苦的同情"其实不可能真正达成一种"感同身受"。如耿宁对"恻隐之心"的理解就具有间接性："我们必须坚持以下的事实：我们这样担惊受怕，不是因为这个处境被体验为我们自己是危险的，而是因为它对另外一个人而言是危险的，我们是为他者担惊受怕，我们倾向于做某事不

---

[1] 李其维：《"认知革命"与"第二代认知科学"刍议》，《心理学报》2008 年第 12 期。
[2] 〔美〕倪培民：《将"功夫"引入哲学》，《南京大学学报》（哲学·人文科学·社会科学）2011 年第 6 期。

是针对自己，而是针对那另外一个人而言的危险处境。"① 由此，"同情"被置换为一种"忧患"。这也说明了感受无法共享的特质。

不可否认，身体的感受是最直接的、最鲜活的，但它往往又被认为是最低级的。这种低级性的判断可以认为来自哲学对更高生命维度的标榜，那么由此也造成了对苦乐感受性更为体系性、形上性的设计，而往往这些设计又被认为是人类文明发展的体现。并且，对痛苦的探讨也往往被认为比对乐的追求更深刻。这是因为痛苦往往与人们对命运的抗争和对欲望的克服有关。除此之外，可以看到，身体之苦是必然依赖于身体的，这一观点的典型是疾病。医学对于疾病的理解是一个直接针对"有身体"的痛苦的进路，但是哲学对疾病这种身体之苦也持一种超越的态度。身体的疾病往往被认为与心灵的疾病有某种统一性，而所谓心灵的疾病，一般对应的是心的贪欲、道德败坏等行为。因此，这种身体的理解在早期宗教、神话中体现为一种"疫病天谴说"，如苏珊·桑塔格在分析西方的疾病天谴观念时所说："就前现代对疾病的看法而言，人格的作用被局限于患者患病之后的行为，像任何一种极端的处境一样，令人恐惧的疾病也把人的好品性和坏品性统统都暴露出来了。"② 其实苏珊·桑塔格的观点代表了前现代的疾病理解。但是不能完全否定这种因果关系。因为这一因果逻辑是综合性的，它的经验性要素为：品行不端者潜在的纵欲、不节制地使用身体。如果这一经验性要素为真，那么，品行的道德疾病可以作为身体疾病一个可能条件。实际上滥用身体也不是所有病症的原因，但有些病症确实是不节制导致的。

在西方哲学中，身体之乐比苦还经常被理解为低级的。这是因为，身体之乐往往来自欲望的满足。口腹等欲望得到满足，会对心灵意识传达一种积极信号，心灵识别这种感受为快乐。这种快乐被认为是刹那的、短暂的，仅仅维持在刺激发生时。因此在西方哲学中，大家往往追求一种超越身体感受的快乐，从而走向精神的满足之乐。比如亚里士多德就认为沉思的快乐才至善的幸福。在中国哲学中，圣人之乐是大家都认可的境界。譬如前面我们提到的孔颜之乐，"一箪食，一瓢饮，在陋巷"，别人都忍受不了这种状况，然而颜回处之泰然，不以贫穷而减损其乐，以至于孔子深

---

① 〔瑞士〕耿宁：《孟子、斯密与胡塞尔论同情与良知》，陈立胜译，《世界哲学》2011年第1期。
② 〔美〕苏珊·桑塔格：《疾病的隐喻》，程巍译，上海译文出版社，2003，第38页。

叹其贤（《论语·雍也》）。当然孔子也自称"饭疏食饮水，曲肱而枕之，乐亦在其中矣"（《论语·述而》）。食粗食而饮淡水，悦乐充满胸臆。这种超越世俗名利，甚至超越生死的异乎寻常的悦乐感受是精神性的还是身体性的？我们在导言中曾经分析，佛教禅定的修持过程中会出现轻安。轻安分为心轻安与身轻安两种，两者最直接的表现即强烈的喜悦感受。心轻安的悦乐来自心灵的自由感，而身轻安的悦乐来自身体的自由感。而且佛教格外强调，造成身轻安的因素并不是心所法，而是一种能够引起极度愉快感觉的内身触尘，即微妙的色法。这无疑将身轻安的悦乐感归于身体自身。儒家功夫论中虽无明确的轻安概念，但轻安形成的条件以及境界描述是完备的。因此，孔颜之乐虽有精神之乐的成分，但亦应有身体快乐的成分。值得说明的是，无论是佛教还是儒家，对身轻安的悦乐感受都是积极的。因为这种悦乐感受可以对治懈怠，可以使人具备成就善行、德性的能力。从这方面看，这种超越性的身体之乐，显然可以为西方文化蔑视身体之乐的传统提供另外一种思考路径。

（四）身体、生命与普遍化批判

西方近代以来的政治学和社会科学一直有一种"去治理化"倾向，因为权力的异化对个体自由的干涉成为西方哲学的核心话题，而广泛盛行的社会批判理论可以算是对这种旨趣的一种回应。如法兰克福学派从第一代霍克海默、阿多诺，到现今哈贝马斯、霍耐特等人，都是延续社会批判的哲学特色。再比如法国结构主义、解构主义也具有鲜明的社会批判特色。以上社会批判理论多以现代性、工具理性、大众文化、社会结构为批判对象，这种批判继承了马克思社会批判的传统。福柯开启了另外一种批判，即以身体为视角展开对社会微观政治与生命治理的批判。这一批判以生命和身体为重要进路，对于当前身体哲学的研究是又一重要向度。就此而言，身体确实能够作为许多重大社会问题研究的进路，如布莱恩·特纳在《身体问题：社会理论的新近发展》一文中所说："我……试图说明为什么这个主题（身体）作为社会科学的一个研究焦点而显得至关重要。"[1]

---

[1] 〔英〕布莱恩·特纳：《身体问题：社会理论的新近发展》，载汪民安、陈永国编《后身体：文化、权利和生命政治学》，吉林人民出版社，2011，第3页。

其实自黑格尔开始，就有一种从身体出发的批判，这里涉及的主要是身体、劳动与人的现实性问题。黑格尔认为启蒙是一种知性思维，人是概念性的人，他被赋予了自由的共同属性，但是人不是具体的人。那么，人的自由是在具体中体现的，还是在抽象的概念上被论证的？正是启蒙对人的这些抽象的理解，使现代人的自由失去了根基。黑格尔说："从一方面看，人因禁在寻常现实和尘世的有时间性的生活中，受到需求和贫困的压迫，受到自然的约束，受到自然冲动和情欲的支配和驱遣，纠缠在物质里，在感官欲望和它们的满足里。但是从另一方面看，人却把自己提升到永恒的理念，提升到思想和自由的领域。"[1] 前者与现实相关，即启蒙时期社会中的贫穷，指向具体生命存在的个人样态；后者是启蒙为人树立的美好理念，人被普遍理解为自由的，理解为具有自然权利的人。两者的矛盾恰恰说明启蒙的自欺。黑格尔极力将劳动阐释成一种"自然伦理"，是想阐明人的财产权不是通过人格或天赋人权这些抽象形式获得的，而是在劳动中"为承认而斗争"的过程中被确立的，它的基础是劳动的历史。而劳动本身包含着身体与土地接触的历时性，这种接触也是"自我"得以发现的基础。[2]

由此，作为一种批判理论，身体便有了不同于近代契约论者所谓的"原初占有"的问题，身体是反对抽象平等与权利的个体依据，与对无身体的占有比较而言，身体与劳动的历史进程为个体与社会的关系赋予了新的理解。这一理解在马克思的批判理论中被赋予了更为本质的意义。而在现代政治学中，社会批判的焦点又回到一种整体与个体的关系中。个体如何独立于整体？或整体如何不更隐晦地企图统摄个体？而所谓的"生命政治"（biopolitics）正是在这种语境下提出的。在"生命政治"中，必须明确地区分身体和生命，因为"生命"这一本属个体性的概念，在现实中往往是被普遍建构的对象，不论是各种理论学说对生命的理解，还是霍布斯式的政治起源，都在建构一种普遍化的生命状态。它们言说的对象都是普遍性的生命，而非个体的本体。因而生命不能代表个体的本真性，甚至意识也不能

---

[1] 〔德〕黑格尔：《美学》第1卷，朱光潜译，商务印书馆，1981，第66—67页。
[2] 这里引用关于黑格尔的"主奴辩证法"的阐述，主人与奴隶之间辩证运动的条件之一就是奴隶在实际地占有大地，这是导致主人奴隶身份转变的根本条件。而显然身体作为一种社会因素成了个人自我理解的基础，这也是对抽象的自我观的反驳。

代表人的本真性，因为它时刻处于同化之中，只有身体代表着个体的本真性。

"生命政治"这一概念首先由瑞典政治学家科耶伦提出。这一概念在科耶伦这里还只是一种类似于柏拉图、黑格尔式的有机性的政治观。按科氏的观念，民族国家应具有一种"族群的个体性"，可作为类人类身体一样的生命的有机形态。把民族国家作为一个有生命的有机体，这一有机体先于个体生命与身体存在，它通过契约、民族认同、利益均沾等方式成就自己为一个精神共同体，体现出集体有机组合的生命形态；而同时这一共同体把人的生命或身体作为"权力的原初活动"，比如社会中关涉医疗、人口、养老、灾疫、死亡等事务。但这种有机体的生命政治显然会面临着集权的危险，对生命事务关涉的"权力的原初活动"被利用为集权的工具。由此，"生命政治"（biocracy）便从"身体关心"过渡到生命管理（life administration）。这种生命政治观是由米歇尔·福柯（Michel Foucault）在半个世纪后完成的。

福柯的生命政治不仅不断批判一种带有集权危险的政治对生命的建构，而且也一直关注对社会"微观治理技艺"的批判，他看到现代国家更隐晦、更精致的对被治理者所运用的治理术。在福柯看来，现代政治已经颠覆了亚里士多德对政治的古典定义——人是政治的动物：在现代，人的动物性（生命）本身变成政治的核心。权力逐渐和暴力（至高权力）脱钩，变成规制、管理人口，扶植生命使之繁荣的"生命权力"。[1] 而所谓"正常化治理"便成了"治理人们的日常生活，甚至他们的日常生存中的细节和资料"[2]。这里福柯看到了权力与生命的共构，权力的产生依托对生命正常化的要求，从而衍生出权力治理的合理化和日常化。由此，福柯更倾向于认为生命往往属于全体，只有身体属于"我"。因为生命是诸种言说的存在，而身体是一个清晰的实体。权力必须有一个界限，即不能以生命为理由淹没作为身体的我的具体性。为此，福柯在其后期思想中格外强调生存艺术和自我的技术，以期实现对主体的改造。这种改造的目的，在于摆脱知识、权力和道德对于人的束缚，恢复人独立、勇敢、节制的自然品性。

---

[1] 〔意〕吉奥乔·阿甘本：《神圣人：至高权力与赤裸生命》，中央编译出版社，2016，第17—18页。

[2] 〔法〕米歇尔·福柯：《安全、领土与人口》，钱翰、陈晓径译，上海人民出版社，2010，第279页。

儒学的基本情怀不在于对世界的认知，而是注重成人成己的生活方式。所谓成人成己的生活方式，不仅仅是对一般生活原则的探讨或遵从，也不仅仅是对"生活的艺术"的追求，而是关注身心的修养与转化。因此，儒家的功夫修持，格外强调经由长时间修持，按照一定的方法所获得、开发、彰显的才能，以及在此基础上所引发的身心变化。我们认为，在功夫行为中，心灵逐渐凝定下来，观照能力也随之增强，加上特定行为模式的无数次重复，人们慢慢就会从外在的行为活动触及这些活动的内在根源或微细层面，这从而成为功夫的修持者身心改变和提升的契机。功夫修证是一条人们对其自然状态进行转化和升华的路径，这是福柯生存艺术和自我的技术所不具备的理念。

（五）伦理符号学与易之物象

从福柯的生命政治观念延伸，生命、人口的治理必然包含着一种统计术的运用。这里似乎可以引申出一种符号学与统计学意义上的伦理研究。因为符号与统计的同构实则是在将个体抽象化、扁平化，将个体理解为无质料的符号。但是在一种伦理符号学的观点看来，符号本身的起源并不是抽象的理解对象，如西比奥克（Thomas A. Sebeok）认为符号学源自古希腊的症候学或症状学（Semeiotics），症候学是对于疾病的预判，所以一般说符号学起源于早期古希腊医学。因为症候或症状是一种身体的符号，所以，最早的符号学应出于一种关爱身体的目的。就此目的，皮尔斯（Peirce）也提出一种"生命符号学"，宣称符号学应"恢复其以病症研究为核心的'症状学'这一古老旨趣"。所以作为伦理符号学创始人的苏珊·佩特丽莉说："对伦理符号学而言，一大课题是以一种全球视野'关爱生命'，按照这种视野，符号活动与生命是彼此交叠的。"[①]

而这一生命符号的视角便必然要突出身体的地位，因为现代性出现以来，确立了理性主义的世界观，各种学科都企图以符号重新建构世界，即以数学与符号为基础重建科学的世界，社会科学也遵循此倾向。由此，符号学也成为合理化的代名词，因为通过符号表述的规律和数据，被认为具

[①] 〔意〕苏珊·佩特丽莉、奥古斯丁·庞奇奥：《伦理符号学》，周劲松译，载曹顺庆、赵毅衡主编《符号与传媒》第5辑，四川大学出版社，2012，第181页。

有客观性与普遍性。因此，语言上追求确定性、结构性，生活世界追求体制性、程序性已成为现代世界的基本特征，而符号本身代表的人文意义和价值意义被淹没。

所以苏珊·佩特丽莉认为符号学在原初意义上就包含着对生命的伦理关怀，其核心就在于去关注他者的差异性，关注表意活动以及意义的价值意蕴。她说："我们提出的伦理符号学方法更多地强调了'去整体化'……。'他性'使总体性向着无限性或无限的符号活动敞开，引领我们超越认知或象征进入伦理层次，这暗示着与他者的无限关涉。"[①] 伦理符号学中所谓的"去整体性"就是反对一种"他者"同一律，将"他者"仅当作一个无差异的"自我"，这种同一律倾向于同化、抚平、取缔差异，而忽略了符号学原初的生命关注和身体关注的主旨。

《周易》有所谓的"象"，即"易象"。易象种类繁多，有"影像"之象，有"卦象"之象，还有"物象"之象。"影像"之象与意识的构造活动相关，"卦象"之象具有抽象意义的普遍性，"物象"之象则与存在的状貌相关。由此可以看出，《周易》之物象与原初意义上的符号具有类似的含义。物象作为存在之物的状貌不是从抽象意义上确立的，而恰恰彰显了存在之物的差异性和具体性。符号学源自古希腊的症候学或症状学，症候或症状被视作一种身体的符号。物象在中国文化中的应用更为广泛，它既运用于医学的辨证上，也运用在气象学的物候中，还运用在德性人格以及艺术人格的养成中。符号学尤其是伦理符号学强调关注生命和关注身体，而易之物象说在关注身体的同时，还强调运用感应原理对自然生命进行提升和转化。这些方面既是符号学与易之物象学可会通之处，亦是符号学可资借鉴的资源。

三 道德情感、技艺训练与注意力的培养

吸引人的注意力是商业社会的一个重要特征，而注意力的碎片化将使我们在一定意义上丧失对工作、生活更深层次的体察和洞悟，如何培养注

[①] 〔意〕苏珊·佩特丽莉：《符号疆界：从总体符号学到伦理符号学》，周劲松译，四川大学出版社，2014，第16页。

意力便成为一个问题。儒家功夫论特别强调心灵静定的训练，对于当下人们注意力的培养有着莫大的意义。

(一)"分心成瘾"的时代特征

英国学者马修·克劳福德提出，注意力问题实际上是一种文化问题。商业社会对注意力的入侵随处可见："一次，在飞往芝加哥的飞机上，我打开了前方座椅后背的小桌板，发现整块小桌板上贴满了智能手机 Droid 的广告。在奥黑尔国际机场，自动扶梯的扶手上不断出现林肯金融集团（Lincoln Financial Group）的广告语：由你做主（You're In Charge®）。到达酒店后，我拿到的电子房卡上有一面印着红花餐厅（Benihana）的广告。这张房卡也就巴掌大小，上面的内容一目了然。但不知怎的，一直没人发现它的经济价值，直到最近，情况才发生了变化。在经济学概念中，'经济'这个词表示因稀缺而珍贵。因此，当我们谈论信息经济时，我们真正想说的是注意力经济。"[1] 商业社会的发展，将人们不可回避的公共空间变为市场营销的站点，作为个人资源的注意力便被入侵了。

这种入侵无孔不入，"虽然我们已经找到了一些方法来规避我们不想了解的营销信息，比如戴上耳塞或者埋头沉浸于自己的电子设备之中，但韩国首尔的公共汽车乘客却已感受到技术的最新前沿：广告涌入了鼻子。在公共汽车到达唐恩都乐（Dunkin' Donuts）店门前时，伴随着唐恩都乐广告的广播，一种类似于该品牌咖啡的气味会释放到通风设备之中。为了防止乘客错过信息，广播员还会提醒乘客留意气味的变化。这种广告具有侵略性和不可防备性，敏锐地将通勤者设为传播对象。闻到广告的他们可能想要喝一杯咖啡，而刚好公交站边就有！这家广告公司凭借该广告得到同行的认可，并获得铜狮奖（Bronze Lion）的'最佳环境媒介利用奖'"[2]。商业社会通过利用人的五种感官，持续而深入地入侵、掠夺着人们的注意力。

注意力被入侵，意识碎片化，不能简单地"归咎于广告、网络或者任何其他我们认为的反面工具，因为它更加综合，类似于一种存在的形式"[3]。

---

[1] 〔英〕马修·克劳福德：《工匠哲学》，王文嘉译，浙江人民出版社，2020，第1—2页。
[2] 〔英〕马修·克劳福德：《工匠哲学》，浙江人民出版社，2020，第2页。
[3] 〔英〕马修·克劳福德：《工匠哲学》，浙江人民出版社，2020，第4页。

马修·克劳福德摘引了《洋葱》(*The Onion*)所载的具有讽刺性的新闻精妙地阐释了这一点:

> 盖瑟斯堡消息摘要:当地一个名叫马歇尔·普莱特(Marshall Platt)的34岁男子正与朋友畅谈,并在户外享受美味。他打开了第二瓶啤酒,准备过一会儿就离开,去尽情享乐。此时,他突然收到一堆亟待处理的工作邮件,还要确认参加一场婚礼。然而因为他的西南航空快速奖励账户还有问题未解决,所以他连机票都还没订。此外,他还有一堆电话没回。"见到你们真好!"他说道。本来他马上就能尽情玩乐了,现在却在脑中准备着周五的报告,还要汇总一堆7号前要缴付的账单。"这太棒了!""还有人要再来一瓶啤酒吗?"普莱特一边说,一边提醒自己去拿环索奈德的药方,"我想我要吃点药"。据报道,普莱特在几乎要纵享愉悦之时却陷入了心烦意乱的迷雾之中。表面上他做出与友人相谈甚欢、十分尽兴的样子,心里却在思考着给母亲买什么礼物,绞尽脑汁地想着他有没有准时提交纽约到克罗地亚一行的逐项报销,默默记着一会儿还要打电话给银行,因为他最近看信用卡账单时发现不知为何被重复收取了19美元的月费。①

马修·克劳福德说:"我想我们每个人都能在普莱特身上找到自己的影子。'现代生活'真的如此令人不堪重负吗?确实如此。但普莱特先生还有一个更深层的困难:他不受快乐的掌控。这段描述看似在说一个个小任务占据了他的注意力,但核心问题是道德空虚。他不能积极主动地认识到与朋友相处的愉悦感也十分重要。因此,他失去了抵抗烦恼的基石,他的生活由此被占领。"② 马修·克劳福德认为普莱特的核心问题是道德空虚,他失去了抵抗烦恼的基石,生活由此被占领。也就是说,普莱特由于道德空虚,缺乏抵抗烦恼的基石,注意力从而被入侵。在这一点上,保护注意力的问题,似乎就与儒家功夫理论联系了起来。

---

① 〔英〕马修·克劳福德:《工匠哲学》,浙江人民出版社,2020,第4—5页。
② 〔英〕马修·克劳福德:《工匠哲学》,浙江人民出版社,2020,第5页。

（二）道德情感作为心灵栖息之所

为了解决意识碎片化的问题，马修·克劳福德提出"注意力修行"的观念。他引用存在主义作家西蒙娜·韦伊（Simone Weil）和心理学家威廉·詹姆斯的观点：努力关注一件事能够训练注意力。[1]"努力关注一件事"中的"一件事"并不是泛指任何事，而是天生的能力和兴趣之外的事情。因为注意力是一个可以通过实践来建立的习惯，因此竭尽全力解决一个自己没有兴趣的难题，例如一道几何题，能练习一个人集中注意力的能力。马修·克劳福德说："韦伊认为，这种注意力修行是与精神怠惰相对抗的'负努力'，具有重大意义。'我们灵魂中对于真正集中注意力有一种强烈的抵触，远大于身体对于肉体疲惫感的抵触。相较于肉体，精神与邪恶更为紧密相连。这就是为什么每一次我们想要集中注意力时，我们都摧毁了自身的邪恶。'因此，学生必须'抛开天生的能力和兴趣，同等地致力于各个任务之中，以使每一次任务都能帮助他们养成自己的注意力习惯，这就是成功的本质'。"[2] 他还引述了小说家大卫·福斯特·华莱士（David Foster Wallace）的注意力苦行实践。华莱士"在其生命最后的几年里，一直通过惊人的注意力苦行来探索神秘的狂喜。在他死后，人们发现了一份他的笔记，其中写道：狂喜的对立面是被无聊压垮。密切关注你所能发现的最索然无味的东西，如纳税申报单、高尔夫比赛转播等。从未有过的厌倦感一阵一阵地向你袭来，几乎要将你杀死。经受住这些，一旦过去，就如同是从黑白进入彩色，像是在沙漠中数日之后发现了水源。身体的每一个细胞都充满喜悦"[3]。这是一种通过极大的努力，关注于与自身兴趣相反的事物，以培养自己注意力的做法。马修·克劳福德似乎并不赞成这种做法，"韦伊和华莱士说的都是注意力苦行，无论是为了来世的极乐或摧毁自身邪恶。二者都具有现代性，依靠意志力量而非神恩。我想要就注意力在生活中的作用提出一种更加温和的理解，一种完全现世的理解。我称其为'注意力情欲'，关键是抓住具有内在吸引力的对象，使之成为提供正能量的来

---

[1]〔英〕马修·克劳福德：《工匠哲学》，浙江人民出版社，2020，第12页。
[2]〔英〕马修·克劳福德：《工匠哲学》，浙江人民出版社，2020，第13页。
[3]〔英〕马修·克劳福德：《工匠哲学》，浙江人民出版社，2020，第173页。

源"①。所谓"注意力情欲",并不是指与情欲相关的注意力,而是通过像情欲一样有内在吸引力的对象,为注意力的养成提供正能量的来源。至于什么东西能够作为具有内在吸引力的对象以培养注意力,马修·克劳福德的描述并不是非常清晰。

我们在前面提出过,儒家重视静定的培养。例如我们在讨论孔子仁礼合一的功夫模式时,特别强调心灵与行为的相合。一旦心灵与行为相合,将意味着心灵呈现出专注而凝定的状态。这可以说是一种非常典型的注意力训练。再如我们提到,孟子曾引孔子之言对心进行现象学的描述:"操则存,舍则亡;出入无时,莫知其乡。惟心之谓与!"(《孟子·告子上》)在孟子看来,心灵是一个非常神秘的存在,一旦作意于其上则显露出来,若失去作意则消失不见。或出或入,无有定时,或隐或显,莫测其向。这是根据心灵操存舍亡的特性,说明其出入无时、莫知其向的散乱特征。只有心灵得到控制,人才可以获得强大的力量。孟子举了一个例子说明这一点。下棋是一个小技巧,"今夫弈之为数,小数也"。但是即便是这样的小技巧,"不专心致志,则不得也"。弈秋是当时人们公认的弈棋大师,"通国之善弈者也"。让这样的大师教导两个人,其中一人专心致志,另一人三心二意,那么结果可想而知,"虽与之俱学,弗若之矣",后者的造诣远远赶不上前者。这不是智力上有差异,关键在于专心不专心,"为是其智弗若与?曰:非然也"。孟子继而曰:"人有鸡犬放,则知求之;有放心而不知求。学问之道无他,求其放心而已矣。"(《孟子·告子上》)孟子明确指出,学问之道在于"求其放心"。如同走失的鸡犬惶惶而不知归家,所谓"放心"即散乱放逸而不安于其位之心。鸡犬走失,主人设法寻找,或笼于巢,或系于柱。心灵散乱放逸,亦应当使其安于其位。这既是学问之道,亦是孟子修养功夫的前提条件。

那么儒家通常以何为培养注意力的对象呢?孟子说:"仁,人心也;义,人路也。"(《孟子·告子上》)孟子将仁义作为收回放逸之心的关键,提出"人皆有不忍人之心"的命题。为了论证这个命题,他设计了一个极端的场景:"所以谓人皆有不忍人之心者,今人乍见孺子将入于井,皆有怵惕恻隐之心,非所以内交于孺子之父母也,非所以要誉于乡党朋友也,非

----

① 〔英〕马修·克劳福德:《工匠哲学》,浙江人民出版社,2020,第174页。

恶其声而然也。"(《孟子·公孙丑上》）一个小孩攀爬匍匐于井栏之上，一不小心就要入于井中，惨剧刹那之间就要发生。如果一个正常的人看到这一幕，心中定然会生起某种不忍人之心。这种情绪的生起，不是因为想与孩子的父母相交往，也不是因为要在乡党朋友之中获得一个好名声，更不是因为讨厌小孩将要发出的凄惨的呼救声，而是不由思虑、由中而出的天然之物。孟子由此推论："无恻隐之心，非人也；无羞恶之心，非人也；无辞让之心，非人也；无是非之心，非人也。"(《孟子·公孙丑上》）这些道德情感是人之所以为人的本质规定，缺乏这些就不成其为人。他指出，恻隐、羞恶、辞让、是非等不仅仅是道德情感，还是仁、义、礼、智之端。人拥有仁、义、礼、智四端，就像拥有四体一样，是一件自然而然的事情："人之有是四端也，犹其有四体也。"只要认识到了这一点，就具备了进一步保养和扩充的可能，"凡有四端于我者，知皆扩而充之矣"。这种保养和扩充是一件极为简易的事情，"若火之始然，泉之始达"。如果能够持续地保养和扩充下去，不仅可以获得培养注意力的效果，甚至还具有平治天下、护佑四海的效验，"苟能充之，足以保四海"。(《孟子·公孙丑上》）在这个意义上，道德显然被作为具有内在吸引力的对象，为注意力的养成提供正能量。

　　道德被作为具有内在吸引力的对象，源于儒家对道德生存性本质的理解和认定。而这种理解和认定，又与西周礼乐传统下以血缘为基础的道德观相关。周人建立宗法礼乐制度，"其旨则在纳上下于道德，而合天子、诸侯、卿、大夫、士、庶民以成一道德之团体"[1]。而这一道德团体的道德观念，实际上附着在血缘关系的母体上。徐勇教授等指出："周人的'先王之德'的实质便是来自家长和宗族长对所在成员的爱护。"[2] "先王之德"与以血缘为母体的宗法制度相关，其他的德目也大抵如此。儒家继承礼乐传统，其道德概念纵然有所深化与扩大，但在最基源意义上与血缘有关则是一个事实。《论语》有三大目——问仁、问孝、问政，而仁与政又往往与孝联系起来，足证这一点。道德与血缘相关，无疑具有血缘所赋予的生存性

---

[1] 王国维：《观堂集林》（外二种），河北教育出版社，2003，第232页。
[2] 徐勇、杨海龙：《历史政治学视角下的血缘道德王国——以周王朝的政治理想与悖论为例》，《云南社会科学》2019年第4期。

特征。在儒学史上，从身心修养功夫的角度看，道德情感常常被作为系心的对象。儒家选择道德情感作为系心的对象，显然基于道德情感易于培养和发现，以及与人的生存相关的诸多特征。冯契先生指出，传统儒学的功夫路向是赋予理想人格一本体论意义，"使本体论和智慧学说统一起来"。这一功夫方式在当代主要体现为自由个性的建立，而"自由的个性就不仅是类的分子，不仅是社会联系中的细胞，而且他有独特的一贯性、坚定性，这种独特的性质使他和同类的其他分子相区别，在纷繁的社会联系中间保持着其独立性。'我'在我所创造的价值领域里或我所享受的精神境界中是一个主宰者"。冯契先生特别强调一贯性、坚定性，以及由此而来的主宰性。这种一贯性、坚定性的养成，除了意志力之外，"也要提高认识，加强修养，使自己的精神处于一种明觉的'常惺惺'状态，这就是过去人所讲的涵养。对情欲有所节制，有错误及时作自我批评，使心灵解脱束缚，始终能自由思考。这样使明觉的心态与专一的意志力在实践中结合起来"。①"使明觉的心态与专一的意志力在实践中结合起来"的说法，显示了冯契先生关于通过道德以培养注意力的思想。

实际上，这种理念在当今社会还是过于理想化了。正如前面所言，我们目前处在一个充满矛盾的时代：一方面，知识不再具有神圣性，人的心灵和身体获得了最大程度的释放空间；另一方面，由于传统神圣观念的丧失，人们也失去了原本根深蒂固的价值标准，一切仿佛变得无所适从。在当今这个时代，人们不再将内心的道德本源视为生命的本质，也很难自觉地以道德作为培养注意力的对象。然而，人并不是一个孤立的主体，还与环境有着千丝万缕的密切关系。外在环境机制的改变和建构，亦能在一定意义下影响和改变人的心灵状态。比如子女和父母之间的互动如果是良性的，那无疑洋溢着父母对子女的爱与子女对父母的孝。即使子女没有自觉的道德意识，潜移默化之中这些道德情感的实际表现亦有着培养注意力及其他品格的功用。与此相应，子女的人格养成显然也会在这种良性环境中趋于圆满。父母与子女之间的道德情感如此，夫妇之间、师生之间、朋友之间，甚至领导与下属之间的道德情感亦是如此。

---

① 《人的自由和真善美》，《冯契文集》第 3 卷，华东师范大学出版社，1997，第 319—324 页。

（三）技艺与身心活动的仪式化

为了进一步说明注意力的养成，马修·克劳福德还提出了"夹具"理论。夹具是指机械制造过程中用来固定加工对象，使之占有正确的位置，以接受施工或检测的装置，又称"卡具"。从广义上说，在工艺过程中的任何工序，用来迅速、方便、安全地安装工件的装置，都可称为夹具。马修·克劳福德说："夹具的使用减少了环境造成的自由度，使过程更加稳定，并且减少了记忆和肌肉控制上的负担。夹具的概念可以延伸至手工制造领域之外。大卫·基尔希（David Kirsh）在其经典文章《空间的智能使用》（'The Intelligent Use of Space'）中指出，夹具是实践者经常使用的工具，如果我们也使用夹具，我们可以对环境进行'信息化'加工。"[①] 据此，他提出了"文化夹具"的概念："这与认知科学中正在发生的一项转变一致，即人类是具有'延展'认知或'嵌入式'认知的。目前，这个说法仍有争议。意识延展论领军人物安迪·克拉克（Andy Clark）提到过：'高级认知关键取决于我们分散推理的能力，即通过复杂结构结合已有知识和实用智慧，将脑力置于语言、社会、政治和制度约束的复杂网络之中，以此减少个体脑力的负担。'上述约束即可被称为'文化夹具'。"[②]

"文化夹具"在社会生活中具有重大的意义。譬如"心算 18×12 并不难，比如 18×10＝180，18×2＝36，36+180＝216。我们可以把复杂问题化为几个简单问题，最后再进行重组。能做到这一点是因为我们的'工作记忆'每次可以同时应付 3—5 项任务，但对大多数人而言也仅限于此。……如果要求一个人心算 356×911，这需要同时处理多项任务，就变得颇具挑战"。但是，如果我们借助纸和笔，"我们的智能得以大幅提升：长除法、代数、计算建筑构件的承重、造宇宙飞船"。为什么我们的能力得到这么大幅度的提升呢？这是因为，"我们将部分思考'卸载'到周边环境中，或者我们吸收外界事物的方式就像外科修复术一样"。在这个意义上，"若想理解人类认知，就不应只关注脑壳里面发生了什么，因为我们的能力很大程度上是以环境为'支架'的，包括技术和文化实践，这是我们认知系统中不可分

[①] 〔英〕马修·克劳福德：《工匠哲学》，浙江人民出版社，2020，第 30 页。
[②] 〔英〕马修·克劳福德：《工匠哲学》，浙江人民出版社，2020，第 33—34 页。

割的一部分"①。从这个意义上讲，注意力的培养不能仅仅关注意识本身，还要关注身体以及意识和身体的外在延展。

关于这一点，马修·克劳福德提出了"因屈服而强大"的理论。他举了一个成为音乐家的例子："音乐家展现表现力，前提就是要服从。服从于什么呢？也许是服从于老师，但这不是最主要的，因为也有自学成才的音乐家。她要服从的是乐器本身，这反过来符合音乐经由数学方式表达的某种天然属性。比如，以某种压力长拉弓弦可以将音阶升高八度。这些事实不由人的意志产生，也不随人的意志而改变。音乐家的学习过程能帮助我们理解人类能动性的基本特征，这一基本特征只有在具体范围内才会产生。"② 音乐作为一门技艺可以说是人的身心之延伸。在成为音乐家的过程中，人必须服从于乐器，服从于节奏。从表面上看，这种服从似乎压制了心灵的自由度。但是正是在这种服从中，人的身心得以延展，它们实际上变强大了。马修·克劳福德说："人必须学会在某种环境中的行动能力，否则就会对这种环境困惑不解。我们对于自治的痴迷掩盖了我们对这种发展的理解，因为在任何卓越的人类表现中，人所练就的技能都是通过服从积累起来的。用默多克的话说，就是服从于'权威结构'。这种结构提供了注意力生态，思想在其中变得强大，实现了真正的独立。"③ 所谓的"权威结构"为人提供了注意力生态，以一种增强变大的方式在真正意义上培养了注意力。

在中国思想史上，西周所建立的礼乐传统显然具有"文化夹具"的意味。后人将周代礼乐总结为五礼：吉礼、凶礼、军礼、宾礼、嘉礼。嘉礼又包括六个方面：一曰饮食，二曰婚冠，三曰宾射，四曰飨燕，五曰脤膰，六曰庆贺。可见政治、军事、文化、宗教方方面面的内容均被礼乐所规定。《礼记·曲礼上》曰："夫礼者，所以定亲疏、决嫌疑、别同异、明是非也……道德仁义，非礼不成；教训正俗，非礼不备；分争辨讼，非礼不决；君臣、上下、父子、兄弟，非礼不定；宦学事师，非礼不亲；班朝治军，莅官行法，非礼威严不行；祷祠祭祀，供给鬼神，非礼不诚不庄。"个人的

---

① 〔英〕马修·克劳福德：《工匠哲学》，浙江人民出版社，2020，第34页。
② 〔英〕马修·克劳福德：《工匠哲学》，浙江人民出版社，2020，第129页。
③ 〔英〕马修·克劳福德：《工匠哲学》，浙江人民出版社，2020，第128页。

心性道德修养要在礼乐中成就，家国天下的教化要通过礼乐方能完成，人们之间冲突的解决要以礼乐为判据，君臣父子等伦理规定亦以礼乐为标准，朝廷之中、大军之内亦遵从礼乐的规定，甚至敬事鬼神也离不开礼乐仪式。在这个意义上，礼乐就是"文化夹具"。在礼乐传统中，"敬"是精神性要求。学者们常常以"忧患意识"释"敬"，将"敬"上升到了人类精神的高度。[1] 这当然是非常有道理的。然而，无论是"毋不敬，俨若思"（《礼记·曲礼》），还是"穆穆文王，於缉熙敬止"（《诗经·文王》），首先表达的都是心灵对某一特定行为的在场状态。也就是说，其中包含着对注意力的培养。但是"敬"显然不仅仅是在意识的单独训练中完成的，而且包含着外在的礼乐践履。人们通过左右周旋、进退俯仰的礼数，清浊有变、高低有致的节奏，养成"敬"之德。

《论语·颜渊》载："颜渊问仁。子曰：克己复礼为仁。一日克己复礼，天下归仁焉。为仁由己，而由人乎哉？颜渊曰：请问其目。子曰：非礼勿视，非礼勿听，非礼勿言，非礼勿动。颜渊曰：回虽不敏，请事斯语矣。"对于颜渊问仁，孔子答以"克己复礼"，并将"克己复礼"落实在视、听、言、动等外在对象是否符合礼的规定上。按照我们在第一章的解释，"非礼勿视"是说"在视行为以符合礼仪的方式展开时，心灵完全关注在这些视行为中"，"非礼勿听"是说"在听行为以符合礼仪的方式展开时，心灵完全关注在这些听行为中"，"非礼勿言"是说"在语言以符合礼仪的方式道说时，心灵完全关注在这些语言行为中"，"非礼勿动"是说"在身体行为以符合礼仪的方式展开时，心灵完全关注在这些身体行为中"。视、听、言、动以这种方式展开，才是为仁之方。可以说视、听、言、动合于礼，为儒者提供了一个培养注意力的生态结构。

儒家的"文化夹具"体现为礼乐，扩而言之即是体现为"游于艺"。《论语·述而》载："子曰：志于道，据于德，依于仁，游于艺。"一般而言，艺指君子六艺，即礼、乐、射、御、书、数。君子应以道为其归趣，以德为其所据，以仁为其所依，而最终优游于礼、乐、射、御、书、数六种技艺之中。《礼记·学记》亦曰："不兴其艺，不能乐学。故君子之于学也，藏焉，修焉，息焉，游焉。夫然，故安其学而亲其师，乐其友而信其

---

[1] 徐复观：《中国人性论史·先秦篇》，上海三联书店，2001，第19页。

道，是以虽离师辅而不反也。"亦强调通过技艺的实践而达到教育的目的。在当今时代，这一点之于注意力的培养尤为重要。根据《乐记》所载，人皆"有血气心知之性，而无哀乐喜怒之常"。情绪的变化，与外物尤其是音声的影响密切相关。比如"志微噍杀之音作，而民思忧"，细微而急促的音声使人忧伤多虑；"啴谐慢易、繁文简节之音作，而民康乐"。所以先王依据人的性情，参考音律的度数，制作音乐。其基本原则在于使音声符合中道，从而使"惰慢邪辟之气不设于身体，使耳目鼻口、心知百体皆由顺正以行其义"。即达到转化身心以养其德的目的。上一章论及乐教的当代价值，音乐一般被看作动态的艺术，也就是分有在不同的时间中节奏的差异性。如何在乐教中获得"静"呢？其实节奏性强，即节奏的交互性与整体性强的音乐会将心理的变化向根本处导引，这是在听赏音乐的时候，人们普遍可以感受到的情形。这样说来，就是把动态的过程导引至静态的根本上去。对"静"的感受，在这个意义直接与注意力联系了起来。音乐这一技艺的习练与鉴赏，显然可被视作培养注意力的"文化夹具"。

音乐如此，其他技艺亦如此。比如武术这样一种作为功夫的技艺形式，同样具有培养注意力的功效。武术中有形意拳这一拳种。形意拳顾名思义，"形"即身体等外在形式，"意"即内在心意，以手足等外在形式调整、表达内在心意即形意拳。这一名称即包含着作为意识延展的"夹具"含义。第三章第三节提到，形意拳最基本的概念是五行，五行是易学上一个非常重要的概念，它实际上与八卦体系中的四象具有相似的意义，四象加上中土太极即为五行。形意拳以心、肝、脾、肺、肾五脏配合五行，心与火相配，肝与木相配，脾与土相配，肺与金相配，肾与水相配。而心、肝、脾、肺、肾又分别对应喜、怒、思、悲、恐这些意识性因素。天地五行中和则归于中央太极，人身五脏中和则还于人身之太极。然而五脏在内难以调整，形意拳创始人创制种种身体所表达的动作，分别对应心、肝、脾、肺、肾五脏，譬如以劈拳对应肺金，以崩拳对应肝木，以炮拳对应心火，以钻拳对应肾水，以横拳对应脾土。以劈、崩、炮、钻、横的外在身体动作，调整肺、肝、心、肾、脾内在五脏。通过心、肝、脾、肺、肾的内在中和，调整喜、怒、思、悲、恐这些意识性因素，从而使身心达到和谐的状态。这些动作为什么能与五脏发生关联呢？这与《周易》的取象思想相关。劈拳模拟金性，而肺属金；崩拳模拟木性，而肝属木；炮拳模拟火性，而心属火；钻拳模拟水性，而肾属水；横拳模拟土性，而脾属土。劈、崩、炮、钻、横与肺、肝、心、肾、脾，以及悲、怒、喜、恐、思这些意识性因素通过五行联系在了一起。至于劈、崩、炮、钻、横何以能够具有五行的属性，这与这些动作的特定形状和变化过程相关，亦不外《周易》取象的大原则。这样一种理论设定，回答了外在的"文化夹具"何以能够培养内在的注意力的问题。对于当下人们专注力的培养，具有一定的启示意义。

在儒家功夫论的当代实践上，冯契先生特别强调个性的全面发展。他指出："过去的哲学家讲不同于民众的圣贤豪杰，也讲有少数人能够解脱世俗的系缚而逍遥，而我们现在讲的是一种平民化的自由人格，是人人都可以达到的。当然各人因其性情之所近，谋划、培养、发展都有他的独特性，而决不能整齐划一。"因此，"具有本体论意义的自由的个性是知、意、情统一，真、善、美统一的全面发展的人格"。[①] 据此而言，由道德情感与技艺对于人们注意力的培养，显然应被视为儒家功夫当代价值的一种体现。

---

① 《人的自由和真善美》，载《冯契文集》第3卷，华东师范大学出版社，1997，第325页。

结　语

无论对个人还是团体，德性、智慧、才能等都是非常关键的因素。然而，这些东西来自哪里呢？是天生的，还是后天培养的，抑或二者兼而有之？在现实生活中，我们常常会发现有些人天生质美，德性易于成就，而有些人虽努力为善却为私欲纠缠，收效甚微。于是我们常常指责后者甘于下流，而忽略了他们求善不得的身心客观因素。有些人智慧明达，见解高明，而有些人却邪暗郁塞，目光短浅。我们指责后者当提高见识，然而未尝考虑到人的见识与其生存本质具有千丝万缕的联系。有些人心灵手巧，对诸般技艺稍一用心即能"上手"，而有些人心拙根钝，终生苦守一艺而不可得。我们指责后者或努力不够，或方法不善，而不曾着眼于他们缺乏技艺所需要的身心自如度。在我们看来，德性、智慧、才能等因素固然有赖于后天培养，而先天本具的材质却是后天培养之所以可能的基础和前提，甚至决定着后天培养所能达到的最终目的和高度。那么，先天材质有没有改变的可能呢？中国古代有大学之教，其纲领"在明明德，在亲民，在止于至善"。这些目标的达成，取决于"虑"，即正确理解事物的视角和方法，"虑而后有得"。"虑"之所以可能，不仅仅体现在方法的学习上，更重要的还取决于止、定、静、安的身心功夫修炼过程。这些功夫修炼过程并不是直接获得修齐治平的方法和原则，而是转化和提升作为修齐治平方法和原则而获得的身心基础。也就是说，通过改变人先天本具的材质，从而使人拥有相应的智慧和能力。

身心的改变需从心灵的凝定入手，也就是《大学》所谓的"止"。要想使散乱的心灵凝定下来，便需要一个系心的对象。儒家重视道德情感，道德情感可视为系心的对象。选择道德情感作为系心的对象，除了因为道德情感易于培养和发现外，还有其理论和实践上的必然性。儒家秉承礼乐传统的根本精神，不单单追求个人之成就，而是将修齐治平融为一体，由成己而成人甚至成物，这便需要一个生发同情之理解的基础。这种基础的达成需以消解人我之间的隔碍为前提，道德情感所具有的超越小我的作用和价值，恰恰具有摧伏人我间隔的力量。这样，道德情感不仅可以作为系心之所，而且还是儒家化成天下的根本目的达成的前提。基于这两点，道德情感的发现和培养成为儒家功夫修持最主要的入手之处。在儒学史上，不少学者直接将道德情感上升到心体的层面，甚至将天道也赋予道德的内容。从功夫修证的角度看，这是有问题的。因为，无论道德情感多么重要，在功夫修持过程中，它也只是系心的对象，而心体本身未必就与系心的对象具有完全的一致性。由道德情感反观心体，心安住于心，才应该是功夫修证的光明大道。所谓"心安住于心"，指以心之用去照触心之体而使之呈现出来。心之用变化多端，而心之体寂然为一，反观到心体后不用屏息念头自然一念不生。所以我们可以看到，儒家的功夫实践，无不要求把注意力集中在内心，去体察无私无情无欲无念的纯粹心灵状态。这一反观之所以可能，需以心灵具备察照自身的能力为前提。从现象学的角度看，关于意识的对象，有两种观点。一种观点认为，意识只能意识到它的对象，并不能意识到自身。而另一种观点是，意识不仅能意识到它的对象，也同时能意识到它自身。在不带有自我反思特征的体验活动中，意识并未现实地反观其自身，而是沉湎于它的对象之中。而在带有自我反思特征的体验活动中，意识对其自身的反思现实地发生着，意识现实地将其自身对象化，将其自身当成对象来反观。对意识活动的这种现象学分析，可以为反观心体的功夫修证提供理论上的说明。

除了将道德情感作为系心的对象，早期儒家还有将"如在"作为系心对象的修持方法。"如在"与意识相关，是意识构造出来的意象。但又不是一般的意象，而是具有超越一般意象的"真实度"，即能给人某种感官上恍恍惚惚的存在感受。"如在"作为系心对象的修持方法，主要体现在祭祀活动中。在祭祖仪式中，先祖"来假来飨"即"如在"的呈现方式之一。"如在"作为系心的对象并不是儒家所独有，佛教的念佛三昧、道教的存思法门，都遵从这个理路。有所不同的是，儒家的"如在"多指已逝的先祖，这一修持法门在宗法社会中具有凝聚人心、培养德性的莫大效果。与道德情感一样，"如在"也不是儒家功夫修持所指向的最终目的，儒家通过这一对象凸显心体。"如在"的呈现虽然需要极为严格的身心功夫条件，然而意识活动本身即蕴含着构造"如在"的可能性。从现象学的角度看,"如在"是一种直接地接受其对象显现,而又认定其对象当下真实存在的影像意识活动。就其直接性而言,它有别于图像意识;就其单纯接受性而言,它有别于一般的、主动的想象;就其认定对象的当下存在而言,它有别于回忆,而近乎感官知觉。因此,对先祖的影像意识活动超出了对先祖的回忆、想象以及对先祖画像的观摩,而恍若达到了对先祖的当下切身知觉,即先祖的"如在"。

无论是道德情感还是"如在",都作为系心的对象而起到凝定心灵的作用,从而使心灵具备超乎寻常的专注力和明察力。在易学系统中,有一个重要的概念——"观"。"观"体现为作为"观法"的功夫修持,这种功夫修持重点不在心灵凝定状态的达成上,而在于将心灵的凝定状态作为一个前提,主要关注对对象本质的理解和把握。但是这种理解和把握也不是知识意义上的,其根本旨趣亦是指向主体身心的修养与转化,以及由此而来的生命境界的提升和生存智慧的获得。"观"何以能够具有这样的价值呢?这取决于《周易》所揭示的物我感应的理论背景。也就是说,《周易》之"观"并不是通过观察万物而获得所谓的理性知识,而是寻找内心之理与外物之理的契合点,从而在物我一如的基础上促使身心发生提升和转化。既达到变化气质的目的,又获得对于理解和把握对象的具体原则和方法的确信。

在影响心灵凝定的诸般因素中,身体是最根本的。身体的状态影响心灵的状态,身体发生变化心灵也会发生相应的变化。外物对心灵的干扰,是通过作为身体组成部分的感官达成的。甚至覆蔽心灵的情感,也多是身体因素在意识上的反映。因此,功夫修证过程必然包含身体的转化。当然,随着心灵的凝定和相关德性的养成,身体自然会随之发生一定的变化,这种变化甚至会反过来进一步促进心灵境界的提升。只不过由单纯心灵的凝定所引发的身体的变化是不彻底的,它无法保障心灵凝定状态的绝对坚固,也无法给予心灵杜绝外诱和内扰的力量。这一点在儒家功夫修养体系中是不明确的,但在道教内丹学及佛教禅定体系中则有着清晰的认识。道教人士对儒家默识心体、察见天理的功夫是肯定的,但对于此后即将本体发为外用的过程持反对态度。这是因为在他们看来,默识心体、察见天理是一回事,进一步消除掉身体对于心体、天理的干扰是另外一回事,后者并不必然包含在前者的功夫过程中。消除掉身体对于心体、天理的干扰不是一件简单的事，这一功夫过程之所以可能的条件不在身内，而在身外的超越性存在上。只有把有限的人和超越性的存在贯通起来，才可以获得彻底转化身体的力量。儒家虽然对这一功夫过程缺乏理论上的自觉，但并不是全无所见，在他们对于天道的重视中就包含着依靠外在的力量，达成心性修养圆满境界的可能。

现代新儒家提出"内在超越"的概念，用以概括儒家的内圣之学，是非常有见地的。内在超越所包含的形式，显然可以为儒家功夫模式的建构提供关键性的坐标和参照系。内在性被视作功夫的始点，超越性则被视作功夫的终极保障，由内在性以通达超越性则意味着通过功夫过程以养成圆满的人格。在当今社会，很少有人会真实地践行儒家身心修养功夫，但是它依然具有一定的时代价值和意义。例如"功夫"概念中包含一定的哲学维度，又如功夫中的身体转化过程对于目前身体哲学有可能的启示，等等。实际上，儒家功夫主流强调由心定方能虑、能得，这对于现代教育理念有着一定的补充价值。现代教育特别重视理解和把握世界的原则与方法的培养，无论是自然科学还是社会科学，甚至是人文学科，都将具体方法的学习和探讨置于绝对重要的位置，比如数学的方法、物理学的方法、经济学的方法等。这样一种倾向，导致人们在有意无意之间忽略了对学习和探讨具体方法所需的主体身心条件的关注，也忽略了人们在实践中执行和应用这些方法所需要的主体身心基础的培养。这使现代教育过分强调"生源质量"，以便获得掌握一定原则和方法所需的美质良才，而忘记了教育的本质恰恰在于提高和改善先天本具的材质。我们强调儒家功夫修证对于现代教育理念的补充价值，并不是说将这一体系转移和嫁接到现代教育中，而是期望以此引发人们对现代教育体系中有助于改善和提高身心基础的教育形式的重视。

参考文献

古籍原著

1. 荆门市博物馆编《郭店楚墓竹简》，文物出版社，1998。
2. 《汉书》，中华书局，1962。
3. 李学勤主编《十三经注疏》，北京大学出版社，1999。
4. （唐）吴筠：《神仙可学论》，载萧天石主编《道藏精华》第1集第1册，自由出版社，1956。
5. （唐）李鼎祚：《周易集解》，李一忻点校，九州出版社，2003。
6. 《十诵律》，载《大正藏》第23册。
7. 《解深密经》，载《大正藏》第16册。
8. 《大乘阿毗达磨集论》，载《大正藏》第31册。
9. 《瑜伽师地论》，载《大正藏》第30册。
10. （宋）邵雍：《皇极经世书》，卫绍生校注，中州古籍出版社，2007。
11. （宋）张载：《张载集》，章锡琛点校，中华书局，1978。
12. （宋）程颢、程颐：《二程集》，王孝鱼点校，中华书局，1981。
13. （宋）张伯端撰，王沐浅解《悟真篇浅解》，中华书局，1990。
14. （宋）朱熹编，（清）张伯行集解《近思录》，中华书局，1985。
15. （宋）朱熹：《周易本义》，廖名春点校，中华书局，2009。
16. （宋）朱熹：《四书或问》，上海古籍出版社，2001。
17. （宋）朱熹：《四书章句集注》，中华书局，1983。
18. （宋）朱熹：《朱子文集》，中华书局，1985。
19. （宋）朱熹：《晦庵先生朱文公文集》，载朱杰人等主编《朱子全书》第24册，上海古籍出版社、安徽教育出版社，2002。
20. （宋）黎靖德编《朱子语类》，王星贤点校，中华书局，1986。

21. （宋）陆九渊：《陆九渊集》，中华书局，1980。

22. （元）陈致虚：《金丹秘要》，盛克琦、周全彬编校，宗教文化出版社，2013。

23. （明）张三丰撰，（清）李涵虚编《三丰全集》，蔡聪哲点校，宗教文化出版社，2013。

24. （明）葆真子传本《仙学真诠》，载《仙道口诀——道教内丹学修炼秘诀典籍》，盛克琦编校，宗教文化出版社，2012。

25. （明）尹真人高弟：《性命圭旨》，中央编译出版社，2013。

26. （明）王阳明：《王阳明全集》，吴光等编校，上海古籍出版社，1992。

27. （明）罗洪先：《念庵文集》，载《四库明人文集丛刊》，上海古籍出版社，1993。

28. （明）王畿：《王畿集》，吴震编校整理，凤凰出版社，2007。

29. （明）宗喀巴造，（明）跋梭天王·曲吉坚参等注《菩提道次第广论四家合注》，宗峰、缘宗译，中国社会科学出版社，2014。

30. （清）朱元育：《悟真篇阐幽》，载蒲团子校辑《参悟阐幽》，心一堂有限公司，2017。

31. （清）朱元育：《参同契阐幽》，载蒲团子校辑《参悟阐幽》，心一堂有限公司，2017。

32. （清）黄宗羲撰，（清）全祖望等补修《宋元学案》，陈金生等点校，中华书局，1986。

33. （清）黄宗羲：《明儒学案》，沈芝盈点校，中华书局，1985。

34. （清）李颙：《二曲集》，陈俊民点校，中华书局，1996。

35. （清）李光地：《周易折中》，刘大钧整理，巴蜀书社，2006。

36. （清）焦循：《孟子正义》，沈文倬点校，中华书局，1987。

37. （清）刘一明：《象言破疑》，载《悟元汇宗》，滕树军、张胜珍点校，宗教文化出版社，2015。

38. （清）刘一明：《修真辨难》，载《悟元汇宗》，滕树军、张胜珍点校，宗教文化出版社，2015。

39. （清）刘一明：《修真后辨》，载《悟元汇宗》，滕树军、张胜珍点校，宗教文化出版社，2015。

40. （清）黄元吉：《道德经讲义·乐育堂语录》，蒋门马校注，宗教文化出版社，2003。

41. （清）孙希旦：《礼记集解》，沈啸寰、王星贤点校，中华书局，1989。

42. （清）马瑞辰：《毛诗传笺通释》，陈金生点校，中华书局，1989。

43. （清）郭庆藩：《庄子集释》，王孝鱼点校，中华书局，2004。

44. （清）郭嵩焘著，梁小进主编《郭嵩焘全集》第 2 册，岳麓书社，2012。

45. （清）苏舆：《春秋繁露义证》，钟哲点校，中华书局，1992。

学术论著

1. 牟宗三：《生命的学问》，三民书局，1970。

2. 〔美〕张澄基：《佛学今诠》，慧炬出版社，1973。

3. 李镜池：《周易探源》，中华书局，1978。

4. 〔西〕庞迪我：《七克》，载（明）李之藻等辑《天学初函》第 2 册，台湾学生书局，1978。

5. 高亨：《周易大传今注》，齐鲁书社，1979。

6. 钱锺书：《管锥编》第 1 册，中华书局，1979。

7. 〔德〕黑格尔：《小逻辑》，贺麟译，商务印书馆，1980。

8. 〔德〕黑格尔：《美学》第 1 卷，朱光潜译，商务印书馆，1981。

9. 〔荷〕斯宾诺莎：《伦理学》，贺麟译，商务印书馆，1983。

10. 〔英〕马林诺夫斯基：《巫术科学宗教与神话》，李安宅译，中国民间文艺出版社，1986。

11. 黄寿祺、张善文编《周易研究论文集》第 1 辑，北京师范大学出版社，1987。

12. 陈梦家：《殷墟卜辞综述》，中华书局，1988。

13. 钱穆：《朱子新学案》第 4 册，三民书局，1989。

14. 宋兆麟：《巫与巫术》，四川民族出版社，1989。

15. 张灏：《幽暗意识与民主传统》，联经出版事业公司，1989。

16. 〔德〕卡尔·雅斯贝斯：《历史的起源与目标》，魏楚雄、俞新天译，华夏出版社，1989。

17. 〔美〕余英时：《中国思想传统的现代诠释》，江苏人民出版社，1989。

18. 丁福保编《静坐法精义》，上海古籍出版社，1990。

19. 〔日〕小野泽精一等编著《气的思想》，李庆译，上海人民出版社，1990。

20. 李学勤：《周易经传溯源——从考古学、文献学看〈周易〉》，长春出版社，1992。

21. 杨祖汉主编《儒学与当今世界》，文津出版社，1994。

22. 〔德〕尼采：《希腊悲剧时代的哲学》，周国平译，商务印书馆，1994。

23. John H. Berthrong, *All under Heaven: Transforming Paradigms in Confucian-Christian Dialogue*, Albany: State University of New York Press, 1994.

24. 〔法〕克洛德·莱维-斯特劳斯：《结构人类学》，谢维扬、俞宣孟译，上海译文出版社，1995。

25. Pierre Hadot, *Philosophy as a Way of Life*, Malden, MA: Blackwell Publishing, 1995.

26. 〔美〕郝大维、安乐哲：《孔子哲学思微》，蒋弋为、李志林译，江苏人民出版社，1996。

27. 牟宗三：《现象与物自身》，台湾学生书局，1996。

28. 钱穆：《国史大纲》，商务印书馆，1996。

29. 〔德〕谢林：《艺术哲学》，魏庆征译，中国社会出版社，1996。

30. 冯契：《人的自由和真善美》，《冯契文集》第3卷，华东师范大学出版社，1997。

31. 〔德〕海德格尔：《什么是哲学》，载孙周兴选编《海德格尔选集》，上海三联书店，1997。

32. 胡适：《胡适论学近著》，山东人民出版社，1998。

33. 钱穆：《宋代理学三书随札》，联经出版事业公司，1998。

34. 〔德〕汉斯-格奥尔格·加达默尔：《真理与方法——哲学诠释学的基本特征》，洪汉鼎译，上海译文出版社，1999。

35. 牟宗三：《心体与性体》，上海古籍出版社，1999。

36. 倪梁康：《胡塞尔现象学概念通释》，三联书店，1999。

37. 沈文倬：《宗周礼乐文明考论》，浙江大学出版社，1999。

38. 张光直：《中国青铜时代》，三联书店，1999。

39. 冯友兰：《中国哲学史新编》，人民出版社，2001。

40. 〔法〕莫里斯·梅洛-庞蒂：《知觉现象学》，姜志辉译，商务印书馆，2001。

41. 孙剑云编《孙禄堂武学录》，人民体育出版社，2001。

42. 徐复观：《中国人性论史·先秦篇》，上海三联书店，2001。
43. 杜维明：《杜维明文集》第5卷，武汉出版社，2002。
44. 林忠军：《易纬导读》，齐鲁书社，2002。
45. 邓球柏：《帛书周易校释》，湖南人民出版社，2002。
46. 冯耀明：《"超越内在"的迷思——从分析哲学观点看当代新儒学》，香港中文大学出版社，2003。
47. 牟宗三：《中国哲学的特质》，《牟宗三先生全集》28，联经出版事业有限公司，2003。
48. 牟宗三：《圆善论》，《牟宗三先生全集》22，联经出版事业有限公司，2003。
49. 〔美〕苏珊·桑塔格：《疾病的隐喻》，程巍译，上海译文出版社，2003。
50. 王国维：《观堂集林》（外二种），河北教育出版社，2003。
51. 〔美〕布莱恩·雷诺：《福柯十讲》，韩泰伦编译，大众文艺出版社，2004。
52. 〔德〕康德：《纯粹理性批判》，邓晓芒译，杨祖陶校，人民出版社，2004。
53. 劳思光：《新编中国哲学史》第1卷，广西师范大学出版社，2005。
54. 〔法〕米歇尔·福柯：《主体解释学》，佘碧平译，上海人民出版社，2005。
55. 马一浮：《复性书院讲录》，江苏教育出版社，2005。
56. 唐君毅：《中国文化之精神价值》，广西师范大学出版社，2005。
57. 杨儒宾：《儒学的气论与工夫论》，台湾大学出版中心，2005。
58. 唐君毅：《中国哲学原论·导论篇》，中国社会科学出版社，2005。
59. 杨大春：《杨大春讲梅洛-庞蒂》，北京大学出版社，2005。
60. 〔德〕马丁·海德格尔：《存在与时间》，陈嘉映等译，三联书店，2006。
61. 沈文倬：《菿暗文存——宗周礼乐文明与中国文化考论》上册，商务印书馆，2006。
62. 〔德〕恩斯特·图根德哈特：《自我中心性与神秘主义——一项人类学研究》，郑辟瑞译，上海译文出版社，2007。
63. 萧天石：《道家养生学概要》，华夏出版社，2007。
64. 李零：《郭店楚简校读记》（增订本），中国人民大学出版社，2007。

65. 〔美〕本杰明·史华兹:《古代中国的思想世界》,程钢译,刘东校,江苏人民出版社,2008。

66. 陈来:《古代宗教与伦理》,三联书店,2009。

67. 陈鼓应注译《庄子今注今译》,中华书局,2009。

68. 梁启超:《儒家哲学》,上海人民出版社,2009。

69. 〔法〕米歇尔·福柯:《安全、领土与人口》,钱翰、陈晓径译,上海人民出版社,2010。

70. 〔德〕马丁·海德格尔:《康德与形而上学疑难》,王庆节译,上海译文出版社,2011。

71. 汪民安、陈永国编《后身体:文化、权利和生命政治学》,吉林人民出版社,2011。

72. 〔瑞士〕耿宁:《心的现象——耿宁心性现象学研究文集》,倪梁康等译,商务印书馆,2012。

73. 钟振宇、廖钦彬主编《跨文化视野下的东亚宗教传统:个案探讨篇》,"中研院"中国文哲研究所,2012。

74. 曹顺庆、赵毅衡主编《符号与传媒》第5辑,四川大学出版社,2012。

75. 胡朴安:《周易人生观》,"中研院"中国文哲研究所,2012。

76. 葛兆光:《中国思想史》第1卷(第2版),复旦大学出版社,2013。

77. 范文澜:《中国通史简编》(修订本),中华书局,2014。

78. 〔美〕余英时:《论天人之际——中国古代思想起源试探》,联经出版事业股份有限公司,2014。

79. 杨国荣主编《思想与文化》第15辑,华东师范大学出版社,2014。

80. 〔德〕费利克斯·玛丽亚·伽茨选编《德奥名人论音乐和音乐美——从康德和早期浪漫派时期到20世纪20年代末的德国音乐美学资料集(附导读和解说)》,金经言译,人民音乐出版社,2015。

81. 王正:《先秦儒家工夫论研究》,知识产权出版社,2015。

82. 〔德〕卡尔·达尔豪斯:《绝对音乐观念》,刘丹霓译,华东师范大学出版社,2019。

83. 殷慧:《礼理双彰:朱熹礼学思想探微》,中华书局,2019。

84. 〔英〕马修·克劳福德:《工匠哲学》,王文嘉译,浙江人民出版社,2020。

学术论文

1. 瞿兑之：《释巫》，《燕京学报》第 7 期，1930 年。
2. 陈梦家：《商代的神话与巫术》，《燕京学报》第 20 期，1936 年。
3. 牟宗三：《陆王一系之心性之学（三）——刘蕺山的诚意之学》，《自由学人》第 1 卷第 3 期，1956 年。
4. 方立天：《心性论——佛教哲学与中国固有哲学的主要契合点》，《社会科学战线》1993 年第 1 期。
5. 张光直：《人类历史上的巫教的一个初步定义》，《台湾大学考古人类学刊》第 49 期，1994 年。
6. 李平：《〈周易〉与〈乐记〉》，《周易研究》1995 年第 2 期。
7. 廖名春：《试论孔子易学观的转变》，《孔子研究》1995 年第 4 期。
8. 左东岭、杨雷：《内在超越与庄子的人生价值取向——庄子养生理论探要》，《郑州大学学报》（哲学社会科学版）1996 年第 4 期。
9. 杨国荣：《本体与工夫之辩：致良知说再阐释》，《上海社会科学院学术季刊》1997 年第 1 期。
10. 姜广辉：《"文王演〈周易〉"新说——兼谈境遇与意义问题》，《哲学研究》1997 年第 3 期。
11. 〔日〕池田知久：《马王堆汉墓帛书〈周易〉之〈要〉篇释文》（下），牛建科译，《周易研究》1997 年第 3 期。
12. 郑家栋：《从"内在超越"说起》，《哲学动态》1998 年第 2 期。
13. 杨国荣：《本体与工夫：从王阳明到黄宗羲》，《浙江学刊》2000 年第 5 期。
14. 颜炳罡：《论孔子的仁礼合一说》，《山东大学学报》（哲学社会科学版）2001 年第 2 期。
15. 〔美〕杜维明：《超越启蒙心态》，雷洪德、张珉译，《国外社会科学》2001 年第 2 期。
16. 郑家栋：《"超越"与"内在超越"——牟宗三与康德之间》，《中国社会科学》2001 年第 4 期。
17. 彭国翔：《阳明后学工夫论的演变与形态》，《浙江学刊》2005 年第 1 期。

18. 倪梁康：《"智性直观"在东西方思想中的不同命运》（2），《社会科学战线》2002年第2期。

19. 张再林：《中国古代宗教观的身体性》，《人文杂志》2006年第6期。

20. 王树人：《"象思维"与原创性论纲》，《哲学研究》2005年第3期。

21. 邱明波等：《"齐"和"斋"用作"戒洁"义的断代界定》，《广西社会科学》2007年第12期。

22. 杨国荣：《论规范》，《学术月刊》2008年第3期。

23. 李其维：《"认知革命"与"第二代认知科学"刍议》，《心理学报》2008年第12期。

24. 丁为祥：《践形与践行——宋明理学中两种不同的工夫系统》，《中国哲学史》2009年第1期。

25. 陈启云：《中西文化传统与"超越"哲思》，《学术月刊》2009年第2期。

26. 杨儒宾：《主敬与主静》，《台湾宗教研究》2010年第1期。

27. 杨大春：《从身体现象学到泛身体哲学》，《社会科学战线》2010年第7期。

28. 贺来：《"内在超越"与哲学的批判本性》，《学术研究》2010年第9期。

29. 〔瑞士〕耿宁：《孟子、斯密与胡塞尔论同情与良知》，陈立胜译，《世界哲学》2011年第1期。

30. 胡伟希、田超：《儒学的"内在超越性"与"历史总体"问题——从牟宗三、李泽厚、安乐哲诸观点出发》，《河北学刊》2011年第2期。

31. 释昭慧：《初期瑜伽行派之止观要义——"七觉分"的完满开展》，《西南民族大学学报》（人文社会科学版）2011年第2期。

32. 杨儒宾：《两种气学两种儒学——中国古代气化身体观研究》，《中州学刊》2011年第5期。

33. 〔美〕倪培民：《将"功夫"引入哲学》，《南京大学学报》（哲学·人文科学·社会科学）2011年第6期。

34. 赵法生：《孔子的天命观与超越形态》，《清华大学学报》（哲学社会科学版）2011年第6期。

35. 董彪：《牟宗三"内在超越"思想及其困境探析》，《云南社会主义学院学报》2012年第1期。

36. 周浩翔：《工夫的展开：徐复观对孟子修身观的诠释》，《船山学刊》2012年第3期。

37. 张原：《礼仪与民俗——从屯堡人的礼俗活动看日常生活的神圣化》，《云南民族大学学报》（哲学社会科学版）2012年第4期。

38. 宁新昌、龚建平：《儒家之学重在工夫》，《深圳大学学报》（人文社会科学版）2012年第5期。

39. 王兴国：《"儒学工夫论研究"专题》，《深圳大学学报》（人文社会科学版）2012年第5期。

40. 匡钊：《孔子对儒家"为己之学"的奠基》，《深圳大学学报》（人文社会科学版）2012年第6期。

41. 任剑涛：《内在超越与外在超越：宗教信仰、道德信念与秩序问题》，《中国社会科学》2012年第7期。

42. 〔美〕倪培民：《什么是对儒家学说进行功夫的诠释?》，《哲学分析》2013年第2期。

43. 卢风：《中西哲学对话与比较——旅欧哲学随笔》，《哲学分析》2013年第6期。

44. 陈立胜：《静坐在儒家修身学中的意义》，《广西大学学报》（哲学社会科学版）2014年第4期。

45. 卢风：《内在超越与生态文明》，《中原文化研究》2014年第4期。

46. 陈立胜：《王阳明龙场悟道新诠》，《中山大学学报》（社会科学版）2014年第4期。

47. 丁四新、李攀：《论马王堆帛书〈要〉篇"观其德义"的易学内涵》，《武汉大学学报》（人文科学版）2015年第1期。

48. 彭战果：《论易学先后天阴阳理论在道教内丹学中的运用》，《周易研究》2015年第3期。

49. 李卓：《高攀龙的主静修养论——以静坐法为中心》，《世界宗教研究》2015年第5期。

50. 杨儒宾：《恍惚的伦理——儒家观想工夫论之源》，《中国文化》2016年春季号。

51. 陈立胜：《王阳明思想中的"独知"概念——兼论王阳明与朱子工夫论之异同》，《中山大学学报》（社会科学版）2016年第5期。

52. 匡钊：《论孟子的精神修炼》，《深圳大学学报》（人文社会科学版）2016 年第 5 期。

53. 陶悦：《牟宗三的工夫论思想探析》，《哲学研究》2016 年第 12 期。

54. 郑雯馨：《从祭祀类型谈东周的祭祖斋戒日程》，《政大中文学报》第 27 期，2017 年。

55. 彭国翔：《"尽心"与"养气"：孟子身心修养的功夫论》，《学术月刊》2018 年第 4 期。

56. 白宗让：《儒学研究的"体知"进路》，《西安交通大学学报》（社会科学版）2018 年第 5 期。

57. 陈赟：《论周礼的制度根基与精神基础》，《中州学刊》2018 年第 7 期。

58. 王振复：《时间现象学：〈周易〉的巫性"时"问题》，《社会科学战线》2019 年第 4 期。

59. 向世陵：《闻见与德性——朱子、阳明"知"论辨析》，《复旦学报》（社会科学版）2019 年第 1 期。

60. 史文：《禅观影像论》，博士学位论文，复旦大学，2006。

61. 陈多旭：《教化与工夫——工夫论视域中的阳明心学系统》，博士学位论文，北京师范大学，2007。

62. 俞跃：《"乐"的内在超越性——以〈礼记·乐记〉为中心》，硕士学位论文，华东师范大学，2012。

63. 张学力：《"功夫"词义演变研究——兼析"功夫""工夫"关系》，硕士学位论文，湖北师范学院，2013。

图书在版编目(CIP)数据

儒家内在超越性的功夫诠释／彭战果著.--北京：社会科学文献出版社，2024.12.--ISBN 978-7-5228-4467-1

Ⅰ.B222.05

中国国家版本馆 CIP 数据核字第 20244Z1C74 号

儒家内在超越性的功夫诠释

著　　者／彭战果

出 版 人／冀祥德
责任编辑／胡百涛
文稿编辑／孙少帅
责任印制／王京美

出　　版／社会科学文献出版社·人文分社（010）59367215
　　　　　地址：北京市北三环中路甲29号院华龙大厦　邮编：100029
　　　　　网址：www.ssap.com.cn
发　　行／社会科学文献出版社（010）59367028
印　　装／三河市龙林印务有限公司

规　　格／开　本：787mm×1092mm　1/16
　　　　　印　张：15.75　字　数：257千字
版　　次／2024年12月第1版　2024年12月第1次印刷
书　　号／ISBN 978-7-5228-4467-1
定　　价／128.00元

读者服务电话：4008918866

▲ 版权所有 翻印必究